"十四五"职业教育国家规划教材

品牌管理

（第 2 版）

主　编　李逾男　杨学艳
副主编　王庆全　王　坤　陈晓阳
参　编　韩翠兰

北京理工大学出版社
BEIJING INSTITUTE OF TECHNOLOGY PRESS

版权专有　侵权必究

图书在版编目（CIP）数据

品牌管理／李逾男，杨学艳主编．－－2 版．－－北京：北京理工大学出版社，2021.6（2024.12重印）
ISBN 978－7－5682－9904－6

Ⅰ．①品…　Ⅱ．①李…　②杨…　Ⅲ．①品牌－企业管理－高等学校－教材　Ⅳ．①F273.2

中国版本图书馆 CIP 数据核字（2021）第 108339 号

出版发行 ／ 北京理工大学出版社有限责任公司
社　　址 ／ 北京市丰台区四合庄路6号
邮　　编 ／ 100070
电　　话 ／ （010）68914775（总编室）
　　　　　　（010）68914026（教材售后服务热线）
　　　　　　（010）68944437（课件资源服务热线）
网　　址 ／ http：//www.bitpress.com.cn
经　　销 ／ 全国各地新华书店
印　　刷 ／ 涿州市新华印刷有限公司
开　　本 ／ 787 毫米 × 1092 毫米　1/16
印　　张 ／ 16　　　　　　　　　　　　　　　责任编辑 ／ 李玉昌
字　　数 ／ 378 千字　　　　　　　　　　　　文案编辑 ／ 李玉昌
版　　次 ／ 2021 年 6 月第 2 版　2024 年 12 月第 10 次印刷　　责任校对 ／ 周瑞红
定　　价 ／ 49.00 元　　　　　　　　　　　　责任印制 ／ 施胜娟

图书出现印装质量问题，请拨打售后服务热线，本社负责调换

前　言

本教材紧扣二十大报告中"讲好中国故事、传播好中国声音，展现可信、可爱、可敬的中国形象"，以推进文化自信自强，铸就社会主义文化新辉煌为宗旨，以"寻找优秀民族品牌，讲好中国品牌故事"为脉络，围绕举旗帜、聚民心、育新人、兴文化、展形象，精选民族品牌案例，在中国优秀民族品牌的探寻中，重点讲好中国品牌故事，树立品牌自信，实现了核心价值观引领、工匠精神培育、职业素养提升、企业文化融入的内在统一，增强了实现中华民族伟大复兴的精神力量。

本书是校企合作开发教材、立体化新媒体教材。以"立德树人、启迪思维、传授知识、培养能力"为主线，以培养职业能力为重点，明确典型工作任务、分析职业能力、确定学习领域。按照"必需、够用"原则组织知识体系，突出品牌管理技能培养，而不是过于强调理论体系的完整性，具有很强的职业岗位针对性。

以立德树人为导向，凸显课程思政特色，打造育人精品教材。以"寻找优秀民族品牌，讲好中国品牌故事"为脉络，精选的民族品牌案例中有机融合了社会主义核心价值观、中国优秀传统文化、民族精神、社会责任、爱国主义、文化自信、诚信至上、工匠精神等思政元素，在中国优秀民族品牌的探寻中，重点讲好"中国品牌故事"，树立品牌自信，实现了核心价值观引领、工匠精神培育、职业素养提升、企业文化融入的内在统一。

每个项目都有知名度较高的品牌综合案例，还穿插了大量的品牌故事、小案例和小资料，尤其是注重案例的真实性和新鲜度，凸显教材的可读性和实用性，有助于学习者对品牌管理知识点的理解，也适合教师的教学需求。为打造"活力课堂""魅力课堂"、深化符合现代企业运作和管理方式的教学模式改革、体现"教师、教材、教法"三教改革、发挥课程建设"主战场"、课堂教学"主渠道"作用、培养适合时代发展需求的新商科人才提供载体。

本书体系新颖，从职业岗位任职要求出发选取内容，以品牌管理的全过程为主线构建教材内容，在了解品牌及品牌理论基础上，主要围绕"品牌定位、品牌成长、品牌发展、品牌传播、品牌维护、品牌资产评估"等典型工作环节展开。在编写体例和形式上进行了大胆的创新，每个项目设计了知识、能力和素质三维目标以及项目导学、品牌故事导入、思政之窗、项目小结、项目资源、同步测试、案例分析、实践训练、实训目标、实训内容与要求、成果与检测等模块，便于学生强化对知识的理解和对技能的掌握，并通过大量的图片和典型案例，增强学生的感性认识，引发学生的进一步思考。

本书建有大量微课、视频、动画、课件、文本、音频等拓展资源，为立体化新媒体教材，读者可以通过扫描书中二维码、登录在线开放课程网站进行拓展阅读和在线学习。本书既适合高等职业院校市场营销、品牌管理及其他财经、管理类学生作为教材，也可供各层次管理人员、营销人员培训及个人自学使用。

"品牌管理"在线开放课程

本书是由山东经贸职业学院与业界知名企业在长期校企合作的基础上联合编写的,合作企业在人才培养规格分析、学科知识结构与技能分解等问题上给出了建设性意见。达内时代科技集团有限公司高玮、山东凯瑞商业集团有限责任公司侯明敬、山东全福元商业集团有限责任公司赵洪涛提供了大量业内领先企业的案例素材和编写建议,使得本书在具备完整理论体系的基础上,注重了知行合一、理实一体,激发学生的学习兴趣,提升学生的学习获得感。

本书由山东经贸职业学院李逾男、杨学艳任主编,负责设计本书的编写思路,对全书进行编纂及定稿,由山东经贸职业学院王庆全、王坤、陈晓阳任副主编,韩翠兰任参编,负责项目整合、材料的归集与整理。参加本书编写的具体情况为:李逾男编写了项目一;杨学艳编写了项目二;王坤编写了项目三;王坤、王庆全编写了项目四;韩翠兰、陈晓阳编写了项目五;杨学艳、王庆全编写了项目六;陈晓阳编写了项目七。

本书由山东科技职业学院徐永红教授主审,徐永红教授认真审阅了书稿,对本书的编写思路、体例设计提出了大量宝贵意见,对此编写组深表谢意。同时,我们在编写过程中也参考了大量的文献资料,借鉴和吸收了国内外各位专家和学者的大量研究成果,在此一并致谢。

由于水平所限,不足之处在所难免,书中若有不妥之处,恳请读者赐教指正。

编　者

目 录

项目一　品牌认知 ……………………………………………………………（1）
　学习任务一　品牌的定义与内涵 …………………………………………（4）
　学习任务二　品牌的功能与作用 …………………………………………（10）
　学习任务三　品牌理论及品牌管理 ………………………………………（18）

项目二　品牌定位 ……………………………………………………………（30）
　学习任务一　品牌定位的内涵 ……………………………………………（32）
　学习任务二　品牌定位的过程 ……………………………………………（38）
　学习任务三　品牌定位的方法 ……………………………………………（45）

项目三　品牌成长 ……………………………………………………………（63）
　学习任务一　新品牌建立 …………………………………………………（65）
　学习任务二　品牌生命周期管理 …………………………………………（81）

项目四　品牌发展 ……………………………………………………………（98）
　学习任务一　单一品牌策略 ………………………………………………（100）
　学习任务二　多品牌策略 …………………………………………………（106）
　学习任务三　品牌延伸策略 ………………………………………………（113）

项目五　品牌传播 ……………………………………………………………（133）
　学习任务一　品牌整合营销传播 …………………………………………（135）
　学习任务二　品牌社会化媒体传播 ………………………………………（143）
　学习任务三　品牌跨文化传播 ……………………………………………（150）

项目六　品牌维护 ……………………………………………………………（166）
　学习任务一　品牌保护 ……………………………………………………（169）
　学习任务二　品牌危机管理 ………………………………………………（181）

项目七　品牌资产评估 …………………………………………………… (210)
　　学习任务一　品牌资产的构成 ……………………………………… (212)
　　学习任务二　品牌资产价值评估 …………………………………… (228)
参考文献 …………………………………………………………………… (246)

项目一

品牌认知

学习目标

知识目标：
- 了解品牌及品牌管理的基本概念和内涵；
- 认识品牌在现代企业营销中的作用；
- 掌握品牌的功能和作用；
- 学习品牌理论的发展过程，了解品牌思想的演进历程。

能力目标：
- 能够用自己的语言清楚地表达品牌的概念，解释其内涵；
- 能够熟练掌握品牌的功能和作用，领会品牌在现代企业营销中的作用；
- 能够结合企业的实际情况，分析品牌在企业发展中的功能与作用。

素质目标：
- 培育学生的品牌意识与品牌素养；
- 培养学生爱国意识，体会品牌的力量；
- 培养学生民族品牌情怀，使之意识到品牌对国家的重要性。

项目导学

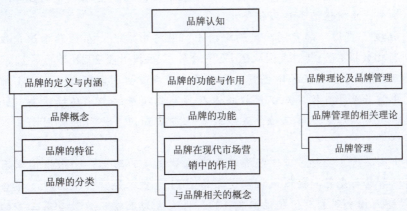

品牌故事

中国品牌日——推动民族品牌高质量发展

5月10日,我们迎来了第六个中国品牌日。今年以来,面对百年变局和世纪疫情相互叠加的复杂局面,在以习近平同志为核心的党中央坚强领导下,我国经济运行总体实现平稳开局。2021年,我国经济社会发展实现"十四五"良好开局。在全球新冠肺炎疫情不断反复、世界经济复苏乏力的大背景下,中国经济逆势上扬的发展成绩更是难能可贵。

成绩来之不易,经验弥足珍贵。中国品牌所彰显出的活力、自信,正是中国经济持续稳定健康发展的底气所在、信心所在。品牌必须在立足当下的同时为未来成长奠定基础。这也是守护来之不易的"中国制造"这块金字招牌的必然要求,考验着中国出海品牌的耐力。

走好赶考路,做好答卷人。品牌是企业乃至国家竞争力的综合体现,是机构参与全球竞争的重要资源。有研究显示,品牌价值每增加1%,会给这个国家GDP带来0.13%的提升。优势品牌的集合,不仅有助于在国际上打响知名度,更是中国挖掘内需潜力、开拓国际贸易的新契机和新舞台。

"进",增添了"稳"的成色。越来越多的中国品牌,正在快速成长为高质量、高品位、高颜值的"国货之光",受到市场认可和消费者青睐。数据显示,近5年中国品牌百度搜索热度占品牌总热度比例从45%提升至75%,是海外品牌三倍;2021年抖音电商国货品牌销量同比增长667%;京东成交额TOP10品牌中,国货品牌的数量占比由2017年的六成提升至2021年的九成。

"进",夯实了"稳"的基础。伴随着自主品牌的崛起,大众的商标和知识产权意识也在逐步提升,这为走向质量强国、品牌强国提供了基础。2005年,我国国内拥有自主知识产权核心技术的企业仅为万分之三,99%的企业没有申请专利;到2017年,我国发明专利申请量为138.2万件,国际专利申请量达到4.88万件,超过日本,升至全球第二位。国家知识产权局近期公布的数据显示,截至2021年底,国内(不含港澳台)每万人高价值发明专利拥有量达到7.5件,是2017年末的近两倍。全球领先的5000个品牌中,中国占到408个,总价值达1.6万亿美元。

"进",拓展了"稳"的空间。风雨中搏击,浪涛中成长。在世界知识产权组织发布的《全球创新指数报告》中,我国从2017年的第22位提升至2021年的第12位,整整上升了10位,稳居中等收入经济体之首,是世界上进步最快的国家之一。PCT国际专利申请量连续3年位居世界首位,知识产权收入在贸易总额中的占比持续提高,进入全球百强的科技集群数量跃居全球第二位,表明我国正在从知识产权引进大国向知识产权创造大国转变。

一个个中国品牌,竖起了中国经济迈向高质量发展的路标;一张张国家名片,闪耀着自主创新的智慧与光芒。据权威机构发布的2021"全球最具价值品牌"报告显示,中国有18个品牌入围全球最有价值品牌前100,再次成为上榜品牌数量第二多的国家,合计贡献了全球100强品牌价值的14%。

然而数量大并不意味着一切，反而会因为体量猛增带来诸多问题，这些问题如果处理不当，品牌大厦的倾倒也会在一瞬之间发生。比如说，建立品牌比以往快了很多，但品牌消失周期也比以前更短。消费者偏好不断变化，品牌始终处在动态发展中，市场红利也在不断变化。要清醒地看到，我国企业的国际竞争力还大而不强，品牌的国际影响力还不够，海外民众对"中国制造""质次价廉"的印象还没有完全扭转。

成为品牌大国，我们蹄疾步稳；建设品牌强国，我们任重道远。要清醒地认识国内外环境深刻变化带来的新机遇新挑战，凝心聚力、持之以恒扎实做好品牌建设工作。

殷殷初心如磐，时代答卷常新。"人民对美好生活的向往，就是我们的奋斗目标。"因时乘势，高质量品牌是满足人们高品质生活需求的有力支撑。中国品牌建设要坚持以人民需求为导向，顺应人民对高品质生活的期待，从"有没有"转向"好不好"。加强中国品牌建设，离不开完善的法律和制度，更离不开市场化、法治化、国际化的营商环境。要用法治思维和法治方式为中国品牌高质量发展保驾护航，让"中国质量"享誉全球，让"中国品牌"闪耀世界。

故事启示

（1）品牌对于一个国家的发展具有重要意义，高质量品牌展现出了中国品牌在社会责任方面的建设和担当，是一个国家文化自信的重要体现。

（2）品牌建设是一项长久的系统工程，需要统筹谋划，久久为功，扎实推进。"中国品牌日"带来机遇的同时，也在提醒企业对自身品牌价值的审视。

（资料来源：中国经济导报. 迎接第六个中国品牌日　共话品牌高质量发展 [EB/OL]. http://www.ceh.com.cn/UCM/wwwroot/zgjjdb/jryw/2022/1483372.shtml.）

任务背景

H公司是一家总部位于东部沿海地区的家电企业，持有多个与消费者生活息息相关的品牌，产品销往全球多个国家和地区。小王是一名刚刚入职公司的实习生。为了小王能够更好的了解公司品牌的发展历程及各品牌在企业发展中发挥的作用与功能，公司人力资源部计划对小王开展品牌认知方面相关知识培训。

任务分析

品牌是一个企业存在与发展的灵魂，没有品牌的企业是没有生命力和延续性的。品牌代表着企业的竞争力，好的品牌可以为企业带来较高的销售额，品牌及品牌战略已经成为企业竞争的关键。这就要求工作人员了解品牌和品牌管理的基本概念和内涵，掌握品牌在企业发展中的功能与作用，形成品牌意识和品牌素养。

学习任务一　品牌的定义与内涵

案例导入

vivo 手机是专为年轻、时尚的城市主流群体打造的拥有卓越外观、专业级音质享受、极致影像乐趣、惊喜和愉悦体验的智能产品，vivo 是步步高旗下的智能手机品牌。

"vivo"源于古拉丁语。在公元元年前后 600 年里，为表达对恺撒、屋大维等英雄的崇敬，古罗马元老院前聚集的公民情不自禁地在抛撒鲜花之时发出了"帷幄尔"的欢呼声，并出现对应的形容词"vivo"。近代，由于意大利歌剧艺术的兴盛，人们感到一般词汇已经无法表达对威尔第、普契尼等人作品的赞美，因此 vivo 被引入使用，这又赋予了 vivo 艺术出众的现场感和活跃感的含义。vivo 旗下有 Xplay 系列、X 系列和 Y 系列三大产品线，主要代表产品有 vivo X9、vivo Xplay6 和 vivo Y66 等。拍照和音乐是 vivo 产品的基本功能。

2016 年 6 月，vivo 于北京水立方发布了 X 系列的最新产品 vivo X7。基于消费者拍照的需求，vivo X7 搭载了 vivo 自主研发的前置 Moonlight 柔光灯，可以模拟摄影棚苹果灯光，并配备了 1 600W 前置像素和顶级的美颜相机。vivo X7 还运用了 vivo 自主研发的双引擎闪充技术，两个充电芯片同时充电，达到普通手机两倍的充电速度，同时在充电时还受到九倍的充电防护，以保证充电过程中的安全。

vivo 以乐趣、专业、声望为核心价值观。

乐趣：乐趣不仅是活在当下的畅快体验，更是一种能在分享中被放大和在自我实现中被延续的力量。

专业：专业是一种持续专注的态度，有创新意识地全情投入、关注细节、精益求精和用户体验至上的态度让 vivo 快速成长、不断进步。

声望：声望源于自我努力之后获得的差异化的行业地位，它意味着被消费者认可、欣赏，从而具有改变世界的影响力。

2015 年，vivo 第三季度全球份额为 5.2%，超越了索尼、微软等国际巨头，排名第六位。同年，vivo 又与全球顶级篮球赛事组织 NBA 在上海签署了品牌战略合作协议，成了 NBA 中国唯一手机官方市场合作伙伴。

截至 2015 年 6 月，vivo 已经在泰国、新加坡、马来西亚、越南、缅甸等国家建成了几千家销售店、上百个售后服务中心，拥有超过万人的国际销售团队。

（资料来源：通讯世界网．"乖孩子"vivo 卖 4 000 元手机 Xplay5，底气何在？[EB/OL]．（2016 - 06 - 03）http://www.cww.net.cn/article? id = 353511/vivo 卖 4000 元手机 Xplay5.）

案例分析

通过 vivo 一系列的市场佳绩，我们发现完整强大的供应链体系和研发能力是 vivo 发展的核心优势，持续的新产品研发、品牌建设、团队建设是 vivo 成功的基石。

一、品牌概念

品牌的英文单词"Brand",源于古挪威文"Brandr",意思是"烧灼",人们用这种方式来标记家畜等需要与其他人相区别的私有财产。中世纪的欧洲,手工艺匠人用这种打烙印的方法在自己的手工艺品上烙下标记,以便顾客识别产品的产地和生产者,这就产生了最初的商标,并以此为消费者提供担保,同时为生产者提供法律保护。16世纪早期,蒸馏威士忌酒的生产商将威士忌装入烙有生产者名字的木桶中,以防不法商人偷梁换柱。到了1835年,苏格兰的酿酒者使用了"Old Smuggler"这一品牌,以维护采用特殊蒸馏程序酿制的酒的质量声誉。

在《牛津大辞典》里,品牌被解释为"用来证明所有权,作为质量的标志或其他用途",即用以区别和证明品质。随着时间的推移、商业竞争格局以及零售业形态的不断变化,品牌的含义也越来越丰富,甚至形成了专门的研究领域——品牌学。

(一)品牌的定义

美国市场营销协会对品牌的定义如下:品牌是用以识别一个或一群产品或劳务的名称、术语、象征、记号或设计及其组合,以和其他竞争者的产品或劳务相区别。这个定义从最直观、最外在的表象出发,将品牌看作一种标榜个性、具有区别功能的特殊符号。如麦当劳的"m"形标志、耐克的对钩形标志等。这些标志带给消费者强烈的视觉冲击,成为品牌不可分割的一部分,甚至在一些消费者眼中,标志几乎是品牌的全部。但是,这些标志并不是品牌的全部,识别一个品牌依据的不仅是它的标志或名称,更重要的是其体现出来的理念、文化等核心价值。

品牌是什么及其价值意义

世界著名广告大师、奥美的创始人大卫·奥格威(David Ogilvy)对品牌做了如下定义:品牌是一种错综复杂的象征,它是品牌的属性、名称、包装、价格、历史、声誉、广告风格的无形组合。品牌同时也因消费者对其的印象及自身的经验而有所界定。大卫·奥格威在《品牌经营法则》中说:"除了品牌就是产品外,品牌认同的基础概念还必须包括品牌就是企业、品牌就是人、品牌就是符号的概念,品牌实际上是由其本身整合诸多品牌信息而构成的。"品牌不仅包括品牌名称、包装、标志等有形信息,还包括与品牌密不可分的历史、社会、文化、法律、市场经济、心理感受等无形信息。

消除品牌认识误区

菲利普·科特勒(Philip Kotler)认为:"品牌是一种名称、术语、标记、符号、图案,或是它们的相互组合,用以识别企业提供给某个消费者或某群消费者的产品或服务,并使之与竞争对手的产品或服务相区别。"首先,品牌是一种符号,有其特定的名称、文字、图案等,能够直观地表现出产品的个性,容易在消费者的头脑中烙下印记,给消费者留下最初的印象;其次,品牌是企业的无形资产,具有保值、增值的特征,品牌的价值是由市场决定的;最后,品牌还是一种品位、一种格调。

以上定义从不同的角度对品牌的内涵进行了界定,各有侧重。综合以上定义,可将品牌定义为:品牌是能给拥有者带来溢价、增值的一种无形资产,它的载体是和其他竞争者的产品或劳务相区别的名称、图案、标记、标志等及其组合,增值的源泉是消费者心目中形成的有关产品特色、利益和服务的质量承诺与保证的印象。

(二)品牌的内涵

从以上品牌定义可以看出,品牌的定义范畴开始从功能向品牌资产价值转变。菲利普·

科特勒强调：品牌最持久的含义就是品牌的价值、文化、个性。品牌的要点是销售者向购买者长期提供的一组特定的特点、利益或服务。品牌不仅能够传达质量的保证，而且还是一个复杂的符号，是品牌形式和品牌内容的有机结合体。一个品牌能传达出六个层次的内容：

（1）属性。品牌首先能给人带来特定的产品属性，属性是品牌所能带来的符合消费者需要的产品特征。

（2）利益。消费者不是购买属性，而是购买利益。属性需要转化成功能或情感利益。

（3）价值。价值包括营销价值和顾客价值。营销价值是指品牌效应，即品牌只要被消费者接受，产品就受欢迎；顾客价值是指品牌的声誉或形象能满足消费者的某种情感需要。

（4）文化。品牌可能象征了一定的文化，对品牌的偏好反映了对品牌蕴含的文化的认同。

（5）个性。品牌代表了一定的个性，品牌个性的塑造是为了使消费者产生一种认同感和归属感。

（6）使用者。品牌体现了购买或使用某种产品的是哪类消费者，这是由上述五个层次综合界定的。

（三）品牌的构成要素

一个完整的品牌不仅要有一个名称，而且要包含许多信息，只有将这些信息最大限度地整合起来，品牌才是完整的。品牌主要由显性要素和隐性要素两方面构成。显性要素是指品牌外在的、具象的东西，可直接给消费者带来较强的感觉方面的冲击，包括品牌名称、标志与图标、标记、标准字、标准色、标志包装、广告曲等；隐性要素是品牌内含的因素，不能被直接感觉到，它存在于品牌形成的整个过程中，是品牌的精神、品牌的核心，它包括品牌承诺、品牌个性和品牌体验。

整合品牌的显性要素和隐性要素，可以看出品牌是由品名、品记、品类、品质、品位、品德、品行七个元素组成的。

（1）品名即品牌名称，是品牌中可以用语言称呼的部分。

（2）品记即品牌标记，是品牌中可以被识别，但不能用语言简洁而准确地称呼的部分，如符号、标志、图形、图案和颜色等。

（3）品类是品牌所涵盖的产品类别，即品牌具有哪些类别的产品，如海尔是家电、娃哈哈是饮料、容声是冰箱、爱立信是手机等，这就是品牌所具有的产品品类概念。

力士的品牌
名称变迁

（4）品质是衡量品牌所涵盖的产品的耐用性、可靠性、精确性等价值属性的一个综合尺度。虽然品质是反映品牌形象的一个公认的重要元素，但不是唯一元素。

（5）品位是品牌涵盖的产品的科技含量、文化底蕴、审美情趣以及品牌传播形成的品牌形象与品牌个性。虽然品位与品质有一定的联系，但二者的区别很大，品质差的品牌其品位也比较差，品质好的品牌其品位一般也比较好，同样品质的品牌，其品位也可能有很大差异。如万宝路、555和健牌三种香烟，虽然同是品质较好的品牌，品位却有所不同：万宝路代表的是西部牛仔的豪放；555代表的是英国绅士的悠闲；健牌代表的是中产阶级的愉悦。

（6）品德是在品牌宣传中倡导的企业文化、价值观念与经营理念，如TCL倡导的经营理念为"为顾客创造价值、为员工创造机会、为社会创造效益"。一个良好的品牌，就像一个德高望重的长者一样，很有风范，容易亲近，易被认同。

（7）品行是指企业通过管理行为、广告宣传行为、公关行为、销售行为、服务行为等企业组织和员工个人在社会上的表现，给公众留下的印象，给品牌留下的积累。公众对一个品牌的信赖感和忠诚度，不仅取决于产品的品质和企业宣扬的理念与做出的承诺，更取决于企业的实际行动。

二、品牌的特征

品牌的特征主要体现在品牌的专有性、无形性、价值性、风险性及不确定性、表象性、扩张性、延伸战略性等几个方面。

（1）品牌的专有性。品牌是用以识别生产或销售者的产品或服务的。品牌拥有者经过法律程序的认定，享有品牌的专有权，有权要求其他企业或个人不能仿冒、伪造自己企业的产品，这一点也是指品牌的排他性。

（2）品牌的无形性。品牌是企业的无形资源。由于品牌拥有者可以凭借品牌的优势不断获取利益，可以利用品牌的市场开拓力、形象扩张力不断发展资本内蓄力，因此人们可以看到品牌的价值。这种价值不能像物质资产那样用实物的形式表述，但它能使企业的无形资产迅速增加，并且可以作为商品在市场上进行交易。1994年，世界品牌价值排名第一的是美国的可口可乐，其品牌价值为359.5亿美元，相当于其销售额的4倍。1995年，可口可乐的品牌价值上涨到390.50亿美元。2016年，可口可乐以731亿美元的品牌价值连续四年排名全球第三。

（3）品牌的价值性。品牌作为无形资产，其价值可以有形量化，同时品牌可以作为商品交易，比如以品牌入股的形式组建企业，通过品牌的号召实现特许经营，加盟到名牌旗下以图发展。例如：哈尔滨中国酿酒厂与香港CEC基金管理公司合资组建新公司时，哈尔滨中国酿酒厂的总投入为6 000万元，其中，5 000万元为原厂品牌、商标等无形资产，占资产总值83%以上；哈尔滨月亮湾开发建设有限公司以1 027万元全资收购国有老字号"老鼎丰"，老鼎丰企业包括土地在内的账面资产总额为600多万元，其中，427万元为"老鼎丰"的品牌价值。

（4）品牌的风险性及不确定性。品牌转化具有一定的风险性及不确定性。品牌创立后，在其成长的过程中，随着市场的不断变化、需求的不断提高，企业的品牌资本可能壮大，也可能缩小，甚至某一品牌可能在竞争中退出市场。因此，品牌的成长具有一定风险性，对其评估也存在难度。企业的产品质量不合格、服务不过关、品牌资本盲目扩张或运作不佳，这些都会给企业品牌的维护带来难度，使对企业品牌效益的评估出现不确定性。

（5）品牌的表象性。品牌是企业的无形资产，虽然不具有独立的实体，不占有空间，但它最原始的目的就是让人们通过一个比较容易记忆的形式来记住某一产品或企业。因此，品牌必须有物质载体，需要通过一系列的物质载体来表现自己。品牌的直接载体主要有文字、图案和符号，间接载体主要有产品的质量、服务、知名度、美誉度、市场占有率。没有物质载体，品牌就无法表现出来，更不可能达到品牌的整体传播效果。优秀的品牌在载体方面表现较为突出，如可口可乐，不仅其文字能使人们联想到饮后的效果，红色的图案及相应的包装也能起到独特的效果。

拓展阅读

2022最具价值全球品牌100强出炉

全球品牌数据与分析公司凯度集团最新发布了2022年凯度BrandZ最具价值全球品牌

排行榜。苹果以9471亿美元的品牌价值重回榜首。谷歌是今年排名上升最快的品牌之一，品牌价值上涨了79%至8196亿美元，攀升至第二位。进入榜单前十名的还包括：亚马逊、微软、腾讯、麦当劳、维萨、FACEBOOK、阿里巴巴和路易威登（表1-1）。

表1-1 2022年全球最具价值品牌

全球最具品牌价值前10				
排名	品牌	品牌价值/亿美元	品类	排名变化
1	苹果	9470.62	消费科技	1
2	谷歌	8195.73	媒体和娱乐	1
3	亚马逊	7056.46	零售	-2
4	微软	6144.60	商业解决方案和科技服务	0
5	腾讯	2140.23	媒体和娱乐	0
6	麦当劳	1965.26	快餐	3
7	维萨	1910.32	支付	1
8	FACEBOOK	1864.21	媒体和娱乐	-2
9	阿里巴巴	1699.66	零售	-2
10	路易威登	1242.75	奢侈品	11

过去一年里，凯度BrandZ最具价值全球品牌的总价值增长了23%至8.7万亿美元。这凸显了强大品牌力在帮助企业应对全球经济动荡时的重要作用。美国品牌贡献了超四分之三的品牌总价值。从行业来看，媒体和娱乐、商业解决方案和科技服务和零售品牌占据份额最大，合计占百强总价值的一半以上。

从第47位快速上升至第29位的特斯拉是今年最成功的品牌之一。这反映了全球电动汽车市场的蓬勃发展。路易威登是首个跻身全球前十的奢侈品牌，也是自2010年以来首个进入全球前十的欧洲品牌。今年榜单中的六个新晋品牌来自不同行业。中国的快手以265.35亿美元初次上榜，名列第82位。位居第16位的沙特阿拉伯能源品牌沙特阿美排名最靠前，它是全球最大的能源化工综合企业之一。同样值得关注的是排名第64位的印度IT服务及咨询公司印孚瑟斯，以及排名第71位的拉丁美洲的最大电子商务和支付生态系统Mercado Libre。

尽管面临着疫情反复的挑战，中国品牌依然坚韧，表现出了强大的品牌实力。腾讯和阿里巴巴再次名列全球十强，分别位于第五和第九。2022年上榜的中国品牌还包括：茅台、美团、抖音/TikTok、京东、中国工商银行、海尔、华为、平安、快手、中国移动、友邦保险、小米。

（资料来源：浙江贸促综合整理自全球企业动态.2022最具价值全球品牌100强出炉[EB/OL]．http://www.ccpitzj.gov.cn/art/2022/6/27/art_1229557691_34790.html.）

（6）品牌的扩张性。品牌具有识别功能，代表一种产品、一个企业，企业不仅可以利用这一优点展示品牌对市场的开拓能力，还可以利用品牌资本进行扩张。

(7)品牌的延伸战略性。品牌延伸就是指一个品牌从原有的业务或产品延伸到新业务或产品上，多项业务或产品共享同一品牌。品牌延伸有两类：一是品牌延伸，也称线延伸，它是指现有品牌向同一品类的不同品牌的延伸，通常伴有副品牌的命名，即用副品牌表示线上不同的品牌；二是品类延伸，它是指现有品牌向不同品类的延伸，通常不引入副品牌名，而是通过品类名将副品牌与主品牌相结合。

三、品牌的分类

（一）根据品牌知名度和辐射区域划分

根据品牌的知名度和辐射区域，可以将品牌分为地区品牌、国内品牌和国际品牌。

(1)地区品牌是指在一个较小的区域内生产销售的品牌，如地区性生产、销售的特色产品。这些产品一般在一定范围内生产、销售，产品辐射范围不大，受产品特性、地理条件及某些文化因素影响，与秦腔主要在陕西、晋剧主要在山西、豫剧主要在河南等地方戏种现象类似。

(2)国内品牌是指在国内知名度较高、产品辐射全国的产品，如电器品牌海尔、香烟品牌红塔山、饮料品牌娃哈哈。

(3)国际品牌是指在国际市场上知名度、美誉度较高，产品辐射全球的品牌，如可口可乐、麦当劳、万宝路、奔驰、爱立信、微软、皮尔·卡丹等。

（二）根据品牌产品生产经营的环节划分

根据品牌产品生产经营的环节，可以将品牌分为制造商品牌和经营商品牌。制造商品牌是指制造商为自己生产制造的产品设计的品牌；经销商品牌是经销商根据自身的需求以及对市场的了解，结合企业发展需要创立的品牌。制造商品牌有很多，如索尼、奔驰、长虹等；经销商品牌有西尔斯等。

（三）根据品牌来源划分

依据品牌的来源，可以将品牌分为自有品牌、外来品牌和嫁接品牌。自有品牌是企业依据自身需要创立的，如本田、东风、永久、摩托罗拉、全聚德等；外来品牌是指企业通过特许经营、兼并、收购或其他形式取得的品牌，如联合利华收购的北京"京华"牌，香港迪生集团收购法国名牌商标S.T.Dupont；嫁接品牌主要指通过合资、合作方式形成的带有双方品牌的新产品，如琴岛-利勃海尔。

（四）根据品牌的生命周期划分

根据品牌的生命周期，可以将品牌分为短期品牌和长期品牌。短期品牌是指某种原因导致在市场竞争中昙花一现或持续一时、品牌生命周期较短的品牌；长期品牌是指随着产品生命周期的更替，仍能经久不衰、永葆青春的品牌，例如全聚德、内联升等历史上的老字号，以及可口可乐、奔驰等经过长久发展而来的世界知名品牌。

（五）根据品牌产品的所属行业划分

根据品牌产品的所属行业，可以将品牌划分为家电业品牌、食品饮料业品牌、日用化工业品牌、汽车机械业品牌、商业品牌、服务业品牌、网络信息业品牌等几大类。

除了上述几种分类外，还可依据产品或服务在市场上的态势，将品牌划分为强势和弱势品牌;根据品牌的本体特征,可将品牌划分为个人品牌、企业品牌、城市品牌、国家品牌、国际品牌等。如姜文、张艺谋、王楠等属于个人品牌;哈尔滨冰雪节、宁波国际服装节、CBD节等属于城市品牌;金字塔、万里长城、埃菲尔铁塔、自由女神像等属于国家品牌;联合国、奥运会、国际红十字会等属于国际品牌。

品牌认知

学习任务二　品牌的功能与作用

案例导入

全球最大的家具和家居用品零售商——宜家家居

1943年,宜家家居(IKEA)创建于瑞典,目前瑞典宜家集团已成为全球最大的家具和家居用品零售商,主要销售座椅/沙发系列、办公用品系列、卧室系列、厨房系列、照明系列、儿童产品系列等约10 000种产品。

宜家家居在全球38个国家和地区拥有311个商场,其中16家在中国大陆,分别位于北京、天津、上海等。

在"2014年中国家具市场十大品牌排名榜"中,宜家家居继掌上明珠、曲美家居、联邦家私这三大世界知名家具品牌之后,排名第四。

宜家家居2015年度财务报表显示,宜家年营业额为319亿欧元,门店访客达7.71亿人次。华润万家作为我国连锁超市行业的龙头老大,2015年总营业额为1 094亿人民币(约146亿欧元),3 400多家门店遍布全国;而宜家家居,在全世界仅有328家门店,是什么因素使宜家家居成了全球最大的家具和家居用品零售商呢?

首先,是宜家家居高质量、低价格的产品。作为全球最大的家具和家居用品零售商,从1943年成立至今,宜家家居一直以高质量、低价格的产品赢得全世界消费者的青睐,也正是这个原因,让它成了世界500强企业。

其次,是宜家家居的名牌效应。广大的消费者在选择商品的时候,一定首选名牌。消费者信任名牌,认为名牌不但有质量保障,更能彰显消费者自身的地位与品位。宜家家居自成立伊始,就着力将自己打造成业内名牌,如今宜家家居这个品牌在世界范围内,可以说是家喻户晓,正是其世界驰名品牌的口碑为宜家家居赢得了市场。所以,一个企业除了把产品做好之外,最重要的就是把品牌打造成名牌。

案例分析

品牌不仅是产品的标志,更是产品质量、性能、满足消费者需求的可靠程度的综合体现。良好的品牌往往能给人留下特别的印象,在产品质量相同的情况下,可以索取较高的价格。

(资料来源:联商网. 全球最大的家具和家居用品零售商宜家家居的中国之道[EB/OL]. http://www.linkshop.com.cn/web/Article.)

品牌是一个企业存在与发展的灵魂，产品本身是没有生命力的，没有品牌的企业更是没有生命力和延续性的。品牌代表着企业的竞争力，不仅意味着高附加值、高利润、高市场占有率，还意味着高质量、高品位。好的品牌可以为企业带来较高的销售额，可以花费很少的成本让自己的产品或服务更有竞争力，品牌及品牌战略已经成为企业竞争的关键。

一、品牌的功能

在市场营销中，许许多多的企业家意识到，拥有品牌比拥有市场更重要，品牌逐渐成为众多企业的营销战略核心。品牌具有以下四个方面的功能：

（一）品牌的识别功能

品牌是一种名称、名词、标志、符号或设计，从其产生的历史可以看出，品牌是区别某产品与其他产品的最直观的要素，能充分代表某产品，正像人的面孔一样是识别的符号。品牌的识别功能要求品牌具有名称、符号、标记或具有能代表品牌的元素组合，品牌识别是消费者购买产品的基础。

（二）品牌的信息浓缩功能

名称本身使品牌具有和其他企业、产品、服务相互区别的基础。长城和海尔是中国两家知名的家电企业，长城是中国黑色家电的领头羊，海尔是中国白色家电的象征，二者都是品质、服务、信息、满意等方面的代名词。在一定意义上，"长城""海尔"已不只代表产品本身，其传达给消费者的是这两家企业生产、销售、服务、质量、价格、经营理念、企业文化、人员素质的组合体，涵盖了企业由内到外的众多方面。虽然众多的消费者都未实地考察过某个企业，但观察生活中的点点滴滴，可以逐渐形成对某个企业的完整认识。品牌是在传播中建立的，传播本身是大量信息的叠加。一个品牌越有价值，它浓缩的信息就越多。

（三）品牌的安全功能

消费者购买产品时都坚持安全第一的原则。马斯洛的需要层次论指出，人在生理需求得到满足后，最重要的需求就是安全需求，产品的安全功能是实现产品使用价值的前提。品牌的安全功能包含两方面的意义：一是产品使用方面的物理安全保证；二是消费者消费后的信心保证，即心理安全。品牌是消费安全的承诺和保证，有了品牌，消费者用得更安心。

（四）品牌的附加价值功能

市场的发展一方面促进了企业的发展，另一方面也促进了消费者意识的改变。产品带来的物理属性的满足仅是消费者满足的一个侧面，消费者的需求是多变、复杂的，需要产品给予功能方面和心理方面的满足。因此，品牌要提供更多的价值或利益。奔驰轿车的价值在于它能更多地满足消费者心理上的需求、欲望，以及对身份和地位的追求。

二、品牌在现代市场营销中的作用

品牌的功能决定了品牌必将在市场中发挥极其重要的作用。随着市场经济的发展，品牌的效用也从单一识别功能向多功能转变，品牌不再只是识别产品的符号，它是联结消费者和生产者的纽带，是企业众多生产要素、营销环节的有机组合。品牌的重要性来自品牌对消费者和企业发挥的作用。

品牌便于消费者进行产品选择，有利于缩短消费者的购买决策过程。对消费者而言，选择知名品牌无疑是一种省事、可靠、又能降低风险的方法。尤其在大众消费品领域，同类产品可供消费者选择的品牌一般都有十几个，乃至几十个。面对众多的商品和服务提供商，消费者是无法通过比较产品、服务本身来做出准确判断的。这时，在消费者的购买决策过程中就出现了关于产品的"感觉风险"（即认为可能产生不良后果的心理风险）。这种"感觉风险"的大小取决于产品价值的高低、产品性能的好坏以及消费者是否有自信心等因素。消费者为了规避风险，往往偏爱知名品牌的产品，以坚定购买的信心。品牌在消费者心目中是产品的标志，它代表着产品的品质和特色。同时，品牌还是企业的代号，意味着企业的经营水平和管理水平。因此，品牌缩短了消费者的购买决策过程。

打造强势品牌能使企业享有较高的利润空间。在传统的市场竞争中，当消费者形成鲜明的品牌概念后，价格差异就会变得次要。当给不同品牌赋予特殊的个性时，这种情况就更为明显。曾有调查表明，在国际市场上，市场领袖品牌的平均利润率为第二品牌的四倍，而在英国更高达六倍。强势品牌的高利润空间在市场不景气或削价竞争的条件下发挥出了重要的作用。事实上，这种优势不仅得益于通常我们认为的规模经济，而且来自消费者对品牌产品价值的认同，也就是对价格差异的认同。

品牌可以超越产品的生命周期，是企业的无形资产。需求的改变和竞争的日益激烈导致除了少数产品，绝大多数产品不会长久地被消费者接受。一般而言，产品都有一个生命周期，会经历从投放市场到被淘汰、退出市场的整个过程，包括投入、成长、成熟和衰退四个阶段。但是品牌不同，它有可能超越生命周期。一个品牌如果拥有大批的忠诚顾客，那么即使其产品已经改良和替换过，其领导地位也不会被动摇。波士顿咨询集团研究了30大类产品的市场领先品牌，发现："在1929年的30个领袖品牌中，有27个品牌在1988年依然位居市场第一。在这些经典品牌中，有象牙香皂、坎贝尔汤和金牌面粉。"我们熟悉的一些海外著名品牌，也都是历史悠久的，如吉列始于1895年，万宝路始于1924年，可口可乐始于1886年，等等。同样，我国的不少老字号在今天的市场竞争中依然有着品牌优势，如同仁堂等。

由此可知，品牌的概念比产品本身要宽泛得多。它可以随着市场的变化不断被调整，只要跟得上市场的变化和消费的进步，就能通过改进或创新产品以及保持品牌个性，保障品牌长期发展。因为品牌可以超越生命周期，所以品牌从开始的依附在产品身上慢慢地发展到与具体产品独立开来，并可使消费者长期积累对它的认同和偏好，从而使品牌成为一种无形资产。品牌本身也可以作为商品参与市场交易。此外，品牌与产品的相对独立，导致了品牌延伸的出现，一旦同一品牌拥有众多类别的产品，品牌就成了产品的核心。例如，当娃哈哈生产儿童营养液时，品牌名只是产品的一部分，但发展至现在，娃哈哈品牌无疑成了企业产品的统帅。

思政之窗

品牌丛中，那一抹中国红

2017年5月2日，国务院办公厅批复同意将每年5月10日设立为"中国品牌日"。批复中同时强调，要大力宣传知名自主品牌，讲好中国品牌故事，提高自主品牌影响力和认知度。在中国经济转型升级的重要时刻，中央政府充分认识到品牌创建的重要性，开始打造中国优秀品牌。

品牌的起源来自标记。中国的品牌历史，最早可追溯到北宋时期山东刘家老铺出售缝衣针时包装上的"兔儿为记"。改革开放以来，中国经济经历了飞速发展，从一个经济落后的发展中国家，到如今经济总量跃居世界第二，中国品牌也经历了从无到有的飞跃。

1950年，天津自行车厂生产出新中国第一辆国产自行车——"飞鸽"牌自行车，为中国制造打响了第一枪，中国很多本土制造轻工品牌相继问世，比如蝴蝶牌缝纫机、上海牌手表、海鸥牌照相机等。但直到20世纪80年代，中国制造业才开始快速发展、重新崛起。在20世纪80年代，一系列家电、棉纺、化妆品和食品工业的品牌发展迅速。海尔、华为、健力宝、长虹、TCL、永久、大宝、美的、隆力奇、霞飞、万家乐、北冰洋等成为代表。

进入20世纪90年代，中国民营企业迅速发展，技术不断进步，这一时期中国开始推出具有科技含量的自主品牌产品：第一台国产手机南京熊猫，第一台笔记本电脑联想S5100，都开始纷纷登台亮相。

从1998年到2008年，已经立足全球的中国制造业开始升位进入品牌时代，不仅严把质量关，还在科技、创意上有所突破。同时中国制造业开始从只是代工某个环节向完整的全产业链体系进化，本土品牌也通过收购向海外扩张，多管齐下让中国制造的核心竞争力稳步提升。此时，一大批拥有自主知识产权的创新产品涌现出来，华为、海尔、格力、小米、吉利等优秀企业纷纷崛起，他们的再次亮相不再是以跟随者的身份，而是领先者的形象。中国制造再次向中国智造转型，这一次是智慧的"智"。

2008年对于世界来说是一个历史性的转折点，由美国次贷危机引发的金融风暴席卷全球，导致大范围的经济衰退，而这一年奥运会在北京举行，这个契机让全世界的目标聚焦到中国，也重新认识了中国，为我们开启了下一个十年的飞速发展。

2014年5月，习近平总书记在河南视察时提出，要推动"中国制造向中国制造转变、中国速度向中国质量转变、中国产品向中国品牌转变"。习总书记"三个转变"的精辟论述将品牌建设提高到了新的战略高度，尤其是在国际经济环境不确定和当前中国经济发展多起叠加背景下，意义更是十分重大，为中国品牌建设指明了方向。

2017年3月，李克强总理在2017年政府工作报告中明确提出，广泛开展质量提升行动，加强全面质量管理，健全优胜劣汰质量竞争机制。质量之魂，存于匠心。要大力弘扬工匠精神，厚植工匠文化，恪尽职业操守，崇尚精益求精，培育众多"中国工匠"，打造更多享誉世界的"中国品牌"，推动中国经济发展进入质量时代。

如今，在中国本土市场，华为、小米、OPPO、vivo开始取代苹果；国货开始取代欧美、日韩品牌。胸前印着大大的"中国李宁"LOGO，脚上一双回力鞋成为当下青年人彰显时尚与个性的标志。

2020年是中国国货新潮流的高光之年。据阿里研究院发布的《2020中国消费品牌发展报告》显示，中国本土品牌线上市场占有率已经达到72%。当下中国年轻一代对国货的接受度、喜爱度可以说是过去几十年来最高的，从文化自信到品牌自信。目前，中国品牌无论是在本土消费市场，还是全球竞争格局当中，都发生着深刻变化。

当90后、00后们开始成为消费者舞台上主角的时候，年轻人开始买国产手机、用国产化妆品、穿国潮服饰，连国产电影的票房占比都逐年增高。同时，越来越多国货产品走出海外并大受欢迎。单从手机数据来说，2020年第二季度全球手机出货量中，华为卖了

5 580万台，全球销量第一，市场占有率20%。三星占19.5%，苹果下滑到13.5%，排在第四、第五的分别是小米和OPPO。目前全球最畅销的五大手机品牌，中国占了3席，合计占了约4成的市场份额。除此之外，大疆占据了全球民用无人机七成的份额，全世界90%以上的个人电脑都产自中国，联想收购IBM，吉利收购沃尔沃，海尔收购通用的白色家电业务，中国制造已覆盖了全球市场。

改革开放四十多年来，1979年的时候我们还一家世界500强公司都没有，21世纪初的时候，我们在世界500强中仅仅只有10家公司，但如今我们在世界500强中已经有了133个席位，而且这个数字还在不断地增加中。我们坚信中国必将打造更多享誉世界的"中国品牌"。

（资料来源：李光斗，国潮和本土意识：从文化自信到品牌自信，https：//baijiahao.baidu.com/s？id=1688841918627461824&wfr=spider&for=pc.）

三、与品牌相关的概念

（1）产品（Product）。产品是指各种能够提供给市场，被人们使用和消费，并能满足人们某种需求的东西，包括有形的物品、无形的服务、组织、观念或它们的组合。产品一般可以分为三个层次，即核心产品、形式产品、延伸产品。核心产品是指整体产品提供给购买者的直接利益和效用；形式产品是指产品在市场上出现的物质实体外形，包括产品的品质、特征、造型、商标和包装等；延伸产品是指整体产品提供给顾客的一系列附加利益，包括运送、安装、维修、保证等在消费领域给予消费者的好处。

（2）商标（Trade Mark）。商标是一种法律用语，是生产经营者在其生产、制造、加工、拣选或者经销的商品或服务上采用的，为了区别商品或服务来源，具有显著特征的标志，一般由文字、图形或者其组合构成。经国家核准注册的商标为"注册商标"，受法律保护。商标注册人享有商标专用权。

（3）名牌（Famous Brand）。对名牌最通俗的理解就是知名品牌。"名牌"一词比品牌概念出现得早，它是我国特定环境下的产物。

（4）品牌资产（Brand Equity）。品牌资产是与品牌、品牌名称和标志相联系，能够增加或减少企业销售的产品或服务的价值的一系列资产与负债，它主要包括5个方面，即品牌忠诚度、品牌认知度、品牌感知质量、品牌联想、其他专有资产（如商标、专利、渠道关系等），这些资产通过多种方式向消费者和企业提供价值。

（5）品牌识别（Brand Identity）。品牌识别是品牌营销者希望创造和保持的、能使人们对品牌产生美好印象的联想物。这些联想物暗示着企业对消费者的某种承诺。由于品牌识别指导着品牌创建及传播的整个过程，因此必须具有一定的深度和广度。

（6）品牌符号（Brand Symbol）。品牌符号是区别产品或服务的基本手段，包括名称、标志、基本色、口号、象征物、代言人、包装等。这些识别元素形成一个有机结构，影响消费者的行为。品牌符号是品牌概念的基础，成功的品牌符号是公司的重要资产，在品牌与消费者的互动中发挥重要作用。

（7）品牌个性（Brand Personality）。品牌个性是特定品牌拥有的一系列人性化特色，即品牌呈现出的人格品质。品牌个性是品牌识别的重要组成部分，可以使没有生命的产品或服务人性化。品牌个性能带来强大而独特的品牌联想,丰富品牌的内涵。

(8) 品牌定位(Brand Positioning)。品牌定位是在综合分析目标市场与竞争情况的前提下,建立一个符合原始产品特点的独特品牌形象,并对品牌的整体形象进行设计、传播,从而在目标消费者心中占据一个特殊位置的过程或行动。品牌定位的着眼点是目标消费者的心理感受,途径是对品牌整体形象进行设计,实质是依据目标消费者的特征,设计产品属性并传播品牌价值,从而在目标顾客心中占据特殊。

(9) 品牌形象(Brand Image)。品牌形象是指消费者基于能接触到的品牌信息,经过自己的选择与加工,在大脑中形成的有关品牌的印象总和。品牌形象与品牌识别既有区别,又有联系。二者的区别在于,品牌识别是品牌战略者希望人们如何看待品牌,而品牌形象是现实中人们如何看待品牌;二者的联系在于,品牌识别是品牌形象的来源和依据,而品牌形象在某种程度上是执行品牌识别的结果。

良好的品牌形象是企业在市场竞争中的有力武器,深深地吸引着消费者。品牌形象的内容主要由两方面构成,即有形内容和无形内容。品牌形象的有形内容又称为品牌的功能性,即与品牌产品或服务相联系的特征;品牌形象的无形内容主要指品牌的独特魅力,是营销者赋予品牌的,并为消费者所感知、接受的个性特征。

品牌形象的有形内容包括产品及其包装、生产经营环境、生产经营业绩、社会贡献、员工形象等。

产品形象是品牌形象的代表,是品牌形象的物质基础,是品牌最主要的有形形象。 品牌形象主要通过产品形象表现出来。产品形象包括产品质量、性能、造型、价格、品种、规格、款式、花色、档次、包装设计以及服务水平、产品创新能力等。品牌只有通过向社会提供质量上乘、性能优良、造型美观的产品和优质的服务来塑造良好的产品形象,才能得到社会的认可,在竞争中立于不败之地。

环境形象主要是指品牌的生产环境、销售环境、办公环境和品牌的各种附属设施。 品牌厂区环境的整洁和绿化程度,生产和经营场所的规模及装修,生产经营设备的技术水准等,无不反映品牌的经济实力、管理水平和精神风貌,是品牌向社会公众展示自己的重要窗口。

业绩形象是指品牌的经营规模和盈利水平,主要由产品销售额、资金利润率及资产收益率等组成。 业绩形象反映了品牌的经营能力和盈利水平,是品牌生产经营状况的直接表现,也是追求良好品牌形象的根本所在。

社会形象是指品牌通过非营利的以及带有公共关系性质的社会行为塑造良好的品牌形象,以博取社会的认同和好感,包括奉公守法、诚实经营、维护消费者合法权益等。

员工形象是指员工的整体形象,包括管理者形象和员工形象。 管理者形象是指品牌管理者集体,尤其是品牌创始人的知识、能力、魄力、品质、风格及经营业绩给本企业员工、同行和社会公众留下的印象;员工形象是指企业全体员工的服务态度、职业道德、行为规范、精神风貌、文化水准、作业技能、内在素养和装束仪表等给外界留下的整体印象。

每一个品牌都有独具特色的品牌形象,如韩国的化妆品品牌兰芝,代表着青春、娇嫩、文雅的东方女性形象;法国的香奈儿,代表着性感、迷人的法国女郎形象。

(10) 品牌文化(Brand Culture)。品牌文化是指**品牌在经营中逐步形成的文化积淀,代表了企业和消费者的利益认知、情感归属,是品牌与传统文化以及企业个性形象的总和**。与企业文化的内部凝聚作用不同,品牌文化突出了企业外在的宣传、整合优势,将企业品牌理念有效地传达给消费者,进而占领消费者的心。品牌文化是凝结在品牌上的企业精华。

品牌文化的核心是文化内涵，具体而言是其蕴含的深刻的价值内涵和情感内涵，也就是品牌所凝聚的价值观念、生活态度、审美情趣、个性修养、时尚品位、情感诉求等精神象征。创造产品的物质效用与品牌精神高度统一的完美境界，能超越时空的限制，带给消费者更多高层次的满足感、心灵的慰藉和精神的寄托，使消费者心灵深处形成潜在的文化认同和情感眷恋。

优秀的品牌文化是民族文化精神的高度提炼和人类美好价值观念的升华，凝结着时代文明发展的精髓，渗透着对亲情、友情、爱情的深情赞颂，倡导健康向上、奋发图强的人生信条。优秀的品牌文化还可以使消费者消费某产品成为一种自觉行为，成为生活中不可或缺的内容。例如，美国人到异国他乡，一看到麦当劳就会不由自主地想去享用，最主要的原因并不是麦当劳的巨无霸特别适合他们的口味，而是内心潜在的一种文化认同的外在流露，他们认为麦当劳是美国文化的象征，因此看到麦当劳就倍感亲切，从而在潜意识里产生消费欲望。

（11）品牌延伸（Brand Extension）。品牌延伸是指在已有知名度与市场影响力的品牌的基础上，将成名品牌运用到新产品或服务上，以期减少新产品进入市场的风险。品牌延伸可以增强新产品的可接受性，降低消费行为的风险性，提高促销性开支的使用效率，以及满足消费者的多样性需要。

（12）品牌结构（Brand Structure）。品牌结构是指一个企业不同产品品牌的组合，它具体规定了品牌的作用、各品牌之间的关系，以及各自在品牌体系中扮演的不同角色。合理的品牌结构有助于寻找共性，产生协同作用，条理清晰地管理多个品牌，减少对品牌识别的损害，快速高效地对品牌做出调整，更加合理地在各品牌中分配资源。

（13）品牌认知度（Brand Cognitive）。品牌认知度是品牌资产的重要组成部分，是衡量消费者对品牌内涵及价值的认识和理解程度的标准。

（14）品牌美誉度（Brand Favorite）。品牌美誉度是品牌力的组成部分之一，是市场中人们对某一品牌的好感和信任程度。

服装品牌"依文"的国际名牌塑造

（15）品牌忠诚度（Brand Loyalty）。品牌忠诚度是指消费者基于品牌技能、品牌精神、品牌行为文化等多种因素，对某一品牌情有独钟、形成偏好并长期购买这一品牌商品。简言之，品牌忠诚度使消费者产生重复购买行为。根据形成过程，可以将顾客忠诚度分为认知性忠诚、情感性忠诚、意向性忠诚、行为性忠诚。

（16）品牌偏好度（Brand Preference）。品牌偏好度是品牌力的重要组成部分，指某一市场中消费者对某品牌的喜好程度，是消费者对品牌选择的意愿。

学习任务二 品牌的功能与作用

（17）自主品牌（Self–Owned Brand）。自主品牌是指由企业自主开发、拥有自主知识产权的品牌。自主品牌有三个主要衡量因素：市场保有量、生产研发的历史及品牌在整个行业中的地位。

案 例

金龙鱼的品牌塑造

2011年，内贸部公布的调查资料显示：嘉里粮油旗下的金龙鱼食用油品牌10年来一直以绝对优势稳坐小包装食用油行业第一品牌宝座，它的市场份额超过第二名到第十名市场份额的总和。2000年，中国小包装食用油的总销售额约为100亿元，而总经理李福官带领的嘉里军团占了其中的40亿元。

嘉里粮油的主力品牌金龙鱼开创了中国小包装食用油的历史，属于典型的"制造市场"类产品。在几十年前，谁也不敢想象中国小包装食用油有这么大的市场。嘉里粮油总经理李福官介绍，嘉里粮油是中国第一家引进小包装食用油的企业。当时，正处于20世纪80年代末，经济飞速发展，人民生活水平大幅度提高，对生活消费品的质量要求也相应提高。令人担忧的是，这一阶段中国还没有小包装食用油，市面上到处都是杂质多、油烟多、卫生安全无保障的散装食用油，而符合国际卫生标准的小包装食用油市场还是一片空白。在这种背景下，嘉里粮油通过对国外市场的考察，认为小包装食用油在中国肯定会有巨大的市场，于是在1990年组建了南海油脂工业（赤湾）有限公司，开始了第一批小包装食用油的生产，推出的第一个品牌就是金龙鱼。

在外包装方面，金龙鱼特别强调精美、亲切而高贵，把包装纸图案设计得极为精致。"在整个食品货架上，它是最显眼的。"在名称方面，金龙鱼采用了中国人喜闻乐见的龙和鱼；在色彩方面，采用了红色和黄色；在口味方面，采用了最适合中国人的浓香风格。这些定位使金龙鱼小包装食用油富有浓浓的中国特色，所以容易被接受。

金龙鱼是一个多产品的品牌，有花生油、色拉油、豆油、菜油等多种产品。做市场推广时，虽然每种产品都有与众不同的特点，但容易在专业性方面给予竞争品牌机会。如竞争品牌在宣传时强调自己是更专业的"花生油"品牌，就容易打击金龙鱼品牌。出于这种考虑，嘉里粮油实施了多品牌策略，如将"元宝"打造成专业的豆油品牌，将"鲤鱼"打造成专业的菜油品牌，将"胡姬花"打造成专业的花生油品牌，等等。专业品牌"胡姬花"就是在市场摔打中不断完善的例子。

金龙鱼在研究中国的传统消费模式时发现，一种新的消费模式首先是以家庭为基础被接受的。因此，在塑造品牌形象时，金龙鱼首先为品牌设立"温暖大家庭"的品牌支点，以"温情大家庭"打动中国消费者，力图建立另一种消费模式。在中国食用油市场的低产业化程度和巨大的市场需求面前，这一品牌信息的传播为嘉里粮油带来了丰厚的利润回报，金龙鱼自此以富贵、喜庆的品牌形象深入中国老百姓内心。

"健康"形象赋予品牌新的活力。进入21世纪，嘉里粮油正式宣布进军高档油——粟米油市场，开展"新世纪健康进军"计划。如今，随着"温暖大家庭"这一理念的深入人心，金龙鱼品牌已经超越了单纯的品牌概念范畴，逐渐形成了自己的文化特色，伴随着"健康生活金龙鱼"的新理念，深深地扎根于中国市场。

（资料来源：百度文库．金龙鱼经营案例分析［EB/OL］．https：//wenku．baidu．com/view/2f41c122a5e9856a56126086.html．）

学习任务三　品牌理论及品牌管理

案例导入

"洋河蓝色经典"是江苏洋河酒厂于2003年8月推出的高端品牌。2003年8月，洋河酒厂在总结、提炼出一整套绵柔型白酒特征、优点、工艺要求、微量成分等系统理论之后，"洋河蓝色经典"终于诞生了。"洋河蓝色经典"商标被国家工商行政管理总局商标局认定为中国驰名商标，"洋河蓝色经典"荣膺2008年中国白酒工业十大创新品牌称号。2010年，洋河集团的营业收入和净利润超过泸州老窖，仅次于茅台与五粮液，名列白酒行业第三。

"洋河蓝色经典"有三种：海之蓝、天之蓝、梦之蓝，档次与价格从低到高。其广告宣传语为："世界上最宽广的是大海，比大海更高远的是天空，比天空更博大的是男人的情怀。""男人的情怀"正是在这样的广告语中诞生的。男人，如岩石一样坚强，又如水一般温柔，低而不淡，高而不烈，绵长而尾净，丰满而协调，可以说"洋河蓝色经典"是对男人最完美的诠释。

随着"男人的情怀"这一经典广告的深入人心，2008年1—6月，"洋河蓝色经典"单品牌销售量同比增长幅度达85.6%，占整个销售的63%，梦之蓝更是达到了220%的增长率。其他市场的增长率达到了120%，"洋河蓝色经典"成了中国家喻户晓的品牌。

案例分析

营销理念是品牌的翅膀，洋河集团的营销理念已经从企业本位向顾客本位转换，"做市场不做销售，做品牌不做产品，做长远不做短期。"洋河集团大胆创新的营销方式，让消费者亲身感受到了洋河集团的营销力和亲和力，感受到了洋河蓝色品牌文化的丰富内涵。

（资料来源：豆丁网．洋河蓝色经典服务营销案例展示［EB/OL］．http：//www.docin.com/p-1502832237.html.）

一、品牌管理的相关理论

品牌观念的出现可以追溯到古罗马时代。当时商人将标志画贴在商店墙上，使不识字的消费者能了解商店提供的产品类别。但是严格地说，人们对品牌管理的理论研究，直到1955年伯利·加德纳（Burleigh B. Gardner）和西德尼·利维（Sidney J. Levy）在《哈佛商业评论》上发表《产品与品牌》一文才正式开始。

纵览几十年品牌理论研究的演化与发展历程，大体经历了从20世纪60年代的"品牌形象理论"（David Ogilvy，1955）到20世纪80年代的"品牌定位理论"（Ries，1981），再到20世纪90年代初期的"品牌资产理论"（Aaker，1991）这两个阶段。此外，品牌延伸和品牌个性理论等也在品牌管理理论中具有相当重要的地位。

（一）品牌形象理论

20世纪50年代，美国著名广告专家David Ogilvy从品牌定位的角度提出品牌形象这一概念，认为品牌形象是指消费者对品牌的总体感知和看法，进而影响和决定着人们的品牌购买和消费行为。该概念提出后，在相当长的时期内，对品牌形象理论的研究几乎停滞不前。直到20世纪80年代后期，围绕品牌资产这个大的主题，学术界在品牌形象研究方面才取得一些重要突破。

最具代表性的品牌形象理论主要有：

（1）品牌个性理论。品牌个性理论采用拟人化的手法，赋予品牌人性化的特点。品牌个性理论强调一个品牌如何帮助其消费者表达自我或理想中的自我，并提出了测评品牌个性的五个维度：纯真、刺激、称职、教养、强壮。

拓展阅读

七匹狼的品牌个性塑造

"七匹狼"品牌创立于20世纪80年代末，是由立志于创造中国服装名牌的七位年轻侨眷精心设计的牌子：按闽南风俗，"七"是代表生命、活力和胜利的吉祥数字，在这里代表着一个由奋斗者组成的团体。

七匹狼以具有拼搏力和奋斗精神的"狼"为品牌标志，图像设计为奔狼，充满动感，寓意不断开拓、勇往直前。

品牌个性本质是品牌的人性化，七匹狼的个性化之路是以"狼"为品牌形象的主体，并把品牌人格化。

通过研究发现：在现代社会的竞争环境中，男士的世界是一个"群狼混战"的世界。男士面临着巨大的社会压力，包括家庭责任、社会关系、事业等方面的压力。追求不懈奋斗的男士部落是当今男士的主流群体。男士在表面和潜质上兼具狼的性格：孤独、勇往直前、百折不挠、精诚团结，而这些正是中国男士追求成功必经的心灵之路。成功和走向成功的男士群体大多数时候只是表面辉煌灿烂，他们不懈追求个人成就和地位，是一种个人英雄主义和传统集体主义并重的精神综合体。这群人身上折射出一种在人生旋涡里激流勇进、百折不挠，积极挑战人生的英雄气概；一种在冷静中思考，在负重中专注，在豪迈、自信、慷慨，甚至不羁反叛中充分展示自己的理想人格。显然，男人个性张扬的时代已经过去，更为内敛的精神内涵和群体合作成为新追求。这些应该是七匹狼品牌个性的内涵，也应该是企业文化的内涵，以指引品牌个性的延伸方向。

（资料来源：世界经理人网．七匹狼品牌管理案例［EB/OL］．http：//blog．ceconlinebbs．com/BLOG_ARTICLE_182941．HTM．）

（2）品牌形象管理理论。品牌形象管理理论以品牌个性理论为基础，把品牌形象分为功能性概念、象征性概念和体验性概念三个方面。该理论还探讨了品牌应从哪些方面满足消费者的需求，以便企业准确地定位其品牌。

（3）品牌形象三维度模型。品牌形象三维度模型将品牌形象视为较为综合的概念，并将其分解为产品或服务提供者形象（或企业形象）、使用品牌者形象以及产品形象或服务形象等三个方面。

（4）品牌形象二重性模型。品牌形象二重性模型将品牌属性分为功能性属性和情感性属性两大类，这种分类方法在后续研究中得到广泛应用。

这些模型从不同的角度阐述了品牌形象的内涵，并提出了一些有价值的评价指标。

案　例

金利来领带，男人的世界

金利来自创立伊始，就以"经典与创新"为核心概念，立志成为"男人世界"里独树一帜的品牌。金利来商标是公司创始人曾宪梓先生于1970年亲自设计的，它包括商标图案、英文名"goldlion"、中文名"金利来"，三者构成了一个整体。goldlion的中文译意为"金狮"，是喜庆吉祥、给人带来幸福的象征。狮为百兽之王，喻示该品牌在服装行业里独占"男人世界"的鳌头，具有王者的风范，志在创出中国名牌、世界名牌。

"金利来领带，男人的世界"已是国内，乃至世界家喻户晓的广告语，它经常在电视广告中出现，在众多报刊中被不断登出。最终，金利来领带行销于欧洲、美洲、亚洲近百个国家和地区。

金利来从创立名牌到名牌推广，从寻求、创造优势到发展优势，从树立产品形象到树立企业形象，沿着三个方向实施三大战略，构成了金利来的发展模式。"金利来领带，男人的世界。"也正是这一美好形象，成就了金利来这个知名品牌。

（资料来源：[荷]里克·莱兹伯斯.品牌管理[M].北京：机械工业出版社，2011.）

（二）品牌定位理论

美国一项市场调研表明，品牌价值取决于三方面：品牌定位、品牌认知度、品牌忠诚度。一方面，品牌定位在品牌价值中有举足轻重的地位，即研究品牌定位对提升品牌价值意义重大；另一方面也表明品牌定位是企业品牌战略研究的重中之重，值得人们关注。

品牌定位理论起源于1969年，Reis和Trout为《产业营销杂志》写了一篇名为《定位是人们在今日模仿主义市场所玩的竞赛》的文章，在文章中首次使用了"定位"一词，并将其描述为一种新的传播方法，不是指企业对产品要做的事情，而是对预期客户要做的事。

（三）品牌识别理论

《管理品牌资产》的作者、美国先知品牌战略咨询公司副总裁大卫·艾克对品牌识别做出了如下定义：品牌识别是品牌营销者们希望创造和保持的，能使人们对品牌产生美好印象的联想物。从这个定义中，我们可以知道"品牌识别是一种联想物"，目的是"使人们对品牌产生美好印象"。

我国的品牌专家翁向东在《本土品牌策略》中对品牌识别做了如下定义：品牌识别是指对产品、企业、人、符号等营销传播活动具体如何体现品牌核心价值进行界定，从而形成的区别于竞争者的品牌联想。该定义强调品牌识别是品牌所有者的一种行为，作用是通过传播建立差异化优势。

在大卫·艾克的品牌识别理论中，品牌识别有三个方面的内容，包括品牌精髓（Soul of Brand）、品牌核心识别（Core Identity of Brand）和品牌延伸识别（Extended Identity of Brand）；而翁向东的品牌识别理论包括品牌核心价值、品牌基本识别和品牌延伸识别三个方面的内容。虽然具体的名称不相同，但内容是一样的。

（四）品牌个性理论

自 20 世纪 60 年代美国精信广告公司提出"品牌个性"理论以来，它一直是营销理论研究和营销实践领域的一个热点课题，这促使品牌个性在过去的几十年间，在理论和实践方面都取得了较大的进展。如 Jenniffer Aaker 于 1997 年首次系统地发展了基于美国的品牌个性维度量表，日本和西班牙的品牌个性维度量表也相继诞生。

从方法论方面，可以将品牌个人性维度的研究方法分为演绎法和归纳法两种。演绎法主要的研究成果是把精神分析学家的理论，如弗洛伊德个性理论和阿德勒个性理论运用于品牌个性；归纳法则是把特质论和词汇法作为方法论基础，它是随着统计技术的发展及在心理学中的广泛运用发展起来的，著名的"大五"模型就属于该方法体系。

最早用归纳法研究品牌个性维度的是美国著名学者 Jenniffer Aaker。1997 年，Jenniffer Aaker 根据西方人格理论的"大五"模型，以个性心理学维度的研究方法为基础，以西方著名品牌为研究对象，发展了一个系统的品牌个性维度量表（Brand Dimensions Scales，BDS）。在这套量表中，品牌个性一共可以分为五个维度，即纯真（Sincerity）、刺激（Exciting）、称职（Reliable）、教养（Sophisticated）和强壮（Ruggedness）。这五个维度下有 15 个层面，包括 42 个品牌人格特性。这套量表是迄今为止对品牌个性所做的最系统、最有影响力的测量量表，Jenniffer Aaker 的品牌个性维度量表在西方营销理论研究和实践中得到了广泛的运用。

案 例

塑造品牌个性，荣耀为自己代言

能将一个看起来像装药水的白色瓶子，塑造成世人争相收藏的珍品，甚至让每一张海报成为稀世杰作的，恐怕只有 Absolute Vodka（绝对伏特加）了。

长期以来，国产手机凭借其较高的性价比，受到消费者青睐，但其与国际品牌手机相近的外形，缺乏鲜明的品牌个性，导致品牌忠诚度不高，在年轻人中缺乏号召力。华为作为全球领先的通信设备制造商，虽然其产品品质毋庸置疑，但也一直面临缺乏品牌个性的尴尬处境。2014 年 6 月，华为旗舰机型华为荣耀 6 正式发布。华为希望借新机发布确立其在科技领域的标杆地位，改变其在年轻消费者心中个性模糊的品牌形象，从小米、锤子等已经品牌化的国产手机中突出重围，让消费者认同其"荣耀，勇敢做自己"的品牌内涵。

凤凰网通过分析媒体大数据发现，虽然当今社会很多年轻人受生活所迫，在追求梦想的路上逐渐迷失自我，但也渴望独一无二，希望"勇敢做自己"。正是这一看似矛盾的消费者内心诉求，为华为制造品牌关联、塑造品牌个性提供了契机。

基于以上洞察，华为携手凤凰网，寻找年轻人的成功榜样，让这些成功的榜样告诉迷茫的年轻人，每个人都是独一无二的，试着让缺失的荣耀情怀重回生活，借此传播荣耀品牌的核心价值观。华为荣耀以同路伙伴的角色，帮助每一个有为青年洞悉自我，让他们勇于抉择，最终获得属于自己的荣耀。

璀璨星光共话荣耀，品牌理念完美融入。凤凰网利用丰富强大的名人资源及原创内容，邀请邱震海、葛红兵、柯云路等八大博主写下自己的"荣耀体"心灵独白，开展"说给自己"系列活动,以榜样的力量号召迷茫的中国青年勇敢做自己,成功引发了众多网友关注。8位名博的"荣耀体"宣言以电子明信片形式呈现,受众在浏览的同时,能够通过新浪微博分享、参与"做自己,最荣耀"话题,并有机会获得奖品。凤凰网通过传播名人"荣耀体",重新定位华为手机的品牌形象,展现产品的特性,塑造其在年轻消费者心目中"勇敢做自己"的品牌形象,增强品牌内涵,使消费者对华为荣耀手机产生深刻记忆,并乐于接受。

凤凰网还录制了免费午餐发起人邓飞、著名演员黄渤的采访视频,让年轻人聆听榜样的教诲,鼓励号召年轻人勇敢做自己。与此同时,精编近年来凤凰网采访的国内外40位名人图文专题,通过群星闪耀的图文专题,释放意见领袖的影响力,传递"人生荣耀在于勇敢做自己,坚持理想方能成就异彩人生"的品牌主张。

在名人宣言的传播带动下,"说给自己"系列活动引发大量网友关注,"荣耀体"在新浪微博等社交网站上引发了网友自发编辑、转发的热潮,成为公众热议的网络话题,并且持续在网络上发酵,吸引了更多人参与传播。华为荣耀品牌消费者接受度大幅提升,华为品牌也成功地在年轻消费者心中塑造起一个勇于坚持、勇敢做自己的勇者形象。

(资料来源:传送门网.塑造品牌个性,华为荣耀为自己代言[EB/OL].(2014-09-29) http://chuansong.me/n/728435.)

(五)品牌关系理论

品牌关系是指消费者对品牌的态度和品牌对消费者的态度之间的相互作用。这种互动体现在两方面:一方面,品牌通过定位战略形成品牌个性,展示在消费者面前,此时品牌为客观品牌;另一方面,消费者对于品牌个性会形成自己的态度,即消费者如何看待品牌,称为主观品牌。因此,品牌关系也是主观品牌和客观品牌之间的相互作用。品牌关系理论揭示了基于企业视角与基于消费者视角的品牌之间差异性的存在,突出了品牌的两面性,即主观性与客观性。通过品牌关系模型可以看到,企业要想塑造理想的品牌关系,就必须实现主观品牌与客观品牌的统一。

拓展阅读

品牌关系谱

二、品牌管理

品牌是有价值的资产,如果品牌管理得当,它们就能够提供有保证的、源源不断的预期收入。联合国工业计划署的一项调查显示,虽然名牌在所有产品品牌中所占数量不足3%,所占市场份额却在40%以上,销售额占50%以上。在经济一体化加剧的21世纪,各跨国公司间的竞争也更多地表现为品牌间的竞争。

(一)品牌管理的内涵

品牌管理是以企业战略为指引,围绕企业创建、维护和发展名牌这一主线,综合运用各种资源和手段，以增加品牌资产、打造强势名牌为目的的一系列管理活动的统称。名牌管理的目的是最终形成名牌的相对竞争优势，使名牌在整个企业运营中起到良好的驱动作用，使企业行为更服从和体现名牌的核心价值与精神，不断提高企业的名牌资产，为企业打造百年金字招牌打下坚实的基础。

锦江酒店集团品牌管理

（二）品牌管理的内容

品牌管理的具体活动贯穿品牌创立、品牌维护、品牌发展以及品牌更新等品牌建设与成长过程的每一环节，是一项长期、系统的工作。

首先，确定品牌管理的方向与目标。根据企业发展战略，品牌管理的目标是通过研究目标消费者的需求，通过整合企业资源和有效运用各种营销手段，加深目标消费者对品牌的了解，在消费者的心目中确立品牌地位，提高消费者对品牌的忠诚度。品牌管理的目标有三个：品牌的增值（即品牌的创利能力）、挖掘品牌的潜力（即扩大品牌的获利范围）、延长品牌的作用时间（即防止品牌因主导产品的过时而失去依托）。

品牌输出三部曲

其次，建立品牌管理组织。品牌管理组织主要负责品牌的具体运作。品牌管理组织由企业内部组织与企业外部组织组成。品牌管理的组织体系是指企业在计划、组织、协调、控制与某一品牌发展相关的各种活动时所做的制度安排。就其实质而言，品牌管理的组织体系反映了在品牌管理活动中企业内部各部门、各层次的权利与责任关系；就其发展来看，先后产生过三个主要的品牌管理组织形式，即业主或公司经理负责制、职能管理制、品牌经理制。

（1）业主或公司经理负责制是指品牌的决策活动乃至很多组织活动，全由业主或公司高层领导负责，只有低层次的具体活动，才授权下属去执行的一种高度集权的品牌管理制度。业主或公司经理负责制最大的优点是：决策迅速，协调能力强，同时可具备企业家精神。业主或公司经理负责制一般适用于产品和品牌种类比较少，而且规模不大的企业。对拥有多个品牌的大、中型企业来说，从长远看，采用这种管理体制不利于品牌的发展。

（2）职能管理制是指在公司统一领导协调下，品牌管理职能主要由公司各职能部门分担，各职能部门在各自的权责范围内行使权力、承担责任的品牌管理制度。职能管理制的主要优点是：由专业管理人员负责品牌的管理，提高了管理水平。突出的矛盾在于：职能部门间如何有效沟通与协调；公司拥有多个品牌时，尤其是拥有多个相似品牌或产品时，应当由谁对每个品牌的发展负主要责任。

（3）品牌经理制由宝洁公司首创。品牌经理制的基本原则是让品牌经理像管理公司一样管理品牌。品牌经理不仅要关心新产品的开发、生产和销售，还要关心产品和产品线的发展，以期利用品牌知名度获得最大的经济效益。

品牌管理的步骤。品牌管理是个复杂、充满科学性的过程，不可以省略任何环节。下面是成功的品牌管理应该遵守的四个步骤。

第一步：勾画出品牌的"精髓"，即描绘出品牌的理性因素。首先，把品牌现有的、可以用事实和数字描绘出的、看得见摸得着的人力、物力、财力资源找出来；其次，根据目标描绘出只有增加哪些人力、物力和财力，品牌的精髓部分才能更加充实，这里包括消费群体的信息、员工的构成、投资人和战略伙伴的关系、企业的结构、市场的状况、竞争的格局等。

第二步：掌握品牌的"核心"，即描绘出品牌的感性因素。由于品牌和人一样，除了有躯体和四肢外，还有思想和感觉，所以我们在了解现有品牌的核心时，必须了解它的文化渊源、社会责任、消费者的心理因素和情绪因素,并将感情因素考虑在内。根据要实现的目标,重新定位品牌的核心,并将需要增加的感性因素一一列出来。

第三步：寻找品牌的灵魂,即找到品牌与众不同的求异战略。通过第一步和第二步对品牌理性和感性因素的了解和评估,升华出品牌的灵魂及独一无二的定位和宣传信息。人们喜欢吃麦当劳,不是因为它的食物有多好吃,而是因为它能给儿童和成年人带来一份安宁和快乐；人们喜欢去迪士尼乐园,并不仅仅因为在那里可以游乐,而是因为人们还可以在那里找到童年的梦想和乐趣。因此,品牌不是产品和服务本身,而是它留给人们的想象和感觉,品牌的灵魂就代表了这样的感觉和感受。

第四步：品牌的培育、保护及长期爱护。品牌虽然容易形成,但维持是个很艰难的过程。没有很好的品牌关怀战略,品牌是无法成长的。因为很多品牌只靠花大量的资金做广告来增加客户资源,不知道品牌管理的科学过程,所以这些品牌有了知名度后,不再关注客户需求的变化,不能提供承诺的一流服务,失望的客户只能无奈地选择新的品牌,致使花掉大把的钱,得到的品牌效应只是昙花一现。所以,品牌管理的重点是品牌的维持。

学习任务三
品牌理论及
品牌管理

【项目小结】

本项目介绍了品牌的内涵、品牌的作用、品牌的分类、品牌的管理及品牌理论的演进。无论选用哪种品牌定义,都表明了品牌在现代市场经济中发挥着越来越重要的作用。品牌不仅是商品识别的符号,更涵盖了企业和产品的价值、形象和资产。品牌具有识别、信息浓缩、安全、附加价值等方面的功能。此外,品牌对制造商和消费者具有重要的作用。认真学习和领会品牌价值和品牌理论,有助于人们站在更高的角度规划企业的营销战略和培育竞争优势。另外,品牌理论的研究也为企业的营销实践提供了多角度的视野。

【项目资源】

一、动画

1. 品牌经理制
2. 曼娅奴品牌故事

二、视频

1. 品牌的含义
2. 品牌的分类
3. 品牌对企业的作用
4. 品牌对消费者与国家的作用
5. 品牌管理的流程
6. 品牌管理的组织形式

(见"品牌管理"在线开放课程)

品牌经理制

曼娅奴品牌故事

【同步测试】

一、单项选择题

1. 美国广告大师大卫·奥格威对品牌作了定义,认为品牌是（　　）。

A. 区隔符号　　　　B. 关系集合　　　　C. 信息载体　　　　D. 无形资产

2. 根据品牌的权属来划分，OPPO、vivo属于（　　）？
A. 个人品牌　　　　B. 特许品牌　　　　C. 联合品牌　　　　D. 自主品牌
3. 品牌溢价给企业带来了更大的利润收益，代表着品牌具有（　　）作用。
A. 增加产品附加值，赚取高额溢价　　　　B. 形成独特优势，阻击竞争对手
C. 造就无形资产，助力企业业务扩展　　　　D. 吸引优秀人才，化解各类风险
4. 品牌成为消费安全的承诺和保证，有了品牌消费者用得更安心，体现了品牌的（　　）。
A. 识别功能　　　　B. 信息浓缩功能　　　　C. 安全功能　　　　D. 附加价值功能
5. 品牌可以给企业造就忠诚的顾客、增强企业的渠道谈判力代表着品牌能够（　　）。
A. 区隔竞争对手，保障公司权益　　　　B. 提高产品竞争力，获得市场优势
C. 增加产品附加值，赚取高额溢价　　　　D. 形成独特优势，阻击竞争对手

二、多项选择题
1. 以下关于品牌的定义的说法正确的是：（　　）。
A. 品牌是区隔符号　　　　B. 品牌是信息载体
C. 品牌是关系集合　　　　D. 品牌是无形资产
2. 品牌的功能包括（　　）。
A. 识别功能　　　　B. 信息浓缩功能　　　　C. 安全功能　　　　D. 附加价值功能
3. 品牌对消费者的作用体现在（　　）方面。
A. 区隔竞争对手，保障公司权益　　　　B. 识别产品来源，简化购买决策
C. 追溯生产者责任，降低购买风险　　　　D. 反映文化价值取向，满足情感需求

三、思考题
1. 简述品牌的定义。
2. 谈谈品牌在现代企业营销中的作用。
3. 阐述品牌的功能。
4. 简述品牌的构成要素。

同步测试答案

四、案例分析

"解百纳"品牌纷争

经过长达六年的马拉松式的争夺，2008年6月20日，张裕公司拿到了国家工商行政管理总局商标评审委员会发出的关于"解百纳"商标的争议裁定书，裁定"解百纳"的商标所有权归属张裕，"解百纳"不是行业公用的葡萄品种或产品通用名称。这场"中国葡萄酒业知识产权第一案"暂时画上了句号。

（一）七十年的"解百纳"历史和六年争夺

2001年5月8日，张裕公司向国家商标局申请"解百纳"商标注册，2002年4月商标局下发了注册证书。但这一行动遭到了威龙、长城、王朝等企业的反对，他们联名向国家工商行政管理总局商标评审委员会提出撤销注册申请，从而引发了持续六年之久的解百纳知识产权案。双方争执的焦点就在于，解百纳是品牌还是品种。

张裕公司认为，"解百纳"是其七十年原创品牌，"解百纳"这三个字最早出现在1931年。据史料记载，当时张裕以蛇龙珠葡萄为主要酿酒原料，酿造出一种全新口味的干红，当时的公司总经理徐望之先生组织文人墨客，将之命名为"解百纳"，寓"携海纳百川"之意。而威龙等企业认为，"解百纳"是一种葡萄酒的品种，系法文"cabernet"的译文，是行业公认

的"解百纳"品系的称谓,"解百纳"干红实际上已经成为中国中高端葡萄酒的代名词。

最终,在商标评审委员会的商标复审决议中,张裕得到了支持。

(二)"解百纳"葡萄酒——商标还是通用名

在王朝、中粮等企业反对张裕注册"解百纳"商标的理由中,最关键的理由是:"解百纳"是葡萄品种、品系,不能注册。那么,解百纳是不是品种、品系呢?一位资深葡萄酒行业业内人士说,虽然我国葡萄的品种有近千种,但在已正式公布的葡萄品种名录中,包括国家相关葡萄酒标准和《中国葡萄酒酿酒技术规范》中,都没有"解百纳"这个品种。

而认为"解百纳"等于"cabernet"的说法也是主要争议点之一。20世纪80年代后,有部分学者的文章中将蛇龙珠、赤霞珠等葡萄品种命名为"解百纳",并称其是"cabernet"的中文译名,实际是误传。目前,虽然在进口名称中含有"cabernet"的洋酒很多,但是大多数没有译成"解百纳",而是译成"加本力""加本纳特""卡贝奈特"等。

张裕公司提供了"解百纳"注册的证据。1937年6月28日,经当时的实业部商标局批准,张裕公司正式注册了"解百纳"商标,该文件现存于南京的中国第二历史档案馆。而且,中华人民共和国成立后,张裕公司又先后三次申请注册并备案。七十年的注册史表明,张裕公司始终将"解百纳"作为一个品牌使用,有着不可否认的连续性和品牌显著特征。此次纷争在中国民族工业商标史上也是为数不多的例子。

另外,中国酿酒工业协会、中国食品工业协会、中国农学会葡萄分会、中国园艺学会葡萄与葡萄酒分会等多家行业机构都向商标评审委员会提供了"解百纳不是葡萄品种"或"解百纳是知名品牌"的证明。

(三)"解百纳"混战市场

六年来,中国葡萄酒市场出现了"解百纳"乱象:一些杂牌葡萄酒企业,在商标没有定论的时间里,纷纷"傍名牌"。市场上冠以"解百纳"之名的葡萄酒不下30种。央视调查显示,在1998年以前,市场上生产"解百纳"的企业仅有张裕一家,此后不断有企业加入这一行列,在2003年商标案发生之后达到生产高潮。这30多种"解百纳"分为三派:一派是杂牌产品,主要是一些不知名品牌"傍大款",想趁商标案之机捞一把;一派是知名品牌产品,大多走低价路线;还有一派是洋品牌,期望借"解百纳"的知名度打开中国市场。

在张裕公司被卷入"商标案"的六年中,其解百纳产品的销量不降反升,足足增长了6倍。据统计,从2002年到2007年9月的六年间,张裕公司对"解百纳"品牌的投入达2.43亿元。北京零点调查公司的解百纳品牌认知度调查报告显示,提到"解百纳"就会联想到张裕公司的受访者占到了70.5%。

思考题

1. 试分析"解百纳"的市场价值。
2. "解百纳"品牌纷争的启示是什么?

案例分析答案

【实践训练】做好品牌管理工作

任务1 品牌战略方向分析

任务描述:学生小组(每组4~6人)选择一个品牌作为研究对象,从品牌管理应考虑的问题着手,搜集整理选定品牌的相关资料,对该品牌的战略方向进行分析。请将研究成果制作成PPT讲解展示,并将要点填写在表1-2中。

表 1-2　品牌战略方向分析

研究目标	研究结果
该品牌做什么生意？ （行业分析）	
该品牌卖什么产品？ （产品策划）	
该品牌怎么卖产品？ （商业模式）	
消费者在哪里能买到该品牌产品？ （渠道策划）	

任务2　品牌管理策略分析

任务描述：学生小组针对任务1的研究对象，继续查阅资料，研究制定该品牌的管理策略。请将研究成果制作成PPT讲解展示，并将要点填写在表1-3中。

表 1-3　品牌策略与策划分析

研究目标		研究结果
该品牌有什么特点？	品牌策划	
	产品策划	
该品牌叫什么名字？	品牌命名	
	产品命名	
该品牌长什么样子？	品牌VI设计	
	产品造型设计	
	包装设计	
	终端形象设计	

任务3　品牌执行策略分析

任务描述：学生小组继续查阅该品牌资料，对该品牌的落地执行策略进行收集和分析。请将研究成果制作成 PPT 讲解展示，并将要点填写在表 1-4 中。

表 1-4　品牌执行策略分析

研究目标		研究结果
消费者为什么选择该品牌？（整合营销传播）		
消费者为什么再次/多次选择该品牌？	产品更新	
	公共关系	
	渠道开发	
	产品促销	

【实践训练评价】

《技能评价表》使用说明：

按评价指标评价项目技能点成绩，满分为 100 分。其中，作品文案为 80 分，陈述展示为 20 分。教师评价占比为 80%，学生互评占比为 20%。

	技能评价指标	分值	得分
作品文案	对品牌所在行业判断的准确性	10	
	对品牌的商业模式判断的准确性	10	
	对品牌产品系列描述的准确性	10	
	对品牌所选渠道判断的准确性	10	
	对品牌与产品特点提炼的准确性	10	
	对品牌与产品命名及元素设计展示的完整性	10	
	对品牌整合营销传播策略描述的准确性	10	
	对品牌复购策略描述的准确性	10	
陈述展示	运用辅助工具的专业程度（如挂图、PPT、视频、音频等）	5	
	陈述展示的语言技巧和非语言技巧	5	
	团队分工与合作的配合程度	5	
	时间分配的合理性	5	
	总分	100	

《素质评价表》使用说明：

按评价指标评价项目素质点成绩，按优秀为 5 分、良好为 4 分、一般为 3 分、合格为 2 分、不合格为 1 分，五个等级。分为学生自评与小组成员互评。

	素质评价指标	得分
自评 （　　）	品牌意识、品牌素养、爱国意识、民族品牌情怀	
	自主学习和信息素养：善于搜集并借鉴有用资讯和好的思路想法	
	独立思考和创新思维：能提出新的想法、建议和策略	
	团队合作精神、人际沟通素养	
组员1 （　　）	品牌意识、品牌素养、爱国意识、民族品牌情怀	
	自主学习和信息素养：善于搜集并借鉴有用资讯和好的思路想法	
	独立思考和创新思维：能提出新的想法、建议和策略	
	团队合作精神、人际沟通素养	
组员2 （　　）	品牌意识、品牌素养、爱国意识、民族品牌情怀	
	自主学习和信息素养：善于搜集并借鉴有用资讯和好的思路想法	
	独立思考和创新思维：能提出新的想法、建议和策略	
	团队合作精神、人际沟通素养	
组员3 （　　）	品牌意识、品牌素养、爱国意识、民族品牌情怀	
	自主学习和信息素养：善于搜集并借鉴有用资讯和好的思路想法	
	独立思考和创新思维：能提出新的想法、建议和策略	
	团队合作精神、人际沟通素养	
组员4 （　　）	品牌意识、品牌素养、爱国意识、民族品牌情怀	
	自主学习和信息素养：善于搜集并借鉴有用资讯和好的思路想法	
	独立思考和创新思维：能提出新的想法、建议和策略	
	团队合作精神、人际沟通素养	

品牌定位

学习目标

知识目标：
- 了解定位理论的产生；
- 明确品牌定位的内涵与作用；
- 掌握品牌定位的过程与方法。

能力目标：
- 能够运用自己的语言清楚地表达定位和品牌定位的概念，解释其内涵；
- 能够结合企业的实际情况对品牌进行定位；
- 能运用合适的品牌定位方法对身边熟悉的品牌进行定位。

素质目标：
培育学生的品牌定位意识与品牌培育素养；
激发学生的爱国热情，培养学生的爱国意识；
培养学生"敬业、精益、专注、创新"的工匠精神。

项目导学

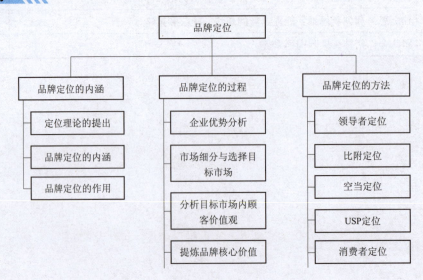

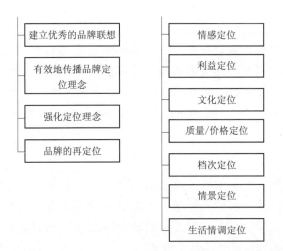

中国品牌故事

方太：在消费者心智中封锁了竞争

方太集团创建于1996年，是以智能厨电为核心业务的幸福生活解决方案提供商，为人们提供高品质的产品和服务。

1996年初，一个偶然的机会，茅忠群参加全国正在热播的"方太美食"节目（节目主持人香港方任丽莎是港澳台以及东南亚地区家庭主妇的偶像），他毅然提议取名"方太"。于是，一个极富价值的品牌"方太"横空出世了。

2002年，方太企业已成为享有"中国小家电制造基地"美誉之称慈溪的龙头品牌企业。方太曾有机会整合慈溪数百家中小型小家电制造企业，但是却毅然拒绝了诱惑，选择了继续走专业化的聚焦经营道路。

2010年，方太与特劳特（中国）战略定位咨询公司开展合作。特劳特战略定位团队给出了建议，品牌定位：方太，中国厨电专家与领导者；品牌故事：中国卖得更好的高端吸油烟机，不是洋品牌，而是方太，因为方太更专业。这就意味着方太要放弃中端厨电，聚集于高端厨电，而当时的方太在中端厨电市场占有一定的比重。经过一番权衡利弊后，方太总裁茅忠群力排众议，决定专注高端厨电。茅忠群深谙特劳特战略定位，他认为，方太定位为高端厨房电器专家和领导者，代表着一种高端的生活品质。因此，定位于高端品牌的方太只做高端厨电，从而在消费者心智中建立差异化认知。这也是在遵循特劳特定位理论的核心——企业将所有的核心资源，扎扎实实地投入到创建品牌的关键领域，构建企业持久竞争优势。

后来的事实证明，在放弃中端市场的情况下，专注于高端厨电定位的方太整体销售业绩仍然高速增长，一举确立"中国高端厨电专家与领导者"行业地位，并成功开启中国厨电产业在高端市场的商业新空间。

（资料来源：方太品牌定位案例简析 [EB/OL]. https：//wenku.baidu.com/view/7876e7c56194dd88d0d233d4b14e852458fb3982.html.）

故事启示

方太一直在开创中国的高端厨电,在技术和运营上都属于领先。然而,洋品牌在中国市场上的加速开拓,以及其他国内品牌近乎疯狂的市场投入,使得厨电市场竞争日趋白热化。方太坚持专注厨电核心业务,并明确了"中国高端厨电专家与领导者"的定位,在消费者心智中封锁了竞争,实施中的品牌定位给方太带来明显效益。

任务背景

H公司是一家总部位于东部沿海地区的家电企业,持有多个与消费者生活息息相关的品牌,产品销往全球多个国家和地区。小王进入该公司至今已经有五年了,现在是公司产品部的一名项目主管。公司计划在市场推出一款全新的家电产品,需要小王所在项目小组在市场调查的基础上进行品牌定位设计。

任务分析

面对如今品牌过剩、同质化产品严重的问题,良好的品牌定位是品牌经营成功的前提,是企业进占市场、拓展市场的最主要因素,如若不能有效进行地对品进行定位,以树立独特的消费者可以认同的品牌个性与形象,那么则会使产品淹没在众多质量、性能、服务等方面雷同的商品中。这就要求工作人员了解品牌定位理论的内涵和方法,结合企业的实际情况对品牌进行定位分析,形成品牌定位意识与品牌培育素养。

学习任务一　品牌定位的内涵

案例导入

在可乐界,长期以来都是可口可乐和百事可乐两雄独霸,其他品牌根本无力与它们争锋。但市场不是一成不变的,后起之秀七喜兵出奇招,用"非可乐"的品牌定位,从可口可乐和百事可乐这两个强势竞争对手中"虎口夺食",使七喜一跃成为仅次于可口可乐与百事可乐的美国饮料业的第三大品牌,上演了一场精彩的逆袭战。

分析七喜的成功,关键之处在于其独特的品牌定位。可乐的位置已经被两大可乐品牌占据,七喜称自己是"非可乐",非常巧妙地将自己的品牌与对手联系在一起。此外,七喜的广告以可口可乐为参照,宣称自己为"非可乐"软饮料,即:①软饮料;②与可乐不同。使人产生疑问:什么是"非可乐"呢?从而让不熟悉它的人认识了它,并在消费者脑海中占据了一个位置。

(资料来源:[美] 萨伯罗托·森古普塔. 品牌定位 [M]. 马小丰, 宋君锋, 译. 北京:中国长安出版社, 2009.)

案例分析

> 良好的品牌定位是品牌经营成功的前提，能够对企业进占市场、拓展市场起到导航作用。若不能有效地对品牌进行定位，树立独特的、被消费者认同的品牌个性与形象，产品就必然会被淹没在众多产品质量、性能及服务雷同的商品中。

一、定位理论的提出

定位是近三十年世界营销界最流行的营销战略术语。20 世纪 50 年代，罗瑟·里夫斯创立了 USP 理论——产品至上时代；20 世纪 60 年代，大卫·奥格威创立了品牌形象理论——品牌形象时代；20 世纪 70 年代，里斯、特劳特创立了定位理论——定位至上时代。

（一）USP 理论

20 世纪 50 年代初，美国人罗瑟·里夫斯（Rosser Reeves）提出了 USP 理论，要求向消费者说一个"独特的销售主张"（Unique Selling Proposition），简称 USP 理论。

USP 理论包括以下四个方面的内容：

（1）强调产品具体的特殊功效和利益——每个广告都必须对消费者有一个销售的主张。

（2）这种特殊性是竞争对手无法提出的——这一项主张，必须是竞争对手无法也不能提出的，必须是具有独特性的。

（3）有强劲的销售力——这一项主张必须很强，足以影响数百万的社会公众。

（4）20 世纪 90 年代，达彼斯对 USP 定义做出了如下评价：USP 的创造力在于揭示一个品牌的精髓，并通过强有力的方式证实它的独特性，从而所向披靡、势不可当。

案 例

白加黑：治疗感冒，黑白分明

1995 年，"白加黑"上市仅 180 天销售额就突破了 1.6 亿元，从拥挤的感冒药市场上分割了 15% 的份额，成就了其行业第二品牌的地位，在中国营销传播史上，堪称奇迹。这一现象被称为"白加黑"震撼，对营销界产生了强烈的冲击。

一般而言，在同质化市场中，很难发掘出"独特的销售主张"。感冒药市场同类药品很多，市场已呈高度同质化状态，而且无论是中药，还是西药，都难以做出实质性的突破。康泰克、丽珠、三九等"大腕"凭借着强大的广告攻势，才各自占领一块地盘，而盖天力这家实力并不十分雄厚的药厂，竟在短短半年里就后来居上，其关键在于崭新的产品概念。

"白加黑"是个了不起的创意。它看似简单，只是把感冒药分成白片和黑片，并把感冒药中的镇静剂"扑尔敏"放在黑片中；实则不简单，它不仅在品牌的外观上与竞争品牌形成很大的差别，更重要的它与消费者的生活作息相符，产生了引发联想的强烈传播效果。

在广告公司的协助下，"白加黑"确定了干脆简练的广告口号"治疗感冒，黑白分明"，所有广告传播的核心信息都是"白天服白片，不瞌睡；晚上服黑片，睡得香"。产品名称和广告信息都在清晰地传达产品概念。

（资料来源：谢睿. 黑白分明表现出众——白加黑品牌策略发展的成功之路 [J]. 中国广告，2002（3）.）

（二）品牌形象理论

品牌形象理论是大卫·奥格威（David Ogilvy）在20世纪60年代中期提出的创意观念。他认为品牌形象不是产品固有的，而是消费者联系产品的质量、价格、历史等因素，从而对产品形成的认知。此观念认为每则广告都应是对整个品牌的长期投资，因此每个品牌、每个产品都应发展和投射一个形象。形象经各种不同的推广技术，特别是广告传达给顾客及潜在顾客。消费者不仅购买产品，还购买承诺的物质和心理利益。从消费者做出购买决策层面来说，在广告中传达的与产品有关的事项，比产品实际拥有的物质属性更为重要。

品牌形象理论的基本要素包括以下四个方面：

（1）塑造品牌服务是广告最主要的目标，广告就是要使品牌具有并且维持一个高知名度的品牌形象。

（2）任何广告都是对品牌的长期投资，广告应该尽力维护品牌形象，甚至不惜牺牲追求短期效益的诉求重点。

（3）由于随着同类产品的差异性减小，品牌之间的同质性增大，消费者选择品牌时所用的理性减少，因此描绘品牌的形象要比强调产品的具体功能特性重要得多。

（4）消费者购买产品时追求的是"实质利益＋心理利益"。对某些消费群体来说，广告尤其应该运用品牌形象来满足其心理需求。

进行品牌形象研究，即通过市场分析工具，在解析不同消费者产生的品牌印象的基础上，描绘出某一品牌的特有气质，从而为品牌资产的管理者提供决策依据。品牌形象不是自发形成的，而是一个系统工程，涉及产品、营销、服务各方面的工作，品牌形象的塑造需要企业全体员工长期的坚持努力，创造一个能够吸引潜在顾客的品牌形象是企业制胜的关键。

（三）定位理论

定位理论由美国著名营销专家艾·里斯（Al Ries）与杰克·特劳特（Jack Trout）于20世纪70年代提出。

里斯和特劳特认为，定位要从一个产品开始。那产品可能是一种商品、一项服务、一个机构，甚至是一个人，也许就是你自己。但是，定位不是你对产品要做的事，而是你对预期客户要做的事。换句话说，你要在预期客户的头脑里给产品定位，确保产品在预期客户头脑里占据一个真正有价值的地位。

定位理论的核心是"一个中心，两个基本点"：以"打造品牌"为中心，以"竞争导向"和"消费者心智"为基本点。

定位是定位理论中最核心、最基础和出现最早的概念和观点，定位这个概念和观点奠定了定位理论的基础，因此人们把这种视心智为战场、打造品牌就是要在这场心智战争中取得主导地位的理论称为定位理论。

拓展阅读

抢夺消费者心智"地皮"

心智资源是企业经营的起点、方向与终极目标，正因如此，特劳特经常强调定位战略是企业的终极竞争战略，品牌定位是CEO的责任。在卖方市场环境下，企业家只需做一个好的管理者；到了高度竞争的时候，企业家首先是一个营销战略家。企业家一定要弄清楚，企业所在领域中消费者的心智资源有什么特点？企业能抢占何种心智资源？如何抢占？

宝洁公司的成功值得我们学习。宝洁之所以成功，是因为它垄断了行业中主要的心智资源。大家可以看到，海飞丝占领的心智资源是"去头屑"。这么多年来，海飞丝的广告无论怎样变化，都万变不离其宗，这个宗就在三个字上：去头屑。不光广告如此，它的所有营销活动都是为了强化这一点，所以消费者想买去头屑的洗发水时会首先想到它。飘柔通过占领"柔顺头发"这一块心智资源而成为领导者，潘婷则占领了"营养头发"这一块心智资源。这三块心智资源，使宝洁在中国一度占据近七成的市场份额，主导了洗发水市场。这就是宝洁公司的最大秘密。

非常有意思的是润妍这个品牌，这是宝洁唯一一个中国本土化的品牌。大家都知道，外国朋友不以黑发为美，对"黑头发最美"的价值观是没有概念的。这促使了中国一个品牌的成功——奥妮。奥妮准确地切进了宝洁全球战略中的空白点——"黑发"，将传统的皂角和首乌作为品牌支撑点，打出了"黑头发，中国货"这样一个直取"黑发"心智资源的战略诉求。可惜奥妮没有意识到自己最宝贵的资源在于"黑发"，在与一家著名广告公司合作的过程中，它舍弃了这一心智资源，转而推出一个"爽洁自然"的品牌形象。这样好的心智资源，奥妮不珍惜，夏士莲却发现了机会，于是发起了"夏士莲黑芝麻，真正黑头发"的推广活动。没有受到奥妮阻击的夏士莲大获成功，而失去了"黑发"定位的奥妮再也没有翻身。

虽然品牌战略不是决定一切的唯一条件，但它一定是企业获得持续成功的必要条件。特别是当竞争对手是跨国公司、是世界级的品牌时，在品牌战略上就更不容我们犯错。夏士莲的成功引起了宝洁对黑发的重视，跟进推出了黑发品牌润妍，并在北京专设了一个全球唯一的黑发科研中心，以抢夺"黑发"心智资源。然而当竞争对手建立定位之后，只要不像奥妮那样犯错误，后进品牌实行的跟风策略就很难成功，会像正面攻城一样无功而返。

（资料来源：邓德隆. 品牌定位——在消费者心智中完成注册［J］. 品牌，2004（12）.）

定位理论指出，消费者往往排斥过多的信息、品牌，消费者在购买某类别或特性商品时，更多地会优先选择该类别或特性商品的代表品牌，如购买可乐时，会选择可口可乐；购买创可贴时，会选择邦迪；购买安全的汽车时，会选择沃尔沃（Volvo）。此时，企业经营要由市场转向消费者心智，企业要全力以赴，让品牌在消费者的心智中占据某个类别或特定的地位，即成为该类别或特性商品的代表品牌，让消费者产生相关需求并成为其首选。表2-1所示为定位理论的演进。

保暖内衣业生死两重天，猫人以定位成功突围

定位是指将要对潜在顾客所做的事，是在潜在顾客心理上所下的功夫。即定位是找区别，定位是重新制定标准。成功的路有很多，要善于寻找别人还没有走的路。

表2-1 定位理论的演进

理论演进	USP理论	品牌形象理论	品牌定位论
代表人物	罗瑟·里夫斯	大卫·奥格威	艾·里斯与杰克·特劳特

续表

理论演进	USP 理论	品牌形象理论	品牌定位论
产生时间	20 世纪 50 年代	20 世纪 60 年代	20 世纪 70 年代
主要观点	以产品特性为独特卖点	将塑造产品形象作为长远投资	占据心理第一位置
方法和依据	实证	精神、心理满足	差异化
沟通特点	实物	艺术、视觉吸引	心理认同

二、品牌定位的内涵

品牌定位是在综合分析目标市场与竞争情况的前提下，建立一个符合原始产品的独特品牌形象，并对品牌的整体形象进行设计、传播，从而在目标消费者心中占据一个独具价值的地位的过程或行动。简言之，品牌定位是指为某个特定品牌在潜在顾客的心目中确立一个适当的位置。品牌借助于持续、简单的信息在顾客心中立足，占据一个位置，即让企业在顾客心智中拥有一个字眼，一个独一无二的品牌联想。对品牌进行定位时，必须挖掘消费者的兴趣点，当消费者产生这一方面的需求时，首先就会想到本品牌产品，为自己的品牌在市场上树立一个明确的、有别于竞争对手的、能满足消费者需要的形象，其目的是在潜在消费者心中占据一个有利的位置。当某种需要突然产生时，比如在炎热的夏天突然口渴时，人们会立刻想到清凉爽口的可口可乐。

品牌定位、市场定位、产品定位三者有何不同

案 例

农夫山泉有点甜

1997 年 4 月，浙江千岛湖养生堂饮用水有限公司第一个工厂开机生产农夫山泉瓶装水。1997 年 6 月，农夫山泉在上海、浙江的重点城市上市，以"有点甜"为销售卖点，实施差异化营销策略。农夫山泉的差异化不仅体现在包装及品牌经营方面，还体现在价格方面。农夫山泉凭借差异化的营销策略，以及独特的品牌定位迅速确立了在瓶装水市场上的高档、高质的形象。

1998 年 4 月，养生堂在中央电视台推出了"农夫山泉有点儿甜"的纯净水广告，这句广告语引起了消费者的普遍关注。在这一表现农夫山泉独特包装瓶和饮用方式的广告中，养生堂提出了"农夫山泉有点甜"的独特广告诉求。当时农夫山泉产品还没有在全国上市，广告已经把农夫山泉的名字传遍全国。应该说，养生堂农夫山泉的这一版广告作为农夫山泉系列电视广告的开山之作，在短时间内就使农夫山泉从一个区域新品牌跃升为全国知名品牌，几乎达到家喻户晓的程度。"农夫山泉有点甜"这一当时推出的广告语，时隔 18 年后仍深入人心。

从广告语中可以感受到农夫山泉清晰的品牌定位：用"有点儿甜"来做品牌的区分，占据消费者心智资源。中国市场上销售的众多瓶装饮用水品牌的消费者从包装和广告等宣传中根本看不出各瓶装饮用水之间有什么不同，即大家都是同质化的产品。当听到"农夫山泉有点甜"这样的广告语时，想尝试一下的消费者绝对不在少数，也正是这样的品牌定位，让农夫山泉迅速成长为行业的前三名选手。2000 年，中国跨世纪十大策划经

典个案评选结果揭晓,"农夫山泉有点甜"名列其中。1999年,农夫山泉的广告传播重点逐渐从"农夫山泉有点甜"转化为"好水喝出健康来",更加突出了水源品质,同时也力求证明农夫山泉甘甜的根本原因。从广告诉求角度看,1999年的广告,农夫山泉更侧重于诉求水源——千岛湖的源头活水,通过各种创意表现形式,将农夫山泉使用的是千岛湖地下的源头活水、是真正的"健康水"这一事实传达给消费者。另外,从农夫山泉的广告专题片中也能看到农夫山泉现代化的生产线。

2008年,农夫山泉的广告语也悄然换成了"我们不生产水,我们只是大自然的搬运工"。这个广告语延续着农夫山泉品牌定位的传奇,紧紧扣住健康的理念,告诉消费者:我们的水不是生产加工来的,不是后续添加矿物质生产出来的。通过做"大自然的搬运工",以及"水源地建厂,水源地罐装",把自然的精华天然水呈现在消费者的面前。

(资料来源:原创经典网.农夫山泉的品牌定位方法[EB/OL].(2014-11-14) http://www.ycad.cn/xueyuan/pinpaidingwei/786.html.)

品牌定位是市场定位的核心和集中表现。企业一旦选定了目标市场,就要设计并塑造自己相应的产品、品牌及企业形象,以获得目标消费者的认同。由于市场定位的最终目标是实现产品销售,品牌不仅是企业传播产品相关信息的基础,还是消费者选购产品的主要依据,因而品牌是产品与消费者之间的桥梁,品牌定位是市场定位的核心和集中表现。品牌定位的目的就是将产品转化为品牌,以利于被潜在顾客正确认识。

品牌定位识别

三、品牌定位的作用

品牌定位对企业来说是至关重要的,品牌定位的作用包括以下几个方面:

(一) 品牌定位是形成市场区隔的根本

准确的品牌定位能将自己的品牌与其他品牌区别开来,从众多同类或同行业的品牌中脱颖而出,从而在消费者心目中占据一定的地位。例如,五谷道场方便面把自己定位为"非油炸"方便面,把自己与传统的油炸方便面区分开,迅速占据消费者的心智,从而很快成为非油炸类方便面的第一品牌。试想,如果五谷道场将自己定位为传统的方便面,那么它无论怎么做都很难改变"康师傅"在消费者心目中第一品牌的地位,更不能占据消费者的心智。

品牌定位的作用

(二) 品牌定位有利于树立品牌的形象

品牌定位是针对目标市场及目标消费者确定和建立独特的品牌形象的结果,它是人们在看到、听到某一品牌后产生的印象,是消费者通过感觉、认知和理解品牌,从而在脑海中储存起来的、与品牌相关的信息。品牌定位是指对企业的品牌形象进行整体设计,从而在目标消费者的心中占据一个独特的、有价值的地位。如孔府家酒的定位为"叫人想家的酒",那么它在消费者心目中就会留下一个"顾家、爱家、保守"的品牌形象。

名牌手表的品牌定位

(三) 品牌定位有利于塑造品牌的个性

品牌定位不但有利于向消费者提供个性化的服务,而且有利于塑造品牌的个性。品牌和人一样都是有个性的,品牌个性的形成与其定位是息息相关的,也可以说品牌定位是品牌个性形成的前提和条件。品牌的定位不同，体现的个性就不同。如万宝路香烟最初的定位是女性香烟，它体现的是"前卫、时尚、有女人味"的品牌个性，后来它又将自己定位为男性香烟，体现的是"有男子气概、粗犷、强壮、豪放"的品牌个性，与前者截然不同。

（四）品牌定位有助于与消费者沟通

说得通俗一点，品牌定位就是企业弄明白"我是谁、我该怎么做、我要做什么"的过程。要想与消费者沟通，得到消费者的认可，首先要告诉消费者"我是谁""我能为你做什么"——品牌定位。只有说清楚你是谁，消费者才能根据自己的情况，看看是不是需要你，要不要接触你、了解你。例如，佳洁士告诉消费者自己是"防蛀牙专家"，又通过做实验的广告画面传播和证明自己能做什么，从而与消费者进行有效的沟通。

（五）品牌定位有利于品牌的整合传播

企业不仅要进行品牌定位，还必须进行有效的传播。所谓品牌传播，就是通过广告、公关等手段，向消费者宣传企业设计的品牌形象，以获得消费者的认同，并在消费者心目中确立一个企业刻意营造的形象的过程。品牌定位与品牌传播在时间上存在先后的问题，正是这种先后次序决定了二者之间相互依赖、相互制约的关系。只有通过品牌传播，才能实现品牌定位的目的，即在消费者心中占据一个独特的、有价值的位置。如果不能及时准确地将企业设计的品牌形象传递给消费者并求得认同的话，那么该定位就是无效的。在当今竞争如此激烈的市场中，只有整合营销传播才能使品牌定位真正有效；相反，如果品牌定位不准，那么再好的传播也很难达到预期的效果。传播依赖品牌定位，也是为品牌定位服务的。没有品牌定位，传播就会缺少针对性，更难以拥有系统性和一致性，会导致品牌在消费者心目中留下不统一或不好的品牌形象，因此品牌定位是品牌整合传播的基础。

（六）品牌定位有利于企业占领市场和开发市场

品牌拥有成功的定位，对企业占领市场、开发市场具有很大的引导作用。品牌定位已远远超出了产品本身的功能，产品只是品牌定位的物质载体，人们使用某种产品在很大程度上是因为受到品牌定位所表达的情感诉求影响。万宝路香烟最初问世时，将女性烟民作为目标市场，而女性烟民不稳定，且重复消费率低，致使万宝路从问世以来一直默默无闻。在这种情况下，万宝路改变品牌形象，将目标市场重新改为男性烟民。在品牌塑造中，以铁骨铮铮的男子汉为品牌形象的代言人。这一品牌定位改变了过去女性化的品牌形象。新品牌形象一问世，就受到了男性烟民的青睐，给万宝路带来了巨大财富。由于品牌诉求发生变化会带来截然相反的市场反应，因此品牌定位直接影响市场的开发。

学习任务一 品牌定位的内涵

学习任务二 品牌定位的过程

案例导入

王老吉的品牌定位

背景

王老吉起源于清朝道光年间，至今已有180多年的历史。20世纪50年代初，政治因素导致王老吉药号分成两支：一支成为以国家股为主体的股份制企业，发展为今天的王老吉药业股份有限公司（原羊城药业），主要生产王老吉牌冲剂产品（国药准字）；另一支被王氏家族的后人带到香港。在中国内地，王老吉的品牌归王老吉药业股份有限公司所有；在中国内地以外有凉茶市场的国家和地区，王老吉的品牌基本上都为王氏后人所注册。加多宝是位于东莞的一家港资公司，由香港王氏后人提供配方，经王老吉药业特许在内地独家生产、经营红色罐装王老吉凉茶（食健字号）。

在 2002 年以前，从表面看，红色罐装王老吉凉茶（以下简称红色王老吉）是一个很不错的品牌，销量稳定，盈利状况良好，有比较固定的消费群，销售业绩连续几年维持在 1 亿多元。发展到这个规模后，加多宝的管理层发现，要把企业做大，要走向全国，他们就必须克服一连串的问题，甚至连原本的一些优势，也成为阻碍企业继续成长的因素。在所有问题中，最核心的问题是企业不得不面临一个现实难题——把红色王老吉当传统"凉茶"卖，还是当"饮料"卖？

在红色王老吉前几年的推广中，消费者不知道为什么要买它，企业也不知道怎么去卖它。在这样的状态下，红色王老吉竟然还平平安安地度过了好几年。出现这种现象，外在的原因是中国市场还不成熟，存在着许多市场空白；内在的原因是这个产品本身具有一种不可替代性，红色王老吉刚好能够填补市场空白。

重新定位

品牌定位的确定，主要通过了解消费者的认知（而非需求），提出与竞争者不同的主张来实现，从而对消费者的心智进行全面研究，研究消费者对产品、竞争对手的认知，以及企业自身的优劣势等。

了解消费者的认知，可以从市场上红色王老吉、竞争者传播出的信息入手，厘清他们在消费者心智中的大概位置，以及他们的优势和劣势。经过调查，消费者的认知和购买行为表明，消费者并不要求红色王老吉有"治疗"效果，而是将其作为一个功能饮料来购买，购买红色王老吉的真实动机是"预防上火"，如希望在品尝烧烤食物时减少上火情况的发生等。真正上火以后可能会采用药物，如牛黄解毒片、传统凉茶类治疗。

再进一步研究消费者对竞争对手的看法，会发现红色王老吉的直接竞争对手，如菊花茶、清凉茶等由于缺乏品牌推广，仅仅是低价渗透市场，并未占据"预防上火"的饮料定位。而可乐、茶饮料、果汁饮料、矿泉水等由于明显不具备"预防上火"的功能，因此与红色王老吉仅仅是间接的竞争关系。

至此，品牌定位的研究基本完成。首先，明确红色王老吉是在"饮料"行业中竞争，其竞争对手应是其他饮料。其次，红色王老吉的品牌定位是"预防上火的饮料"，其独特的价值在于喝红色王老吉能预防上火，让消费者无忧地尽情享受生活：煎炸、香辣美食、烧烤、通宵达旦看足球……

品牌定位的推广

明确了品牌要在消费者心智中占据什么位置，接下来的重要工作，就是推广品牌，让它真正地进入人心，让大家都知道品牌的定位，从而持久、有力地影响消费者的购买决策。

紧接着，红色王老吉制定了推广主题"怕上火，喝王老吉"，在推广过程中以红色王老吉为重点。在第一阶段的广告宣传中，红色王老吉都以轻松、欢快、健康的形象出现，强调正面宣传，避免出现对症下药式的负面诉求，从而把红色王老吉和"传统凉茶"区分开来。

红色王老吉在电视媒体的选择上，从一开始就锁定了覆盖全国的中央电视台，并结合原有销售区域（广东、浙南）的强势地方媒体，在2003年短短几个月内，投入4 000多万元人民币，销量迅速提升。同年11月，红色王老吉乘胜前进，再斥巨资购买了中央电视台2004年黄金广告时段。这种急风暴雨式的广告投放方式，使红色王老吉在短期内迅速进入人们的脑海，给人们留下了深刻的印象，迅速红遍全国。

在地面推广方面，除了传统渠道的POP广告外，红色王老吉还配合餐饮新渠道的开拓，为餐饮企业设计布置了大量终端物料，如设计制作了电子显示屏、灯笼等餐饮企业乐于接受的实用物品，并免费赠送。在传播内容选择方面，由于红色王老吉认为终端广告应直接刺激消费者的购买欲望，因此将产品包装作为主要视觉元素，集中宣传一个信息："怕上火，喝王老吉。"餐饮场所的现场提示，有效地配合了电视广告。正是这种有针对性的推广，消费者对红色王老吉"是什么""有什么用"有了更深、更直观的认知。目前，餐饮渠道已成为红色王老吉的重要销售传播渠道之一。

这种大张旗鼓、诉求直观明确的"怕上火，喝王老吉"的广告推广，直击消费者需求，使销售量迅速增加；同时，品牌推广一步步加强了消费者的认知，逐渐为品牌建立起独特且长久的定位，从而真正建立起品牌。

案例分析

总结起来，加多宝公司成功的关键在于：①对红色王老吉品牌的定位准确。②广告对品牌定位的传播到位，这主要有几点：广告表达准确；投放量足够，确保品牌定位进入消费者心智；量力而行，滚动发展，在区域内确保市场推广力度处于相对优势地位。

（资料来源：邓德隆，陈奇峰．王老吉品牌定位［J］．哈佛商业评论，2011（5）．）

王老吉品牌定位策略

品牌定位是品牌管理的核心工作，定位之于品牌就像方向盘之于轮船，它决定着品牌的传播方向，是品牌创建的基础、核心和保障，更是企业营销因素组合的战略起源。

品牌定位是一个系统、有序的工程，必须按科学流程来细致地开展这项工作。应结合企业的战略目标，从分析企业的优势开始，只有经过市场细分、目标市场的选择、目标市场中顾客共同价值观的把握、核心理念的提炼、优秀品牌联想的建立、传播方案的制定、品牌的再定位等一系列环节，以及长期的策划与维护，才能将品牌定位确立起来。

一、企业优势分析

分析企业优势是品牌定位的第一步工作。首先，企业优势分析是制定企业战略的基础。品牌定位的逻辑思路应是：企业战略—营销战略—品牌战略—品牌定位。从这一思路来说，品牌定位是品牌战略的核心，而品牌战略属于企业营销战略的一个方面，营销战略为企业的职能战略，它又从属于企业的总体战略。因此，品牌定位应服从企业的总体战略。一个清晰、完整的企业战略是品牌定位的前提条件，只有拥有了企业总体战略，品牌战略才能存在。按照波特教授的理论，一个企业的总体战略是建立在对该企业自身竞争优势的分析基础之上的。

其次，商场如战场，知己知彼，方能百战不殆。企业必须经常将其产品、价格、渠道和促销等与竞争对手相比较，通过比较，找出其竞争优势和不足之处，从而在消费者心中确立其优势地位。如伊利集团通过与其他同类产品的比较，发现自己的产品具有"奶香浓郁，口感纯正"的独特优势，这一优势来自良好的奶源，来自大草原——它是伊利品牌真正吸引人的精髓。于是，"伊利，都市中的自然感受"就成了伊利品牌的定位，其广告语"心灵的天然牧场"突出了现代都市人对健康绿色生活方式的向往，营造了自己的品牌优势，找到了独特的市场定位。

最后，分析企业自身优势的目的是挖掘企业自身的显在或潜在优势，并将其有效融入品牌定位的过程中，从而塑造出个性化的品牌。如百事可乐公司发现自己较短的生产历史竟是一种优势，于是将百事可乐定位为"新一代可乐"，成了"年轻、活泼、时代"的象征；奔驰公司的优势是世界一流的生产技术并且以精雕细琢见长，它被内化为具有"高技术、杰出表现和成功""世界上工艺最佳的汽车"等特性的享誉世界的品牌。

二、市场细分与选择目标市场

市场细分的理论基础来自波特教授的差异化和集中化战略——寻找差异并把企业有限的资源集中用在最需要的地方。一个企业不论它的规模有多大，它所拥有的资源相对于消费需求的多样性和可变性总是有限的，因此它不可能满足市场上的所有需求，它必须针对某些自己拥有竞争优势的目标市场进行营销，目标市场顾客群是企业资源的重点投入对象。可以将现代营销战略的核心描述为 STP 营销，即市场细分（Segmenting）、选择目标市场（Targeting）和品牌定位（Positioning），它们是企业营销活动前奏中逐步深入的三部曲。在这三部曲中，市场细分与选择目标市场是品牌定位的前提，品牌定位则是结果，离开前两项基础工作，品牌定位将无从谈起。

市场细分的目的是根据企业自身的实力，确定企业进入的目标市场，两者存在先后顺序，同时又相互区别，市场细分是分析的过程，而确定目标市场是决策的过程。

世界著名 Lee 牌牛仔服的成功得益于它的市场细分策略，在占领男性市场后，它没有继续开拓空间已经很大的男性市场，而是把目光瞄准一直被忽视的女性市场。大多数女性都需要一件腰部和臀部都很合身而且活动自如的牛仔服，于是 Lee 牌牛仔服聪明地定位于此，在产品设计上一改传统的直线裁剪，突出女性的身材和线条，在广告上充分体现 Lee 牌牛仔服恰到好处的贴身设计和穿脱自如的特点。"最贴身的牛仔"，一个"贴"字将 Lee 牌牛仔服与众不同的定位表达得淋漓尽致。

拓展阅读

市场细分与选择目标市场

三、分析目标市场内顾客价值观

目标市场确定后，必须透过消费者表层、多变的行为和需要，寻找到其内心根深蒂固的价值需要。定位理论的鼻祖艾·里斯和杰克·特劳特在 1996 年所著的《新定位》一书中，一再强调定位的重心在于消费者心灵,对消费者心灵把握得越准,定位策略就越有效。"定位不在产品本身,而在消费者心底。"无论企业定位技巧多高明,其成功的关键还是迎合消费者的心理。因此,把握目标市场的顾客心理需求活动是品牌定位最重要的环节。由于消费者的心理需求特征纷繁复杂,纯粹地分析消费者心理需求是比较困难的,对此进行量化也不是容易的事,而分析消费者价值观是一种可行的方式,这是因为无论消费者购买什么样的产品,其购买决策往往源于共同的内在驱动因素——消费者自身的价值观,这使同一类型的消费者在购买不同类别的商品时体现出很高的相似性。例如,一个充满活力、追求新潮的高中生可能会选择耐克的运动鞋、索尼的MP播放器和Swatch的手表,而一位精力充沛、事业有成的年轻企业家可能会选择宝马汽车、劳力士手表和登喜路西装等。

价值观是人们对事物一致且稳定的看法,是人和社会精神文化系统中深层的、相对稳定并起主导作用的成分,是人心理活动的中枢系统。分析消费者价值观是为了发现目标顾客群对事物的判断标准,解读他们的主要需求,为定位提供足够的心理依据。

世界快餐业第一品牌麦当劳,2003年在全球同步推出"我就喜欢"或"I'm Lovin' It"品牌更新活动,被称为"变脸"行动麦当劳一改几十年不变的"迎合妈妈和小孩"的快乐形象,变成年轻、时尚化的嘻哈形象,其原因是20世纪八九十年代年轻人对快乐的理解,与21世纪初年轻人的理解有巨大的差异。21世纪初的很多年轻人认为:麦当劳叔叔的形象非常老土、可笑,觉得麦当劳是小孩子去的地方,他们更喜欢"酷"、刺激和冒险的活动。由于新的快乐观中包含了更多自由、个性化的酷文化,因此,麦当劳过去定义的目标客户群,已经装载了完全崭新的元素,在代表了新元素的年轻人面前,麦当劳代表的不再是快乐,而是意味着一种衰老、陈旧。在麦当劳的变脸过程中,"我就喜欢"的品牌创新活动把目光锁定在麦当劳流失最快,而又最重要的年轻一族身上。整个创新品牌主题围绕"酷、自己做主、我行我素"的年轻人崇拜价值展开,迅速推动包括口味的变化。

四、提炼品牌核心价值

目标市场内顾客价值观不是一模一样的,不同个体的消费者即使面对统一的需求,也会存在着需求心理上的差异。对品牌定位工作而言,重要的是提炼这些不是很一致的价值观,以形成集中、单一和稳定的顾客核心价值。在此基础上,再根据企业的财力、技术能力和销售能力等确立品牌的核心价值。从目标市场顾客的核心价值到品牌核心价值的形成,对品牌建设具有重要的意义,一个品牌如果不具备或没有明确的核心价值,就失去了竞争的基础。核心价值是品牌资产的主体部分,它让消费者明确、清晰地识别并记住品牌的利益点与个性,是驱动消费者认同、喜欢乃至爱上一个品牌的主要力量。核心价值也是品牌的终极追求,是一个品牌营销传播活动的原点,企业的一切营销活动都是对品牌核心价值的体现与演绎,并丰满和强化品牌核心价值。品牌的核心价值一旦提炼成功,在以后的十年、二十年,乃至上百年的品牌建设过程中,就要始终不渝地坚持这个核心价值。只有这样,核心价值才会在消费者大脑中烙下深深的印记,并成为品牌最有感染力的内涵。在汽车领域,劳斯莱斯的核心价值是"皇家贵族的座驾";宝马的核心价值是"驾驶的乐趣和潇洒的生活方式";沃尔沃则定位于"安全"。这三大汽车品牌的所有营销策略都是围绕着其品牌的核心价值展开的,尽管它们的广告不停地换,但换的只是表现形式,其核心价值始终如一。

提炼品牌核心价值的目的在于满足消费者精神层面的需求,使消费具有价值感、社会归属感和满足感,是需求从物质层面向精神层面跃升的主要表现方式。如果核心价值定位不准，品牌构成要素之间就容易失去重心，无法形成稳固的关系，使品牌在消费者心目中变得模糊起来，最终导致品牌形象的失败。

明确的核心价值需要用简洁的语言来表达，这便成了品牌定位的核心理念。"IBM 就是服务"是 IBM 对顾客的承诺，也是 IBM 经营理念的浓缩。虽然核心理念来源于品牌的核心价值，但又不同于品牌的核心价值，它以品牌的核心价值为基础，是赋予品牌人格化的重要手段，是品牌定位的灵魂。它具有两个特征：与消费者共鸣和决定企业的价值取向。它能持续不断地形成本品牌和竞争品牌的差异化，能不断激励企业员工和合作者。即使非常简单的话，比如"做得更出色"或"走不同的路"等，也会对认真思考和品味其中含义的人们有所启发。

提炼品牌的核心价值

五、建立优秀的品牌联想

提炼了品牌核心理念之后，企业要做的工作是把自己的品牌核心理念传达给顾客。由于核心理念过于抽象，想要直接进入消费者的心里，占领消费者的心智较为困难，因此，必须依据品牌的核心理念对品牌进行设计与包装，创造其识别特征，以塑造品牌形象。品牌定位的一个重要任务就是把品牌理念和品牌识别特征有机地结合起来，然后主动地与目标受众进行交流。如果说品牌理念是品牌和消费者交流的内核，那么品牌识别就是品牌和消费者交流的语言。这种识别特征有效传达给消费者后就可以形成品牌联想。优秀的品牌联想可能会成为关键的竞争优势，它为竞争者制造了一道无法逾越的障碍，为消费者提供了购买理由，为品牌打下了延伸基础，使品牌具有了鲜活生动的情感和生命，使消费者产生亲近感，从而有利于实现双向交流。如提起麦当劳，人们立刻会联想到金黄色的 m 形双拱门和小丑打扮的麦当劳叔叔。鲜明的品牌视觉形象是麦当劳实现一致性的识别体系。这不仅是一种服务商标——有麦当劳的特许经营权，而且意味着麦当劳的一整套风味独特的快餐美味——有麦当劳店堂里温馨祥和的欢乐气氛，有麦当劳的高质量产品和服务。

品牌联想

六、有效地传播品牌定位理念

虽然品牌具有核心价值和核心理念，并建立了自己的识别特征，但消费者不一定知道，企业必须通过一定的方式及时准确地将核心价值和核心理念"告诉"目标顾客并求得认同。这就是说，企业不仅要制定一个明确的核心价值和核心理念，还必须有效地传播这一核心价值和核心理念，品牌传播的过程就是品牌展现的过程。品牌展现就是将品牌的内在核心价值，以品牌名称为聚焦点，系统地展示给社会公众。这实际上是一个将品牌核心价值与消费者心理进行联结的过程，因此是品牌定位必不可少的重要阶段。虽然品牌展现包括广告展现、公共关系展现、人员推广展现和促销展现等方式，但无论采用哪种展现方式，品牌展现的各种方式都应密切配合、协调一致，传达给社会公众的都应是相同的内容，只有这样才能保证品牌形象的一致性。另外，品牌核心价值和核心理念确定以后，一旦得到市场认同，就应保持其相对稳定性。也许在此期间市场竞争和消费者需求会发生某些变化，企业可以据此做出调整，但切忌不要轻易否定自己的核心价值和核心理念，否则会前功尽弃。例如上述案例中的麦当劳变脸行动，在这场变脸行动中，变化的是快乐的外在形象：口号、音乐、广告、代言人，不变的是麦当劳的心：标准化的服务，营造快乐的品牌理念。

2014 年中国八大豪华车品牌定位对比分析（图）

七、强化定位理念

定位一旦确定，就需要坚持不懈地向目标顾客反复传播，目的是让顾客形成特定的心理烙印。比如，提到奔驰就想到成就、稳重。可以把这种反复强化定位理念，形成深刻印象的过程比喻为"心理注册"。在工商管理机构注册只是获得品牌的法律保护权利，在顾客心里完成注册才是真正占领了细分市场，这就是品牌定位的最终目的。其直接的效果就是，细分市场中的顾客一旦产生购买欲望，第一个想到的就是你的品牌。强化定位理念有两个关键：一是不断重复；二是一致性。企业的营销活动都要体现、演绎出品牌的定位理念，即从原料采购、产品研发、包装设计，到电视报纸、电台广告、海报挂旗、促销品、新闻炒作、软文宣传、通路策略、终端生动化、街头促销，再到售后服务，甚至每次接受媒体采访、与客户沟通等任何与公众、消费者沟通的时候，都要演绎出品牌的定位理念，从而使消费者每次接触品牌时都能感受到该品牌的定位理念。这就意味着每一分的营销广告费都在加深消费者大脑中对品牌定位理念的记忆与认同，都在为品牌做加法。以沃尔沃为例，在汽车行业中，沃尔沃是"安全"的代名词，"安全"是沃尔沃的核心价值，沃尔沃强调安全，并不意味着乘坐沃尔沃就不舒服，也不是说沃尔沃就没有驾驶的乐趣，只是为了在汽车品牌间突出沃尔沃的个性。沃尔沃始终维护这一核心定位理念，它每年都要投入巨额的研发费用，注意相关安全事件。英国王妃戴安娜因为车祸而不幸辞世，在事件发生后的第三天，《澳门日报》上就登出了一篇文章：如果戴安娜王妃乘坐的是沃尔沃，她还会香消玉殒吗？文章从技术角度进行了洋洋洒洒的分析，最后得出结论：以沃尔沃的安全技术，如果戴安娜王妃当时坐沃尔沃，就能保住性命。当时所有的报纸都在说，戴安娜王妃坐的是一辆奔驰车，不言而喻，这篇文章在告诉人们，奔驰不如沃尔沃安全。沃尔沃就这样抓住每个与汽车安全有关的重大事件，把沃尔沃品牌的核心定位理念表达得淋漓尽致。

八、品牌的再定位

消费者的需求是不断变化的，市场形势也变幻莫测。品牌最初的定位失误，或者即使最初定位是正确的，但随着市场需求的变化，原来的定位无法再适应新的环境，这些都不利于企业的发展。因此，企业需要根据市场情况（环境）的变化不断调整其原来的定位，使品牌永远具有市场活力。任何以不变应万变的静态定位思想都将使品牌失去活力，最终被市场淘汰。品牌的再定位并非品牌更新，它并不意味着品牌经营者马上就放弃现在的品牌定位。任何企业的任何品牌都不可能通过一次过程就完成正确定位，成功的品牌定位不是一成不变、一劳永逸的，只有经历反复过程才能实现。

2002年，手机中的"大哥大"诺基亚公司推出了彩壳手机和可以更换外壳的手机，把手机推向时尚化的潮流，使手机不仅是沟通的工具，还成为传达消费者个性和情感的媒介，这就是准确地把握了市场需求变化的结果。2002年，诺基亚为其品牌核心价值"科技以人为本"添加了"时尚"的新元素。在传播理念中，"时尚"与"科技、人性化"并重，提出了"科技时尚主义"的广告口号，获得了极大的成功。

品牌定位是创建品牌的基础，一个清晰、有效的品牌定位可以准确地向消费者传递商品的信息，告诉消费者购买的理由，使消费者产生购买欲望。要进行准确的品牌定位，企业不仅要对自己品牌和竞争对手品牌的当前形象和目标形象有透彻的了解，而且要透彻地了解消费者的需求，并持之以恒、前后一致地进行营销宣传。品牌定位不能一劳永逸，要随消费者的需求变化做出调整，以保持品牌形象不被老化。

拓展阅读

品牌再定位

江中牌健胃消食片品牌定位策略

学习任务二　品牌定位的过程

学习任务三　品牌定位的方法

案例导入

舒肤佳——后来者居上，称雄香皂市场

1992年3月，"舒肤佳"进入中国市场，而早在1986年就进入中国市场的"力士"已经占领了香皂市场。后生"舒肤佳"却在短短几年时间里，硬生生地把"力士"从香皂霸主的宝座上拉了下来。根据2001年的数据，舒肤佳市场占有率达41.95%，比位居第二的力士高出14个百分点。

舒肤佳的成功自然有很多因素，但关键的一点在于它找到了一个新颖而准确的"除菌"概念。

在中国人刚开始用香皂洗手的时候，舒肤佳就开始了它长达十几年的"教育工作"，要中国人把手真正洗干净——看得见的污渍洗掉了，看不见的细菌你洗掉了吗？

舒肤佳的营销传播以"除菌"为核心概念，诉求为"有效除菌护全家"。在广告中，舒肤佳通过踢球、挤车、扛煤气罐等场景告诉大家，生活中有很多细菌，并用放大镜下的细菌"吓你一跳"。然后，舒肤佳通过"内含抗菌成分'迪保肤'"的理性诉求和实验来证明舒肤佳可以让你把手洗"干净"。另外，广告中的"通过中华医学会验证"这句话增强了大众对品牌的信任度。

（资料来源：第一商业网．中国商业史经典营销案例Top10［EB/OL］．http：//www.topbiz360.com/web/html/school/yingxiaojinnan/20140217/145185.html.）

案例分析

正确的定位是品牌成功的关键。一个正确的定位可以确保企业的发展方向不出错，为企业整体的战略规划奠定基础，发挥企业自身的各种优势。

品牌定位的目的在于塑造独特的品牌形象，创造个性鲜明的品牌。由于品牌定位是一个动态的过程，所以，品牌定位的方式有很多种，没有一个固定、统一的模式。假如存在固定模式，品牌之间的差异性就会大大减少，品牌的个性就会减弱，影响力也会随之减弱。以下介绍一些常见的品牌定位方法，品牌定位方法可以单独使用，也可以相互组合使用，以达到

更好的效果。

一、领导者定位

领导者定位也叫首席定位或者领先者定位，就是追求成为行业或者某一方面"第一"的市场定位。即通过强调品牌在同行业或同类产品中的领导、专业地位，如宣称"最前卫""销量第一"，达到强化品牌认知和定位的目的。

领导者定位的依据是人们对"第一印象"最深刻的心理规律。例如，第一个登上月球的人，第一次成功或失败，等等。尤其是在现今信息爆炸的社会里，各种广告、品牌多如过江之鲫，消费者对大多数信息毫无记忆。据调查，一般消费者只能回想起同类产品中的七个品牌，而第二个回想起来的品牌销量往往只是第一个回想起来的品牌销量的一半。如施乐在复印机品牌中名列第一，虽然 IBM 的总体实力比施乐公司要雄厚得多，但 IBM 公司生产的复印机总是无法与施乐竞争。因此，领导者定位能使消费者在短时间内记住某品牌，并为该品牌产品以后的销售打开方便之门。

案 例

洗衣液领导品牌——蓝月亮

蓝月亮洗衣液是中国洗衣液市场的领导品牌，蝉联四届洗衣液销售冠军，2010 年市场份额高达 44%。蓝月亮以其优异的品质成为中国洗衣液的引领者，深入中国的千家万户。2008 年，蓝月亮推出的深层洁净洗衣液采用深层洁净技术和中性温和配方，引爆了中国洗衣液市场；2010 年，蓝月亮针对衣物色彩的护理推出了亮白增艳洗衣液，提出了让白衣更白、彩衣更鲜艳的"护色、调色"洗衣新理念；2011 年，蓝月亮又有新创举，在中国抢先推出了首款手洗专用洗衣液，掀起了衣物手洗新浪潮。

蓝月亮无疑是洗衣液品类的先驱。2000 年年初，蓝月亮就进入了洗衣液市场，虽然那个时候，中国消费者都在用洗衣粉，对洗衣液了解甚少，但是蓝月亮通过长期的宣传和教育，加上中国经济的高速发展、城市化进程的进一步加快，洗衣液逐渐进入了千家万户，现在已经成为城市居民日常生活的必需品。蓝月亮前期的苦心经营也给自己带来了丰硕的果实，从 2008 年开始，蓝月亮在全国的洗衣液市场中稳居第一，并且保持至今。

蓝月亮一直在品牌宣传、洗衣液品类宣传方面下足了功夫。在洗衣液品类方面，蓝月亮无疑拥有最高的品牌认知度，2008 年市场份额就已经达到了 85%。按照特劳特的定位理论，蓝月亮无疑已经在消费者心智中占据了最重要的位置，并且这种市场势力也帮助蓝月亮成为洗衣液品类的领导品牌。

（资料来源：百度百科．蓝月亮洗衣液［EB/OL］．http：//baike.baidu.com/link？url = E4gqlroBYR5Dhma_ epkIrcPyV7CCnzYBC7N9——Nl8TwrPYH3fh - j1k8fQLFHSuqIu3dvw zwp52h5Ch14mkz9BV2JqAZlz_al_ gN0t7xwtIVcsDJhJgwgOuFn7Z tpiDMW0n5900 - _ NTzBQn 4U946D4q.）

但是，在每个行业、每一产品类别里，"第一"只有一个，而厂商、品牌众多，并不是所有的企业都有实力使用领导者定位策略，只有那些规模巨大、实力雄厚的企业，才有能力使用。对大多数厂商而言,重要的是发现本企业产品在某些有价值的属性方面的竞争优势,并取得第一的定位,而规模不必最大。如七喜汽水是非可乐型饮料领域的第一、迪阿牌(Dial)香皂是除臭香皂领域的第一等。采用这种定位策略,能使品牌深深印在消费者的脑海中。

二、比附定位

比附定位是通过与竞争品牌的比较来确定自身市场地位的一种定位策略,其实质是一种借势定位或反应式定位。借竞争者之势,衬托自身的品牌形象。企业通过各种方法,和同行中的知名品牌建立一种内在联系,使自己的品牌迅速进入消费者的心智,占据一个稳定的位置,借名牌之光使自己的品牌生辉。主要有三种形式。

品牌比附定位

(一) 甘居第二

甘居第二就是明确承认同类产品中另有最负盛名的品牌,自己只不过是第二而已。这种策略会使人们对公司产生一种谦虚诚恳的印象,相信公司所说的是真实可靠的,同时迎合了人们同情弱者的心理,使消费者对这个品牌的印象更深刻。美国阿维斯出租汽车公司将定位改为"我们是老二,我们要进一步努力"之后,品牌知名度反而得到很大提升,赢得了更多的忠诚客户。

案例

> **蒙牛"甘居第二"**
>
> 蒙牛刚启动市场时只有 1 300 多万元人民币,在伊利、草原兴发这两个资本大鳄面前显得非常弱小。但是,蒙牛充分并巧妙地利用"甘居第二"策略,从产品的推广宣传开始,就将自己与伊利联系在一起,如蒙牛的第一块广告牌子上写的是"做内蒙古第二品牌";宣传册上闪耀着"千里草原腾起伊利集团、蒙牛乳业……我们为内蒙古喝彩";在冰激凌的包装上,蒙牛打出了"为民族工业争气,向伊利学习"的字样。这与阿维斯出租汽车公司强调"我们是老二,我们要进一步努力"的策略是一致的。蒙牛利用伊利的知名度,无形中将蒙牛的品牌打了出去,提高了品牌的知名度。而且,因为蒙牛这种谦逊的态度、宽广的胸怀,让人尊敬、信赖,所以获得了良好的口碑。
>
> (资料来源:智库百科. 蒙牛集团 [EB/OL]. http://wiki.mbalib.com/wiki/蒙牛集团.)

蒙牛品牌的比附定位

(二) 攀龙附凤

攀龙附凤就是认可同类产品中已卓有成就的品牌,本品牌虽自愧弗如,但在某一地区或在某一方面还可以与这些最受消费者欢迎和信赖的品牌并驾齐驱、平分秋色。内蒙古宁城老窖打出的广告语"宁城老窖——塞外茅台",采用的就是这一策略。2001 年 7 月 19 日,《远东经济评论》杂志刊登了甲骨文公司的整版广告,甲骨文公司声称其 SAP 管理软件效率比 IBM 的软件效率高 4 倍,"客户对甲骨文公司软件和对 IBM 公司软件的兴趣比是 10∶1",这种竞争方式再直接不过了。百事可乐刚进入市场时，使用了"Me Too"（我也是）的品牌比附定位策略。翻开黄鹤楼酒宣传册，有这样的描述："2004年10月，云南景洪，在中国白酒专业委员会举行的全国白酒质量评比中，黄鹤楼酒与五粮液同获最高分，是湖北省唯一的中国名酒"，五粮春、五粮神等声称："师出名门，与五粮液一脉相承。"这其实也是比附定位的应用。

（三）进入高级俱乐部

公司如果不愿居于第二或攀龙附凤，也可以利用模糊数学的方法，借助于群体的声望，把自己归入高级俱乐部式的品牌群体中，强调自己是这一群体的一员，从而提高自己的形象和地位。美国克莱斯勒汽车公司宣称自己是美国三大汽车公司之一，使消费者感到克莱斯勒和第一、第二名一样，都是知名轿车，同样收到了良好的宣传效果；洋河、黄鹤楼等强调自己是十三大中国名酒之一和白酒业十大创新品牌；枝江酒业宣传自己已成为中国白酒工业十强企业，是全国五一劳动奖状获得者；稻花香广而告知自己是中国驰名商标，"浓浓三峡情，滴滴稻花香"；白云边在报刊上也宣传了其"中国十大口感好酒，十大历史文化名酒"的称誉；海尔、长虹对媒体郑重宣布自己已进入世界500强之列；伊利、蒙牛、恒源祥、中国移动等均大力宣传自己是2008年中国奥运会的赞助商。

（四）比附定位的优势

（1）比附定位有利于品牌的迅速成长，更适合品牌成长初期。
（2）比附定位有利于避免企业受到攻击，防止失败。
（3）比附定位并非真正的谦虚。

三、空当定位

空当定位，即寻找为许多消费者所重视但尚未被开发的市场空间。任何企业的产品都不可能占领同类产品的全部市场，也不可能拥有同类产品的所有竞争优势。市场中的机会无数，关键在于企业是否善于发现机会。善于寻找和发现市场空当是品牌定位成功的关键。

企业要采用这种策略，就必须对以下三个问题有足够的把握：
（1）新产品在技术上是可行的。
（2）新产品的价格水平在经济上是可行的。
（3）有足够的消费者。

一般说来，市场空当主要有以下几种：

（一）时间空当

有些纺织服装企业在夏季推出羽绒服、羽绒被、毛衣、毛裤；有些空调厂、雪糕厂在夏季来临之前加大品牌宣传力度，或者在冬季销售其产品；当棉纺织品渐渐被人们淡忘、化学合成纤维风靡市场的时候，有些商家却推出了纯棉制服，令人耳目一新。这些都是利用时间空当的典型例子。

（二）年龄空当

年龄是人口细分的一个重要变量。企业可以根据产品的竞争优势，寻找被同类产品忽视的年龄段，为自己的品牌定位。可口可乐推出的酷儿牌果汁，在营销界堪称成功的典范，其获得成功的一个重要原因是瞄准了儿童果汁饮料市场无领导品牌这一市场空当。

(三)性别空当

现代社会,男女地位日渐平等,很多行业对性别的要求已不再那么严格。对某些品牌来说,塑造一定的性别形象,有利于维护稳定的顾客群。如西装要体现男士的干练稳重,纱裙则强调女性的柔美端庄。万宝路是男性香烟市场的领导者,至今难有品牌撼动它的独尊地位。

(四)使用量上的空当

消费者的消费习惯各不相同,有人喜欢小包装,常用常买,方便携带;有人喜欢大包装,一次购买,长期使用。利用使用量上的空当,有时候会收到意想不到的效果。例如洗发水,有2mL的小包装,也有500mL的大包装,不同的包装可以满足不同消费者的需要,从而增加销售量。为了在葡萄酒高端市场有所作为,张裕卡斯特酒庄的一款新品就采取了全新的直销模式——整桶订购,每桶售价在8万元左右。由于这种直销设定的最小交易单位为桶(每桶225L,相当于300瓶750mL的瓶装酒),因而俗称酒庄酒论桶卖。

(五)高价市场空当

依据商品的价位,可以将市场分为高价市场和低价市场。将手表、香水等产品定位于高价市场往往能收到很好的效果。例如,"世界上最贵的香水只有快乐牌(Joy)""为什么你应该投资于伯爵表(Piaget),它是世界上最贵的表"。高价策略也称撇脂定价策略。企业为了追求利润最大化,在新产品上市初期,会利用顾客的求新心理,将产品价格定得较高。美国的雷诺公司、杜邦公司、拍立得公司等都运用过这种策略。例如,1945年雷诺公司从阿根廷引进了原子笔生产技术,虽然投资金额在26万美元左右,每支笔的生产成本只有0.8美元,却将售价定为12.5美元。半年之后,雷诺公司不仅收回了全部投资,而且获得了近6倍于投资金额的利润。

(六)低价市场空当

低价市场的产品一般是大众化产品,消费者在购物时首先想到的就是位于低价市场的品牌。在中国,人们谈到速溶咖啡,首先想到的是雀巢;但一谈到低价速溶咖啡,首先会想到力神。虽然国产的低价速溶咖啡很多,但从目前来看,力神占领了低价市场空当。

案 例

美国西南航空的低价策略

20世纪90年代,美国航空业很不景气,1992年全行业亏损了20亿美元。与此种萧条氛围形成较大反差的是,美国西南航空公司却连创佳绩,1992年该公司的营业收入增长了25%。西南航空公司的成功主要归于消费者对其低价的认同。为了宣传自己的低价形象,公司总裁克莱尔曾亲自参加电视台热点新闻节目。在节目中,克莱尔头顶一个公文包,说:"如果哪位乘客为乘坐本公司航班机而感到寒碜的话,公司就送他一个这样的包。"当主持人问为什么时,克莱尔说:"装钱呀!乘坐西南航空航班所省下的钱可以装满整个公文包。"

(资料来源:史弢. 解析美国西南航空公司的低成本经营之道[D]. 北京:对外经济贸易大学,2007.)

四、USP 定位

USP 理论，即"独特的销售主张"，包括独特性、销售点、劝说力三个基本要点。品牌的 USP 定位就是寻找品牌迎合消费者需要的、竞争对手不具备或没有诉求过的、独一无二的部分，以利于从众多品牌中脱颖而出。品牌应用 USP 定位的案例俯拾皆是，遍布所有行业，例如：高露洁牙刷的"360°软刷，可触及牙齿、舌头、口腔内壁、牙龈"；纳爱斯齿清海洋牙膏的"添加螺旋藻精华，有营养，清新更持久"；全新力士的"修复染发五大伤害，持久防护"；巴黎欧莱雅的"含法国孚日山 SPA 矿泉水，锁住水分"；全新伊卡璐的"含活力西柚，让秀发起舞"；泰诺的"泰诺感冒药，30 分钟起效，治感冒'快'用泰诺"；神舟优雅笔记本电脑的"双核动力，超薄优雅"；康佳铂晶彩电的"120Hz，更清晰"；美的电磁炉的"百芯线圈，猛火炒佳肴"；云南白药创可贴的"有药好得更快些"。

独特的销售主张

USP 理论

USP 定位包含三个方面的内容：一是要向消费者传递一种主张、一种忠告、一种承诺，告诉消费者购买产品会得到什么样的利益；二是这种主张应是竞争对手无法提出或未曾提出的，应独具特色；三是这种主张应该以消费者为核心，易于理解和传播，具有极大的吸引力。

在汽车市场，宝马宣扬"驾驶的乐趣"，马自达突出"可靠性"，丰田注重"跑车外形"，沃尔沃定位于"安全"，菲亚特代表着"精力充沛"，奔驰是"高贵、王者、显赫、至尊"的象征。

案 例

> **1:1:1，金龙鱼比出新天地**
>
> 在中国，嘉里粮油（隶属马来西亚华裔创办的郭氏兄弟集团香港分公司）旗下的金龙鱼食用油，多年来一直以绝对优势稳居小包装食用油行业第一品牌地位。
>
> 调和油这种产品是金龙鱼创造出来的。当初，金龙鱼在引进国外已经很普及的色拉油时，发现虽然国内有市场，但不完全被国人所接受。原因是色拉油虽然精炼程度很高，但没有太多的油香，不符合中国人的饮食习惯。后来，金龙鱼研制出将花生油、菜籽油与色拉油混合的产品，将色拉油的纯净卫生与中国人的需求相结合，最终赢得中国市场。
>
> 为了将金龙鱼打造成强势品牌，嘉里粮油集团在品牌方面不断创新，理念由最初的"温暖亲情，金龙鱼大家庭"变为"健康生活金龙鱼"。然而，在多年的营销传播中，这些"模糊"的品牌概念除了让消费者记住了"金龙鱼"这个品牌名称外，并没有引发更多联想，而且，大家似乎还没有清楚地认识到调和油到底是什么、有什么好。
>
> 2002 年，金龙鱼又一次跳跃龙门，获得了新的突破，成功的关键在于其新的营销传播概念"1:1:1"。看似简单的"1:1:1"概念，配合"'1:1:1'最佳营养配方"的理性诉求，既形象地传达出金龙鱼由三种油调和而成的特点，又让消费者认为只有"1:1:1"的金龙鱼才是最好的食用油。
>
> 十年磨一剑。直到 2002 年，金龙鱼才让中国的消费者真正认识了调和油，关键在于其找到了一个简单的营销传播概念。
>
> （资料来源：百度百科．USP 理论［EB/OL］．http：//baike.baidu.com/item/USP 理论？fr = aladdin．）

五、消费者定位

消费者定位是指直接以某类消费群体为诉求对象，强调某产品专为该类消费群体服务，以此获得目标消费群体的认同。把品牌与消费者结合起来，有利于增强消费者的归属感，使其产生"我自己的品牌"的感觉。如：海澜之家的定位为"男人的衣柜"，哈药的护彤定位为"儿童感冒药"。

消费者定位是指对产品潜在的消费群体进行定位。对消费对象的定位也是多方面的，比如从年龄上，有儿童、青年、老年之分；从性别上，有男人、女人之分；从消费上，有高、低之分；从职业上，有医生、工人、学生之分等。成功运用消费者定位，可以将品牌个性化，从而树立独特的品牌形象和品牌个性。因为耐克以喜爱运动的人，尤其是乔丹的热爱者为目标消费者，所以它以乔丹为广告模特。广告不仅淋漓尽致地展现了乔丹的英姿，将其拼搏进取的精神、积极乐观的个性融入耐克之中，而且成功地树立了耐克经久不衰的品牌形象；百事可乐定位于"新一代的可乐"，抓住了新生代崇拜影视偶像的心理特征，请迈克·杰克逊做广告代言人，使新生代成了百事可乐的"粉丝"，而百事可乐也成了"年轻、活泼、时代"的象征。

六、情感定位

情感定位是指通过产品直接或间接地给消费者带来情感体验，从而进行定位。

市场营销专家菲利普·科特勒认为，人们的消费行为变化分为三个阶段：第一阶段是量的阶段；第二阶段是质的阶段；第三阶段是感情阶段。在第三个阶段，消费者看重的已不是产品的数量和质量，而是产品与自己的亲密程度，或是为了得到某种情感上的满足，或是追求商品与自我理想的融合。显然，情感定位是品牌诉求的重要支点，情感是维系品牌忠诚度的纽带。

如果一种品牌不能引起消费者的深度情感共鸣，品牌就难以获得消费者的信任。通过丰富品牌文化内涵，以情营销，可以培养消费者对品牌的情感，加强消费者对品牌的忠诚度。只有不断增强品牌的人性化创意和审美特性，占据消费者的心智，激起消费者的联想和情感共鸣，才能引起消费者的兴趣，促进购买。比如"太太口服液"通过"做女人真好""让女人更出色""滋润女人，让美丽飞扬"等诉求来满足女性精神需求，加之"太太"这一品牌本身隐含的"高贵、典雅、迷人、温柔"的感情形象，因此其几十年来在保健品市场占据着一席之地，获得国内消费者的普遍认可。

"娃哈哈"是几十年来中国市场上命名最成功的品牌之一。这一命名之所以成功，是因为其除了通俗、准确地反映了一个产品的目标对象外，最关键的一点是将一种祝愿、一种希望、一种消费方式与儿童的天性相结合并作为品牌命名的核心，从而使"娃哈哈"这一名称精准地传达了上述形象及价值，这种对儿童天性的开发和祝愿又恰恰是该品牌形象定位的出发点。

拓展阅读

品牌情感定位

七、利益定位

利益定位也称功能定位，就是根据产品所能满足的需求或所提供的利益、解决问题的程度来定位。进行定位时，向顾客传达单一的利益，还是传达多重利益并没有绝对的定论。但由于消费者能记住的信息是有限的，往往只对某一强烈诉求产生较深的印象，因此，**向消费者承诺一个利益点的单一诉求更能突出品牌的个性，获得成功的定位**。如：高露洁的利益承诺是"我们的目标是——没有蛀牙"；飘柔的利益承诺是"柔顺"；海飞丝的利益承诺是"去头屑"；潘婷的利益承诺是"健康亮泽"；霸王的利益承诺是"中药防脱发"；金嗓子喉宝的利益承诺是"保护嗓子，就选金嗓子喉宝"。

我国香港手表制造商针对瑞士、日本手表的单一功能定位，推出了多功能定位的手表，设计制作了时装表、运动表、笔表、链坠表、情侣表、儿童表、计算表、打火表、时差表、报警表、里程表等，凭借功能定位，香港手表畅销全世界，获得空前成功。

王老吉成功运用了功能定位策略，广告语"怕上火，喝王老吉"红遍了大江南北。凭借其明确的功能定位，王老吉销售额直线上升，从1亿、5亿，到10亿，王老吉俨然成了凉茶的代名词，一个多年的区域性品牌一跃成为全国性的知名品牌。当困了、累了的时候，消费者会想到喝红牛；当上火时，消费者会想到喝王老吉。情景性消费与功能定位有效对接，并以此占据消费者的心智。

八、文化定位

将某种文化内涵注入品牌之中形成文化上的品牌差异，称为文化定位。文化定位不仅可以大大提高品牌的品位，而且可以使品牌形象独具特色。比如我们在喝可口可乐，或者在吃麦当劳、肯德基的时候，不仅是在解渴求饱，同时也是在进行一种代表美国文化的消费，这种消费代表了一种文化、一种身份、一种时尚、一种观念。

只有民族的，才是世界的。如中国"景泰蓝"和法国"人头马"，无不承载了深厚的民族文化特色；无锡的"红豆"服装品牌和绍兴的"咸亨"酒店，分别借助于人们早已熟悉和热爱的曹植和鲁迅的名篇挖掘出中华文化的精髓；"金六福——中国人的福酒"，这种定位已将品牌文化提升为一种民族的"福"；柒牌服饰以中国文化打动世界，情系"中国心、中国情、中国创"，抒发出"立民族志气，创世界品牌"的豪情，并提出了"中国，才是美"的口号；"全聚德"烤鸭、"狗不理"包子等百年老字号，都是融入了中国传统的独特文化因子才产生了如此巨大的影响力。

> **拓展阅读**
>
> #### 同仁堂，一个"仁"字，写在牌匾上，也刻在人心里
>
> 同仁堂，是一个传说，更是一个传奇。
> 同仁堂，是一种品质，更是一种文化。
> 349年前，乐氏家族在北京创办一间小药铺。此后，供奉御药188年，历经风雨而不衰，成为享誉世界的"中华老字号"。秘诀何在？两个字：诚信。
> "炮制虽繁必不敢省人工，品味虽贵必不敢减物力"，这是同仁堂的承诺。

"修合无人见，存心有天知"，这是同仁堂的良心。

"同修仁德，济世养生"，这是同仁堂的情怀。

如今，同仁堂在全球共开办零售终端近2000家，开办医疗机构300多家，吸引了3000多万海外患者。同仁堂商标在世界50多个国家登记注册。同仁堂中医药文化、传统中药材炮制技艺、安宫牛黄丸制作技艺，被列入国家非物质文化遗产名录。许多海外游客到北京的"必修课"，除了登长城、吃烤鸭，就是参观同仁堂。

一、做良心药

"可以质鬼神，可以应病症"，童叟无欺，问心无愧，这就是同仁堂的质量观。各种药剂同仁堂都严格按照配方要求下料，如果药材等级不够，重新组织货源，不够等级的绝不下料，宁缺毋滥。一段时间，同仁堂生产的香砂枳术丸在市场上断货。其原因是，由于气候异常、种植环境改变，枳实中的主要药用成分橙皮苷含量达不到标准。为了维护品牌，同仁堂宁可不生产，也不用不达标的原料。

二、做仁爱药

仁者爱人，以人为本，成为同仁堂世代坚守的价值观。北京同仁堂颗粒车间，师傅们拿着天平称量人工牛黄和水牛角粉的重量。为了保证天平的平衡，他们不厌其烦地将盘上的药粉增增减减，直到两味药的配比分毫不差。原来，一个批次的人工牛黄和水牛角粉是按总量来料，需要细分下料。到了筛选环节，制药师傅用10目至80目的筛子将半成品反复过筛，将过大过小的颗粒统统去掉。这就是小儿清热颗粒的生产过程。有人问："一袋颗粒，开水冲服，颗粒大点小点有啥关系？"一位师傅答道："人在做，天在看。孩子病在身，父母疼在心。多过几遍筛，颗粒容易冲开，孩子们喝着舒服，就当是疼自家孩子了。"

三、做创新药

同仁堂坚持"尊古不泥古，创新不离宗"的原则，既尊重传统，又不被传统束缚；既大胆创新，又不离经叛道。科研人员以剂型改革为突破口，把大药丸子改成片剂、水丸、口服液、浓缩滴丸等新剂型。如银翘解毒丸、牛黄上清丸、香莲丸等改成片剂，乌鸡白凤丸改成口服液和胶囊。有人将此事编成数来宝："同仁堂，想得好，要把丸药来改造。圆改扁，大改小，制成药片真是好。分量减，很轻巧，药效一点没减少。"

历经8年时间，开发出我国第一个动物类一类新药塞隆风湿酒，从虎骨到鼠骨，配方变了，功效没变，一举多得，化害为利，既为风湿患者解除了痛苦，又保护了草原生态环境。又比如经过20多年研究，成功开发出巴戟天寡糖胶囊，改变了抗抑郁药物里中成药缺失的局面，为中医药争了口气。

视品牌如命，视诚信为天。同仁堂，一丸地道的中国药，一丸诚信的中国药。

（资料来源：百年中华老字号　把仁义刻进人心［EB/OL］. https：//news. zynews. cn/2015-04/05/content_ 10122844. htm.）

九、质量/价格定位

质量/价格定位，即结合对照质量和价格来定位。质量和价格通常是消费者最关注的要素，而且往往是相互结合起来综合考虑的。但不同的消费者侧重点不同，如果产品的目标市场是中等收入的理智型购买者,则可定位为"物有所值"的产品。戴尔电脑采用直销模式,降低了成本,并将降低的成本让利给顾客,因而戴尔电脑总是强调"物超所值,实惠之选";海马牌床褥强调"打破平价无靓('靓'在广东话里是'好东西'的意思)的定律";雕牌用"只选对的,不买贵的"暗示雕牌的实惠价格。

十、档次定位

不同的品牌在消费者心目中按价值高低被分为不同的档次。品牌价值是产品质量、消费者的心理感受及各种社会因素,如价值观、文化传统等的综合反映。定位于高档次的品牌传达了产品(服务)高品质的信息,同时体现了消费者对它的认同。档次具有实物之外的价值,如给消费者带来的自尊和优越感。

高档次品牌往往通过高价位来体现其价值。如劳力士手表价格高达几万元人民币,是众多手表品牌中的至尊,也是财富与地位的象征,拥有它无异于展示自己是一名成功的人士或上流社会的一员。又如酒店、宾馆按星级分为1~5个等级,五星级的宾馆不仅涵盖了幽雅的环境、优质的服务、完备的设施,还意味着进出其中的都是有一定社会地位的人士;定位于中低档的宾馆,针对的是其他的细分市场,如满足追求实惠和廉价的低收入者需求。

正因为档次定位综合反映品牌价值,所以不同品质、价位的产品不宜使用同一品牌。如果企业要推出不同价位、品质的系列产品,则应采用品牌多元化策略,以免整体品牌形象受低质产品影响而遭到破坏。如我国台湾顶新集团虽然在中档方便面市场成功推出了"康师傅"品牌,但在进军低档方便面市场时,并非简单地延伸影响力已经很大的"康师傅"品牌,而是推出了另一个新品牌——福满多。

十一、情景定位

情景定位是将品牌与一定环境、场合下产品的使用情况联系起来,以唤起消费者在特定情景下对该品牌的联想。如:德芙,情人节的巧克力。"八点以后"马克力薄饼声称自己是"适合八点以后吃的甜点";米开威(Milky Way)则自称为"可在两餐之间吃的甜点"。它们在时段上建立区分。八点以后想吃甜点的消费者会自然而然地想到"八点以后"这个品牌;而在两餐之间想吃甜点的消费者,首先会想到米开威。康宝(Canbells)定位于午餐汤,为了配合这一定位,它一直以来不断地在午间通过电台进行广告宣传,使人们提起午餐汤,康宝就会冒上人们的心头。

十二、生活情调定位

生活情调定位是指消费者在产品的使用过程中能体会到一种良好的、令人愉悦的生活气氛、生活请调,从而获得一种精神满足。青岛纯生啤酒的"鲜活滋味,激活人生"给人以奔放、舒畅的心情体验;美的空调的"原来生活可以更美的"给人以舒适、惬意的生活感受;云南印象酒业公司推出的印象干红广告语为"有效沟通,印象干红",营造品牌与消费者交流过程中的轻松氛围,从而达到有效沟通的目的。

定位的方式还有很多,比如服务定位、民族定位、概念定位等。

拓展阅读

品牌定位的误区

定位不到位——核心价值乏力

由于定位不到位，无法发掘出企业最具价值的核心优势，因此利益诉求显得无力，以致在接下来的品牌营销过程中，无法对产品和品牌起到支撑作用，释放品牌的价值。比如，有的企业明明在本行业中很有优势，虽然在所有方面都不是第一，可综合起来却能称雄于本行业。这时，该企业明明可以制定霸位策略，占据行业第一的位置，却谦虚地把自己摆在老二的位置，结果导致动力不足，无法把品牌撑起来。

定位不到位还有一种表现，即对产品核心价值的提炼不到位。虽然某企业的产品确实很好，但好在哪里，企业没有将其提炼出来，形成价值点；或者是提炼了错误的价值点，比如某企业的运动鞋拥有很高的舒适度，却把自己定位成最轻的运动鞋。当定位与企业或产品的战略优势有差距时，利益诉求自然无力，因此很容易被对手超越。定位要提炼出核心价值。

定位太多——诉求混乱，形象模糊

定位一定要单一、明确，也就是说，一个产品或品牌只能有一个定位，定位太多只会导致品牌形象混乱。因为消费者不能同时接收很多声音，所以品牌的诉求一定要单一，形成一个声音，这样消费者才能听得清楚，对品牌形成明确的认知。比如一家酒店，它可以根据实际情况定位成最像家的酒店或者最奢华的酒店，而不能既是最奢华的，又是亲切温馨、能给人家一般感觉的，因为这两者的概念并非完全相同，所以只能选其一。但很多企业往往就是这样，既要是这个，又要是那个，结果呢，什么都不是。诉求单一，形象才会清晰。

定位混乱——反复无常，前后矛盾

定位需要企业的长期坚持。企业做好定位工作后，一切活动都要围绕定位来进行，根据定位制定策略、确立目标等，而策略的执行、目标的实现都不是一朝一夕就能完成的。在这个过程中，如果企业轻易更改定位，就会打乱整个品牌营销的进程。企业需要根据市场的变化而变化，一方面，企业在制定定位战略时需基于对未来变化的预测；另一方面，即使早前的定位出现了一定程度的偏差，也应该做局部调整，而不是整个推翻重来。而且从消费者角度来说，企业需要一个明确持久的品牌形象，如果一个企业今天这样，明天又那样，消费者就不可能对该企业的品牌形成有效认知。没有立场的变化，会让企业疲于奔命。

定位过分——没有支撑，无说服力

企业的定位不能脱离实际情况，一定要与事实相符，否则这个定位就不具备说服力，会导致消费者出现疑惑，从而失去消费者对企业的信任。比如说，有的企业知道"第一"对定位的重要性，于是不管自己年销售额只有几个亿的实际情况，就把自己定位为行业领导者，完全不符合实际情况；还有一种情况是，企业对产品所做的定位没有相应的东西支撑，比如环保节能型冰箱，却没有节能的技术做功能支撑，怎么可能说服得了消费者呢？名副其实、有依据的定位才有说服力。

定位错位——与消费者脱节

虽然企业的定位需要结合自身的情况，但不能以自我为中心，而是要以消费者为中心，关注消费者的需求，否则就有可能出现企业一厢情愿的尴尬局面。比如说，有的企业因为不愿直接和行业巨头竞争，所以别出心裁地为自己量身打造了一个定位，开发了一个新的市场类别，想在小河里捉大鱼。这本来也没错，可是企业事先没有对消费者进行研究，不知道消费者的需求到底是怎样的，导致自己创造出来的市场类别根本就没有消费者。当企业的定位与消费者完全脱节、不被消费者所需要时，只好推倒重来。

（资料来源：费明胜，刘雁妮．品牌管理［M］．北京：清华大学出版社，2014．）

学习任务三 品牌定位的方法

项目小结

本项目介绍了定位理论演进的三个阶段：20世纪50年代的USP理论；20世纪60年代的品牌形象理论；20世纪70年代的定位理论。着重介绍了定位及品牌定位两个重要概念。定位是指企业要对潜在顾客做的事，是在潜在顾客心理上所下的功夫。品牌定位是企业在市场定位和产品定位的基础上，对特定的品牌在文化取向及个性差异上做出的商业性决策，它是建立一个与目标市场有关的品牌形象的过程和结果。

品牌定位是一个系统、有序的工程，必须按科学的流程来细致地开展这项工作。只有结合企业的战略目标，从分析企业的优势开始，经过市场细分、目标市场的选择、目标市场中顾客共同价值观的把握、核心理念的提炼、优秀品牌联想的建立、传播方案的制定、品牌的再定位等一系列的环节，以及长期的策划与维护，才能确立起来。

品牌定位的目的在于塑造独特的品牌形象，创造个性鲜明的品牌。由于品牌定位是一个动态的过程，所以品牌定位的方式有很多种，没有一个固定、统一的模式。定位的方法包括：领导者定位、比附定位、空当定位、USP定位、消费者定位、情感定位、利益定位、文化定位、质量/价格定位、档次定位、情景定位、生活情调定位等。

【项目资源】

一、动画
1. 领导者定位
2. 比附定位

二、视频
1. 品牌定位的含义
2. 品牌定位的作用
3. 领导者定位与比附定位
4. USP定位与利益定位
5. 情景定位、情感定位与文化定位
6. 品牌定位的实施

（见"品牌管理"在线开放课程）

领导者定位

比附定位

【同步测试】

一、单项选择题

1. 20世纪50年代初美国人罗瑟·里夫斯（Rosser Reeves）提出（　　），要求向消费者说一个"独特的销售主张"。
   A. USP 理论　　　　　　　　B. 品牌形象理论
   C. 定位理论　　　　　　　　D. 品牌个性理论

2. 美国阿维斯出租汽车强调"我们是老二，我们要进一步努力"运用的定位方法为（　　）。
   A. 领导者定位　　　　　　　B. 比附定位
   C. 空当定位　　　　　　　　D. 情感定位

3. 珠江云峰酒业推出"小糊涂仙"酒，借助"聪明"与"糊涂"反衬，将郑板桥"难得糊涂"的名言融入酒中，运用的定位方法为（　　）。
   A. 文化定位　　　　　　　　B. USP 定位
   C. 情感定位　　　　　　　　D. 消费者定位

4. 孔府家酒将自己定位为"家酒"，一则"孔府家酒，让人想家"的广告语，引起了消费者的种种联想，运用的定位方法为（　　）。
   A. 利益定位　　　　　　　　B. USP 定位
   C. 情感定位　　　　　　　　D. 消费者定位

5. 冷酸灵定位于"抗过敏"，运用的定位方法为（　　）。
   A. 消费者定位　　　　　　　B. USP 定位
   C. 情感定位　　　　　　　　D. 利益定位

二、多项选择题

1. 红色小象"爱无添加"的品牌定位，运用的定位方法有（　　）。
   A. 消费者定位　　　　　　　B. USP 定位
   C. 情感定位　　　　　　　　D. 利益定位

2. 品牌创始初期可以运用哪些定位方法？（　　）
   A. 消费者定位　　　　　　　B. 文化定位
   C. 情感定位　　　　　　　　D. 利益定位
   E. 领导者定位　　　　　　　F. 比附定位

3. 品牌定位过程包括以下哪些内容？（　　）
   A. 进行企业优势分析　　　　B. 市场细分与选择目标市场
   C. 分析目标市场内顾客价值观　D. 提炼品牌的核心价值
   E. 建立优秀的品牌联想　　　F. 有效的传播品牌定位理念
   G. 强化品牌定位理念　　　　H. 品牌再定位

三、思考题

1. 品牌定位的作用有哪些？
2. 阐述品牌定位的过程。
3. 阐述品牌定位的方法有哪些，并举例说明。

同步测试答案

四、案例分析

如家：你有什么与众不同？

凭借"携程旅行网"一举成名的季琦，仅仅用了30个月的时间就把携程旅行网做成了"中国首家在美国上市的旅游企业"。2006年，"携程"的市值超过15亿美元，这个数字远远超过了规模更大的新浪、搜狐和盛大等国内知名网络公司。但让季琦成为"明星"的并不是携程旅行网，而是他创立的"如家"快捷连锁酒店以及业内无人不知的"如家"品牌。

一次偶然的机会，季琦在查阅客服记录时发现，虽然客户反映携程旅行网提供的异地酒店订购服务信息准确、方便高效，但所有和携程旅行网合作的酒店都是星级酒店，价格过于昂贵，这对经常出差的商旅人士来说是个不小的经济负担。

季琦敏锐地意识到一个巨大的商机摆在自己的面前！在当时的中国酒店行业内，基本上只有两种类型的酒店可供客户选择：一种是硬件设施好但价格昂贵的星级酒店；另一种是价格低廉但硬件设施很差的招待所和小旅馆。那么对经常出差的人士，以及追求性价比的旅行社等旅行机构来说，这两种选择都不是最好的。

创办一个与众不同的、介于星级酒店和小旅馆之间的经济型商务快捷连锁酒店的想法在季琦的头脑中迅速产生。

2001年8月，携程旅行网在香港成立唐人酒店管理公司，开始经营经济型、三星级以下快捷商务酒店连锁业务；

2001年12月，唐人公司正式以"如家"（Home Inn）命名连锁酒店品牌，仅仅4个月后，如家加盟发展了11家连锁店；

2006年，如家在美国纳斯达克上市，当天开盘价为22元，高出发行价59.4%；

2010年，如家被美国纳斯达克OMX全球指数集团纳入纳斯达克中国指数（NASDAQ China Index）成分股；

如今，如家在中国各大城市的加盟酒店已超过500家，平均客房入住率高达95%。

如家的成功，来源于准确的细分市场定位和与众不同的差异化服务，如家的差异化具体表现在以下方面：

（1）准确的"经济型"定位，有效切分了中国酒店业市场的巨大"蛋糕"。如家高度迎合了商务差旅人士的直接需求，在中国传统酒店业市场内分出"经济型"这块巨大的"蛋糕"，并通过提供经济实惠的服务，满足了70%以上商务差旅人士的消费需求。

（2）以"住宿"为关注焦点，把所有资源集中于住宿服务的价值提升上。如家酒店与其他星级酒店最大的不同点在于，传统的星级酒店提供从住宿、餐饮到娱乐、商务、会议等一系列的服务和产品体系，而如家只关注客户的住宿问题，不追求硬件的豪华和场面的气派，把所有的精力和重心放都在住宿服务上，追求安全、卫生、快捷、舒适和低价位，以此满足和提升客户的住宿体验。

（3）以"低价格"降低客户消费成本，以"高性价比"赢得客户口碑和好感。如家的低价策略主要来自三个方面：①硬件设施的标准化和简单化。如家根据不同的房型，高效利用空间，陈设简单，布局合理。最具代表的是如家的抽水马桶储水器内都统一放置矿泉水瓶，以减少用水量。②管理运营成本的节省。如家每100间客房的服务人员配置比例仅占传统星级酒店的1/6到1/3。如家的管理层次也至少比传统星级酒店的管理层次要少两到三层,如家没有部门经理、没有领班。店长兼管营销、人员管理、客户管理和前后台综合支持等许多工作。③客户的自助入住流程。如家门前不设门童,没有迎宾,从客人入住到离店,所有侍应类服务全部由客人自助完成。然而,所有入住过如家的客户从不对此产生抱怨,这是因为客人知道,如家提供的正是客户想要的"性价比"。

从如家的成功可以看出,品牌战略,说到底是差异化战略。差异化战略在细分类别上包括产品差异化、服务差异化、人员差异化和形象差异化等战略形式,任何形式的差异化最终都有可能形成企业、产品或品牌在市场上的竞争优势。

而一切差异化的源头,都建立在企业和品牌的自我定位上。

(资料来源:林珊珊.就是要与众不同——如家品牌定位[EB/OL].http://www.bmggw.com/jingdiananli/2536.html.)

思考题

1. 如家是如何定位的?
2. 如家的差异化定位是如何实现的?

案例分析答案

【实践训练】品牌现状分析与品牌定位

任务1 行业发展趋势研究

任务描述:以学生小组(4~6人)为单位,选择一个行业,创建一个品牌(或者使用老师指定的某个品牌),研究其行业的发展趋势。请将研究成果制作成PPT讲解展示,并将要点填写在表2-2中。

表2-2 行业发展趋势研究

研究目标	研究结果
行业名称	
该行业近5年的发展趋势分析	
产品品类归属	
该产品品类近5年的发展趋势分析	

任务 2　竞争格局分析

任务描述：找到该品牌的竞争对手，完成竞争对手的品牌知名度、渠道布设等的研究，并结合企业自身情况，明确自身的竞争地位。请将研究成果制作成 PPT 讲解展示，并将要点填写在表 2-3 中。

表 2-3　竞争格局分析

研究目标	研究结果	
	竞争对手的	自身的
品牌知名度		
渠道配置		
产品概念		
产品造型		
产品定价		
竞争地位		

任务 3　品牌定位

任务描述：提炼品牌核心价值，进行品牌定位，要求品牌定位的结果能够非常明确地表达"品类归属"和"消费价值"。请将研究成果制作成 PPT 讲解展示，并将要点填写在表 2-4 中。

表 2-4　品牌定位

研究目标	研究结果	
品牌核心价值		
品牌定位		
	品类归属：	消费价值：

【实践训练评价】

《技能评价表》使用说明：

按评价指标评价项目技能点成绩，满分为 100 分。其中，作品文案为 80 分，陈述展示为 20 分。教师评价占比为 40%，企业评价占比为 40%，学生互评占比为 20%。

	技能评价指标	分值	得分
作品文案	行业发展趋势分析的准确性	10	
	品类发展趋势分析的准确性	10	
	竞争格局分析的准确性	10	
	品牌核心价值提炼的完整性	10	
	品类归属的合理性	10	
	消费价值的创新性与吸引力	10	
	品牌定位的合理性	10	
	内容的原创性（不过多复述品牌的现有成就和做法）	10	
陈述展示	运用辅助工具的专业程度（如挂图、PPT、视频、音频等）	5	
	陈述展示的语言技巧和非语言技巧	5	
	团队分工与合作的配合程度	5	
	时间分配的合理性	5	
	总分	100	

《素质评价表》使用说明：

按评价指标评价项目素质点成绩，按优秀为 5 分、良好为 4 分、一般为 3 分、合格为 2 分、不合格为 1 分，五个等级。分为学生自评与小组成员互评。

	素质评价指标	得分
自评（　）	品牌定位意识、品牌培育素养、爱国热情、工匠精神	
	自主学习和信息素养：善于搜集并借鉴有用资讯和好的思路想法	
	独立思考和创新思维：能提出新的想法、建议和策略	
	团队合作精神、人际沟通素养	
组员1（　）	品牌定位意识、品牌培育素养、爱国热情、工匠精神	
	自主学习和信息素养：善于搜集并借鉴有用资讯和好的思路想法	
	独立思考和创新思维：能提出新的想法、建议和策略	
	团队合作精神、人际沟通素养	
组员2（　）	品牌定位意识、品牌培育素养、爱国热情、工匠精神	
	自主学习和信息素养：善于搜集并借鉴有用资讯和好的思路想法	
	独立思考和创新思维：能提出新的想法、建议和策略	
	团队合作精神、人际沟通素养	

续表

	素质评价指标	得分
组员3 （　　）	品牌定位意识、品牌培育素养、爱国热情、工匠精神	
	自主学习和信息素养：善于搜集并借鉴有用资讯和好的思路想法	
	独立思考和创新思维：能提出新的想法、建议和策略	
	团队合作精神、人际沟通素养	
组员4 （　　）	品牌定位意识、品牌培育素养、爱国热情、工匠精神	
	自主学习和信息素养：善于搜集并借鉴有用资讯和好的思路想法	
	独立思考和创新思维：能提出新的想法、建议和策略	
	团队合作精神、人际沟通素养	

项目三

品牌成长

学习目标

知识目标：
- 了解新品牌建立过程中各种品牌要素的设计原则；
- 理解品牌识别系统的建设对新品牌建立的重要性；
- 掌握品牌生命周期理论。

能力目标：
- 能够用自己的语言清楚地陈述品牌要素、品牌生命周期的基本含义；
- 能够分析品牌在成长过程中经历的阶段及各阶段的主要特征；
- 能够举例说明影响品牌成长的因素。

素质目标：
- 把脉新国潮、新消费、新国货，洞察Z世代消费观念；强化商标保护意识和品牌强国意识；
- 提升自主学习和信息素养、独立思考和创新思维、团队合作精神、人际沟通素养。

项目导学

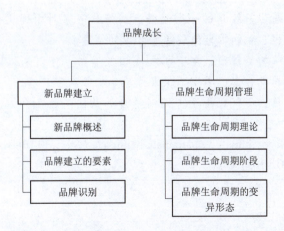

中国品牌故事

元气森林回归文化自信,做国潮品牌引领者

被认为是结合互联网和国潮复兴两大趋势的一个新国货"品牌大师",一直很火的饮料品牌元气森林,之前的品牌名称则是元気森林,不是打擦边球,而是赤裸裸的就是日本商标,一直让人误以为元気森林就是日本品牌。

作为饮料行业中的一匹黑马,一路高歌猛进的元气森林,引起了多方热议,也成了饮料行业一现象级品牌。其年轻时尚、具有视觉冲击力的外观,其产品创新能力,其积极的娱乐化营销,都为其赚足了眼球,尤其赢得新一代年轻消费者的喜爱。

元气森林天猫超级品牌日、明星代言、李佳琦直播带货、抖音种草引流等打法,完美地实现了一个中心化引爆又去中心化分发的整合营销式的品牌崛起之路,元气森林在新品牌铸就上的教科书式操作已经成为行业的典型案例。

近日,这个品牌做了个大胆的决定,改用纯中文商标"元气森林"。对于这样的改变,我认为是好事,至少代表了中国文化自信的回归和强势。中国品牌越来越强大,中国文化和经济越来越强大,我们再也没有必要模仿别人,完全可以自己的路。

旧LOGO

新LOGO

故事启示

元气森林的改名看似不经意的一个动作,其实代表了对中国文化的认同和自信,也是基于中国市场的重视,也能很好地引导年轻人的消费。

其实,在国潮品牌的坚持中,李宁也做得相当不错。可谓是把国产品牌打成一面旗帜,亮相在世界品牌的舞台上。李宁不仅大方展示中国汉字"李宁",而且隆重地推广出去,这样一个品牌动作,不仅获得了中国消费者的认同,也在全球产业领域里掀起了一股李宁风。

(资料来源:百家号,https://baijiahao.baidu.com/s?id=1680767625380442698&wfr=spider&for=pc.2020.10.17.)

任务背景

H公司是一家总部位于东部沿海地区的家电企业,持有多个与消费者生活息息相关的品牌,产品销往全球多个国家和地区。公司计划推出一款全新的家电产品,需要在品牌定位的基础上建立新品牌。

任务分析

随着经济的发展，各类产品市场鱼龙混杂，消费者无法清楚地分辨产品质量的好坏，往往需要依靠品牌来进行购买。通常一个企业的品牌就能代表这个企业的整体形象，品牌设计的好坏决定了消费者能否从一众产品中清楚地找出这家企业的产品，形成自己的看法。这就要求工作人员解品牌要素设计的原则和方法，建立品牌识别系统，分析品牌生命周期的对品牌成长的影响，形成品牌培育意识。

学习任务一　新品牌建立

案例导入

"蝌蝌啃蜡"的前世今生

1927年，上海街头悄然出现了一种名为"蝌蝌啃蜡"的进口饮料。

名字还不是这种饮料最古怪的地方。它棕褐色的液体、甜中带苦的味道，以及打开瓶盖后充盈的气泡，让不少人既好奇，又感兴趣。古怪的味道，加上古怪的名字，使得这种饮料的销售情况很差。于是，在第二年，这家饮料公司在报纸上刊登启事，用350英镑的奖金悬赏征求译名。最终，身在英国的一位上海教授蒋彝（图3-1）击败了所有对手，拿走了奖金。而这家饮料公司也获得了迄今为止被广告界公认为翻译得最好的品牌名——可口可乐。它不但保持了英文的音译，还比英文更有寓意。更关键的一点是，无论是书面还是口头，都易于传诵。这是可口可乐步入中国市场的第一步。

然而，在22年后，随着美国大使馆的撤离，可口可乐也撤出了中国市场。自此之后的30年内，中国市场上再没出现过这种喝起来有点像中药的饮料。1979年，在中美建交之后的第三个星期，第一批可口可乐产品从香港经广州运到了北京。可口可乐再度返回了中国市场。如今，可口可乐已融入中国人的生活，同时也见证了中国融入世界的过程。

图3-1　蒋彝

案例分析

> 有人说中国人是世界上最聪明的人,很多洋品牌进入中国后被翻译得恰到好处就是一个有力证明。西方人的公司和品牌多半仅是人名和字母的组合,如 P & G、BMW 等。但当这些品牌进入中国市场时便纷纷有了动听的中文名字,比如 Benz 一开始被翻译成了"笨死",在香港又被称为"平治",直到找到"奔驰"这个贴切的译名,才开始在中国大地上奔驰如飞。
>
> 名字翻译得舒服,对品牌而言十分重要。比如 Nestlé 在德语中的意思是"小小鸟巢",而译成"雀巢"代表了"温馨、母爱、健康"。
>
> (资料来源:搜狗百科. 蝌蝌啃蜡 [EB/OL]. [2017 - 04 - 10] http://baike.sogou.com/v49884048.htm; jsessionid = FC94EFF0F0EDCA21E5FAF2AE3A92F2BE.)

一、新品牌概述

所有成功的公司都比较擅长开发新品牌。新品牌的开发是一个组织的鲜活血液。开发失败则可将此次经历视为一次学习的机会。现有的许多公司的经营理念都建立在创新的观念上,公司只有拥有更好的观念,才能继续繁荣发展。企业应当推陈出新,只有发展,才有创造。在市场竞争中,每天都有新的品牌诞生,它是商品经济不断向前发展的动力。当然,每天也有品牌消亡。

(一)新品牌

新品牌是指刚进入市场的产品品牌或在原有产品基础上改良的新的品牌。

新品牌成功,固然有很多模式,也依赖产品、网络和品牌定位等很多因素的共同作用。但是总结起来,主要有如下四个关键点:

(1)第一个关键点:必须有一个主打产品。

主打产品最好能够代表一个品类,如果不能代表,那么就细分一个利益点,来发展新的品类。这是因为最有发展前景的品牌,一定要代表一个品类——这就是"定位"最核心的观点。

主打产品首先意味着有差异化的产品,这是塑造品牌的基础;其次,主打产品代表毛利率。

(2)第二个关键点:一个能够快速扩张的销售网络。

第一个和第二个关键点结合在一起,带来两个产出:第一个产出是终端表现,能够塑造有质量和有足够数量覆盖的终端表现,这解释了为什么有的新产品上市在没有广告投入的情况下也能够快速产生销售回转;第二个产出是利润。

(3)第三个关键点:独特的品牌定位或核心诉求,用时髦的话说就是"品牌 DNA"。品牌 DNA 必须坚定不移。

(4)第四个关键点:从提升知名度到逐渐塑造品牌内涵以及顾客忠诚的营销传播,最有价值的是依靠事件的整合营销传播。

第三个和第四个关键点结合在一起,带来一个最重要的产出:积累的广告资源,逐步增多和稳定的品牌资产。

所谓"基于生意的品牌管理",其实就是在第一和第二关键点的销售基础上,执行第三和第四关键点的品牌工作。只有这四者相互补充,才有品牌经营的完整闭环,才能形成一个完整的价值链并实现自我发展。

案 例

千万网友在线监工,给火/雷神山医院施工现场的机械取绰号

"叉酱刚刚开过去了""太厉害了,加油,小黄小蓝小绿小红叉酱欧尼酱白居易打卡""我通过VR视频看了,吴三桂是一排树,并不是三颗,请大家放心,并不会因为三棵树砍掉吴三桂"……

如果你是"云监工"中的一员,对这些名字你不会感到陌生,相反,许多网友对这样的称谓感到亲切。直播上线不久,网友就给建设工地的工程车起了各种各样的爱称。评论里看似各种异想天开,实际是对建设工地的工作人员满满的关心和加油。

大数据能够告诉我们,哪辆勤劳的"工程车"最受欢迎吗?答案来了!

2月2日24时,火神山医院直播迎来了最后时刻,"央视频"直播累计观看量已达8682万人次。在直播的最后几个小时里,有网友感慨:"几天前从看着一片平地,跟着五湖四海的云监工们一起见证火神山交付,感慨万千,中国速度加油,武汉加油!"

也有网友表示:"这里承载着我们春节假期的别样陪伴。愿患者早日康复,一线人员平平安安。"

正如一位网友所说:"(这样的直播)每一分钟都将成为《国家记忆》中的珍贵镜头。""云监工"在评论窗口留下的每句滚烫的留言,也将成为中国在2020年春天最难以忘怀的全民记忆!

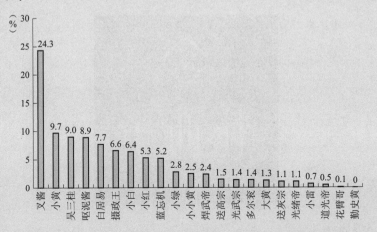

(资料来源:观察者.武汉火雷神山医院"云监工"直播:车车"叉酱"人气最高[EB/OL].https://www.guancha.cn/politics/2020_02_05_534595.shtml.2020.02.05.)

(二)新品牌的特点

新品牌具有创业时间短、成长速度快、产品创新多、市场覆盖广、竞争意识强、宣传力度大、企业文化新、管理团队精、经营战略准、发展前景好等特点。

案 例

爆红的花西子成为"国货之光"

"她经济"时代,女性社会地位和收入水平明显提升,女性的自我关爱意识愈发强烈,以女性为核心的消费趋势逐步形成。越来越多的商家开始从女性的视角来确定自己的消费群,研制并开发新产品。由于女性消费群体在化妆品选购上从来都不会有丝毫吝啬,因此诸多商家纷纷将目光投放到美妆行业之中。于2017年3月8日诞生于中国杭州,以"东方彩妆,以花养妆"为理念的彩妆品牌"花西子"就是这样一个最典型的例子。

"花西子"品牌名称由来:花西子中的"花",是指"以花养妆"。西子指西湖,亦指西施。"西子"二字,则取自苏东坡诗句"欲把西湖比西子,淡妆浓抹总相宜"。西子亦是对西施的尊称,是中国古代四大美女之首。花西子品牌希望中国女性无论浓妆还是淡抹,一如西子般美丽动人。花西子英文名为"Florasis",是 Flora + Sis,意为"花神",借喻使用了花西子产品的女性,和荷花花神西施一样动人美丽。

2019年5月,"千年等袆回"鞠婧祎作为花西子首位代言人,与花西子共同传播东方彩妆美学和养颜智慧。2019年9月,李佳琦担任花西子首席推荐官。2020年1月,杜鹃担任花西子形象代言人,2020年4月,周深出任花西子品牌大使,演唱歌曲《花西子》。2020年10月,苗族鼓舞武术鼓非遗传承人阿朵成为花西子苗族印象推广大使,花西子苗族印象系列产品登上《新闻联播》。

(资料来源:百度百科. 花西子 [EB/OL]. https://baike.baidu.com/item/%E8%8A%B1%E8%A5%BF%E5%AD%90/22642976?fr=aladdin. 2021.03.20.)

二、品牌建立的要素

品牌建立的要素是指用来标记和区分品牌的商标设计。品牌基础要素有品牌名称、标志、形象代表、广告语、广告曲、包装等。

(一)新品牌的命名

品牌名称是指品牌中可以用语言称呼的部分。例如,可口可乐、雪佛兰、爱芳等,都是美国著名的品牌名称。

古人说:"名不正,则言不顺;言不顺,则事不成。"(《论语·子路》)在品牌要素组合中，品牌名称无疑是最重要的。美国学者 Frank Delano 认为，大多数产品从使用某个愚蠢的品牌名称开始就注定要失败，品牌名称以其最简单的方式成为公司产品的广告。品牌名称不仅可以识别产品和服务，而且能向消费者传递信息。看到、听到"海尔"，消费者自然就想到了中国优秀的家电制造企业，自然就想到了与产品和企业相关的众多方面。品牌名称是指品牌中可以用语言称呼的部分，也称为品名，如李宁、耐克（Nike）等。

在给品牌命名时，应尽量采用一些基本的标准。在标准的规范、指导下，企业能快速、准确地为品牌确定一个名称。

案例

以创始人的相关信息进行品牌命名

这类品牌名在市场上一定不少见，各行各业也都有。创始人根据自己的姓氏或名字，或者跟个人相关的信息命名一个品牌。

食品行业有麦当劳、西贝莜面村（西贝是贾姓的拆字）、王守义十三香、杨铭宇黄焖鸡等。广告行业有李奥贝纳、奥美、华与华等。汽车行业有奔驰、别克。服装行业就更不用说了。哪怕是街上的小店，你都能看到以创始人命名的招牌。总之，各行各业都有创始人以自己名字命名的。

这类命名模式很简单，要么就是直接根据自己名字命名，要么就是用一些创始人的信息外加一些其他的信息组合而成。

那么以这种方式命名到底好不好呢？看到如今很多沿用此命名模式的品牌都发展得这么好，似乎用创始人命名是一个好方法。

分析：其实对于创业公司，用创始人的相关信息给品牌命名并不是一个好方法，除非这个创始人本身有一定的名气，那么创始人就自带传播力，会帮助品牌更好地传播。否则，创始人的名字对于普通受众来说就是一个陌生的词，要花费很多成本让普通大众去记忆。

（资料来源：https://baijiahao.baidu.com/s?id=1631768958709870858&wfr=spider&for=pc。）

全球著名品牌的产品命名案例

1. 简单、易拼写、易发音

从中文品牌名称命名角度来讲，名称要尽量简单。只有简单，名称所传达的信息才能比较准确，才易于被消费者记忆。名称要易上口，易拼写。字与字间的发音要轻重分明，节奏感要强，并且最好在大多数语言中发音一致。"可口可乐"从发音和节奏韵律角度来看都是极为流畅、容易上口的。繁杂、拗口的名称，往往不利于消费者记忆，如 Mitsubishi（三菱）。联合利华（Unilever）公司于 1908 年注册了 OMO 商标，用于一种饮水软化剂；1954 年改用于洗衣粉品牌，即后来广为人知的"奥妙"洗衣粉。OMO 品牌名称无特定含义，选择这三个字母构成商标的目的是便于记忆和流传。英国作家莫里斯谈到该商标时说："OMO 是个吓人而又刺眼的商标，两个 O 像两只眼睛，而中间的 M 更像猛禽的钩鼻。"

2007 年 4 月 19 日，用友软件公司宣布将伴随其 17 年发展的"心形"符号加"用友软件"字样的标志替换成"UFIDA 用友"。用友公司董事长兼总裁王文京在发布会上表示，新名称与用友的中文品牌含义，即"与用户真诚合作，做用户可靠朋友"相呼应。其中，

"U"代表User，即用户；"FID"表示忠诚和信任，源于Fidelity（诚实）；助音词"A"放在结尾使得"UFIDA"更易于朗读和记忆。同时，新名称反映了用友的商业哲学，并且更具国际化特性，能够更好地适应用友国际、国内市场拓展的需要。

2. 品牌名称趋向于选用中性词

从世界和国内的众多知名品牌分析来看，具有长久生命力的品牌在用词上并非都是各种褒义词的堆积，更多的是采用中性词，如奥妮、潘婷、海飞丝、联想等。中性词的选用也是品牌名称不易过时的原因之一。我国早期的品牌通常以地名、花草、动物和吉祥词语来命名，如海鸥洗发膏、蜂花洗发水、凤凰自行车、春花自行车、扬子冰箱、兰花冰箱、熊猫彩电、长虹彩电等。时过境迁，过多的时代气息随着潮流的逝去而显得不合时宜，尤其在品牌的国际化进程中，我国的许多品牌都面临全球推广障碍的问题。

案 例

中文品牌的国际化

有几个以「鸟」为命名主题的服饰品牌，「太平鸟 PEACE BIRD」，「报喜鸟 SAINT ANGELO」，「富贵鸟 FU GUI NIAO」，「贵人鸟 GRN」，均为上市公司品牌，其英文命名的形式各有特色。

「太平鸟 PEACE BIRD」纯粹是意译，「报喜鸟 SAINT ANGELO」是重命名，「富贵鸟 FU GUI NIAO」是汉语拼音全拼，「贵人鸟 GRN」是汉语拼音缩写。

孰好孰坏？如果从国际化的角度评说，可能「PEACE BIRD」最优，「GRN」次之，「SAINT ANGELO」再次之，「FU GUI NIAO」老末。你认为呢？

（资料来源：教材编写者。）

3. 非凡、与众不同的品牌名称

品牌的宗旨是识别，是塑造一个独特的品牌识别。品牌名称应是与众不同的，与众不同使消费者易于分辨出不同的品牌，不与竞争品牌相混淆，如Apple、Marlboro、狗不理包子、老干妈辣酱等，品牌名称都具有独特的个性。中国台湾华硕电脑股份有限公司，成立于1990年4月2日，是当前全球第一大主板生产商、全球第三大显卡生产商。华硕，寓意成为"华人之硕"的期望，而英文名品牌ASUS，取自古希腊神话的"飞天马"Pegasus，代表艺术灵感、学习、完美与纯真，符合华硕永不懈怠、追求卓越的精神。

4. 有助于品牌联想

品牌是企业与消费者沟通的第一途径，消费者首先通过品牌认知商品，品名也就成为消费者最先接触到的信息。消费者通过品名接触商品，通过品名记忆商品。品名除了记忆识别功能外，还能引起消费者联想，有助于加深消费者对商品的认识。由于品名是最集中的沟通方式，因此消费者从名称中获得的直接或间接含义将对品牌的创立起关键作用，如金利来、美加净、联想、奥妙等。再如可口可乐公司的"Sprite"饮料初次出现在香港市场上时，根据香港和澳门人喜好取吉利名字的习惯，按其谐音将产品取名为"事必利"，实际销售情况并不好，后改名为"雪碧"，给人以冰凉解渴的印象，产品也随之被消费者接受。

案 例

东方树叶，打造纯粹的原味茶饮料

1610年中国茶叶乘着东印度公司的商船漂洋过海，饮茶之风迅速传遍欧洲大陆。因一时不知如何命名，且其来自神秘的东方，故茶叶被称为"神奇的东方树叶"。

国内知名的茶饮料品牌，东方树叶是农夫山泉公司2011年出品的一款无糖茶饮料，用农夫山泉水泡制，以0卡路里为特色，拥有红茶、绿茶、茉莉花茶、乌龙茶等经典口味。

2020年，农夫山泉除打出"东方树叶·十周年"的字样之外，还着重强调了东方树叶的五零概念——"0糖·0卡·0脂·0香精·0防腐剂"。随着元气森林炒火了"0"概念，如今东方树叶也打出了鲜明的"0"标签。

（资料来源：https://baike.baidu.com/item/%E4%B8%9C%E6%96%B9%E6%A0%91%E5%8F%B6/10527140?fr=aladdin。）

品牌命名策略

（二）新品牌的标志设计

品牌标志，也称品牌标识，是指品牌组合中可以被识别，但不能用语言表达的部分。它是由文字、图像、字体、象征物组成的通过视觉识别的部分。品牌标志是一种"视觉语言"。它通过一定的图案、颜色向消费者传达某种信息，以达到识别品牌、促进销售的目的。品牌标志自身能够创造品牌认知、品牌联想和消费者的品牌偏好，进而影响品牌的品质与顾客对品牌的忠诚度。因此，在设计品牌标志时，企业除了考虑最基本的平面设计和创意要求外，还必须考虑营销因素和消费者的认知、情感心理。例如，麦当劳黄色醒目的"m"、奔驰汽车的三叉星环、百事可乐的三色球体等。好的品牌标志是企业形象、品牌形象的最佳代言人，具备简明易认、个性突出、永久性等特征。

品牌标志包括品牌标志图形和品牌标志色。

1. 品牌标志图形

品牌标志图形是品牌标志中重要的组成部分，不仅能形象生动地表现品牌的名称，而且能传达极为丰富的信息。品牌标志图形有以下几种：

（1）**文字标志**。文字标志由中文、外文、汉语拼音、数字或这几个要素的组合构成。文字标志往往能直接传达企业和商品的有关信息，具有可读性，但其识别记忆性不及图像标志，所以人们一般都设法将文字标志与其他图像符号结合使用。如内蒙古鄂尔多斯羊绒制品股份有限公司的品牌标志"鄂尔多斯"（Erdos）就是一个将汉字名称与英文名称及图形相组合的标志。

世界名表品牌标志

（2）**图像标志**。图像标志是通过几何图案或象形图案来表示的标志。通过适当的设计，它能以简洁的线条或丰富的图形结构来表示一定的含义。与文字标志相比，图像标志能更生动、形象地传达品牌信息，易于消费者识别记忆。现在国内外企业标志设计的总趋向是：由绘画处理转向图案格式、由一般图案转向几何图案、由抽象形式转向具体形式，从而体现出淳朴、柔和且完整的图案美，表现出企业标志的象征性意义。图像标志可分为三类，即抽象型标志、具象型标志和混合型标志。

①抽象型标志。抽象型标志通过非象形图案或几何图案来表达某种事物的意义或概念，如 Nike 的钩状图形。以抽象的图形为品牌标志，能够把品牌的某种性质、特征准确地高度概括起来，具有较大的包容性，可以随着企业的发展不断更新或补充其内在的含义。但其本身的不确定性要求在设计和宣传品牌标志时不断强化品牌标志的内涵，使其成为具有生命力的象征。

②具象型标志。具象型标志是在具体图像（多为实物图形）的基础上，经过各种修饰，如简化、概括、夸张等设计而成的。其优点在于能够直观地表达具象特征，使人一目了然。如海尔的"海尔兄弟"图形标志。但具象型标志在外延扩充方面有明显的局限性，而且不同地区对具象型标志有不同的理解。如山羊在东方人的心目中是温顺的动物，而在英国人的眼里是不正经男人的代名词。

③混合型标志。图文结合的混合标志是文字标志与图形标志优势互补的产物，集中了两者的长处，克服了两者的不足，具有可视性、可读性、视觉传播和听觉传播的综合优势，在现代企业标志设计中被广泛使用。

2. 品牌标志色

品牌标志色是指品牌标志中特殊、专用的颜色或颜色组合，以富有个性的色彩来反映品牌的特征。人们常以颜色来识别品牌，如可口可乐的红色、百事可乐的蓝色、柯达的黄色、富士的绿色、乐凯的红色等。标志色的设计不仅受到企业重视，而且已被越来越多的城市和地区管理者所关注。"世界著名企业麦当劳要在日本京都投资设店，却遭到了拒绝。因为麦当劳建筑带有红色标志，与京都古城风貌不一致，所以被认为具有破坏性。后来经过几年反复谈判，才达成妥协方案：把分店外表涂成咖啡色，既不红又不黑，与京都整体青灰色调基本一致。

拓展阅读

品牌色，商标的色彩心理学

（三）新品牌建立的其他品牌要素

1. 广告语

广告语用精练的语言传达品牌的内涵，是用来传递有关品牌描述性或说服性信息的短语。人们耳熟能详的广告语，如戴比尔斯（De Beers）钻石的"A diamond is forever"（钻石恒久远，一颗永流传）、玛氏（M & M's）巧克力豆的"只溶在口，不溶在手"堪称经典之作。可以说，广告语有助于品牌的宣传，企业通过反复强调品牌名称可加强消费者对品牌的认知。一条朗朗上口的广告语能在短时间内建立品牌的知名度，以较快的速度传递与商品品质和品牌价值有关的信息。具体来说，广告语的设计在新品牌的创建中发挥以下作用：

（1）广告语中出现品牌名称，随着各种媒体的反复传播，可以加深公众对品牌的印象。以品牌名称为内容的广告语，如"全心全意小天鹅""选品质，选雀巢""品全兴，万事兴"，可以提高品牌的知名度，同时与品牌利益相联系，还可以塑造品牌的良好形象。

（2）**以精辟的语言来传达品牌的价值**。海澜之家的品牌广告语"男人的衣柜"，自2002年一直延续到现在，并通过活动赞助等不断强化这一理念。如今一提起"男人的衣柜"，消费者就会想起海澜之家。

（3）情深义重的广告语，利用感性诉求，以情动人。相机和光学器材制造商尼康（Nikon），过去一直被认为是专业的照相器材品牌。尼康一直保持着创新产品的传统，曾一度是专业摄影师们的首选品牌。当竞争对手利用产品创新发明了质优价廉的35mm自动对焦相机，并将其轻松推向市场的时候，尼康品牌则动情地告诉消费者——我们可以照出世界上最好的照片（We take the world's greatest pictures）。

（4）**突出品牌的特色，以区别于竞争对手**。广告语可以用来传播自身与竞争对手不同的卖点，可以克服信息凌乱现象并且吸引潜在消费者。在某些情况下，广告语也用来定位品牌。如美国Target是一家折扣店，它就是运用广告语传播品牌信息的经典范例。当消费者看到或听到"更多期望，更少花费"（Expect more，Pay less）的口号或标语时，他们就会自然而然地想到Target店，想到在Target店会获得的实惠（更少花费）以及情感方面的回报（更多期望）。

（5）**不同时期的广告语能体现品牌的时代精神**。世界上许多知名的企业在不同时期采用与时代同步的宣传口号。一些老品牌虽然经历百年，但它们的"心"是年轻的，这就是品牌的时代精神，如可口可乐、麦当劳。而不懂得更新广告语的品牌必将老化，如孔府家酒虽然因一句"孔府家酒，叫人想家"而名噪一时，但多年以后，消费者的生活方式和消费心理发生了变化，即使将广告语改为"孔府家酒，叫人爱家"，也为时已晚，市场反应平平。

联想在2003年4月发布新品牌"Lenovo"之后，又正式推出品牌广告语"只要你想"。"只要你想"包含两层意义：一是代表创新和超越；二是联想品牌定位于"科技创造自由"的外化和演绎，"只要你想"凸显了联想品牌"创新有活力"的特性。

2004年，飞利浦因为品牌发展需要，将沿用了半个世纪的广告语"让我们做得更好"更换为"精于心，简于形"（Sense and simplicity）。作为拥有超过百年技术创新传统的科技公司，飞利浦深信技术创新的唯一目的是改善人们的生活质量。新的广告语具有三个层面的含义，即"为您设计"（Design around you）、"轻松体验"（Easy to experience）、"创新先进"（Advanced）。

2. 品牌包装

传统上，包装的作用主要是保护产品、便于产品使用和美化产品、促进销售。如今，随着竞争的加剧，包装也成为区别于竞争对手、突出产品特色的重要方面。著名的以个性包装为手段取得竞争优势的案例非可口可乐莫属。1915年，可口可乐花了600万美元买下鲁德工程师的弧形瓶专利，并大力宣传此包装，各种可口可乐的广告中都突出弧形瓶的独特造型，使消费者认"瓶"购买成为可能。而哈药六厂的三精牌葡萄糖酸钙口服液也以"蓝瓶的，好喝的"为诉求，告诉消费者买葡萄糖酸钙口服液要认准蓝色的包装瓶。一些营销人员把包装称为营销组合的第五个"P"。包装的功能因素和美学因素有利于创建品牌资产，由此增强品牌认知和品牌形象。所以，包装设计在新品牌创建中的地位不可小觑。

除了以上介绍的品牌要素以外，象征物、形象人物等要素也是企业在新品牌创建中应该关注的。这些要素在品牌创建中发挥不同的作用，企业应该在进行品牌要素组合时遵循可记忆原则、有含义原则、可爱原则、可转换原则、可适应原则和可保护原则，使组合融合匹配，从而为品牌建设奠定基础。

拓展阅读

以情动人的经典广告语

三、品牌识别

（一）什么是品牌识别

品牌识别是一个较新的概念，它不是营销和传播理论家凭空想出的新潮词语，而是对品牌有重要意义的新概念。

品牌识别是品牌营销者希望创造和保持的，能引起人们对品牌美好印象的联想物。这些联想物暗示着企业对消费者的某种承诺。由于品牌识别指导品牌创建及传播的整个过程，因此必须具有一定的深度和广度。

品牌识别指从产品、企业、人、符号等层面定义出能打动消费者，并区别于竞争者的品牌联想，与品牌核心价值共同构成丰富的品牌联想。品牌识别也可以被称为品牌所有者期待留在消费者心智中的联想。一个强势品牌必然有鲜明的品牌识别体系。在科学完整地规划品牌识别体系后，品牌核心价值就能有效落地，并与日常的营销传播活动（价值活动）有效对接，企业的营销传播活动就有了标准与方向。

为理解品牌识别这一重要概念的含义，应首先考察"Identity"的不同用法：

（1）"Identity Card"（身份证、护照、支票簿、驾驶执照等）是一种表明我们是谁，以及不可转让的个人特征等的证明。当听到人们说："Identity of opinion"（意见一致）时，表示他们有相同的见解。

（2）第二种用法在传播领域中指那些来源相同并被转换成符号、信息和产品本身的东西。随着品牌的延伸和多样化发展，消费者面临着越来越多不同的品牌。如果每种产品及其相关传播都依循各自的路径，那么要保证所有路径都从同一品牌源出来是很困难的。

当论及识别时，就引出了持久性和持续性的问题。证件是可更新的。虽然个人的地位和外貌会改变，但人的指纹不会变。虽然品牌的图案标志会发展变化，广告亦然，但随着时间的推移，品牌应有能力保持独特性和持久性。

（3）第三种含义在"Identity Crisis"（偶像危机）一词中。心理学家将其用来描述某些青少年心理的持久战。为找寻自我，年轻人通过追随一个又一个的名人来塑造自己的形象。但当模仿乔丹、迈克尔·杰克逊或刘德华、黎明时，他们仍觉得不满足。他们不断地更换偶像并提出"什么才是真正的我"这一基本问题。

（4）"Cultural Identity"（文化识别）。人们通过历史背景、价值观或对参与一个普通计划的看法的异同来分群，因而可以说社会小团体有一个很明显的识别特征。但他们的后代仍在寻找自己的识别。例如，移民的孩子可能觉得他们既不属于迁入地，也不属于他们父母的祖国。为确立一个识别，他们设法寻求一个关键点，以使他们与生俱来的差异点和他们与周围人的类同之处相互融合。

（二）品牌识别的本质

品牌识别已扩展到组织机构的识别。如果可以从刚才提及的"Identity"的不同含义中

获得启示,就可以得出遵循不变但独特的计划的识别手段。品牌识别的本质在于:
(1) 品牌的价值是什么?
(2) 品牌的个性是什么?
(3) 品牌的长期目标和最终目标是什么?
(4) 品牌的一贯性如何?
(5) 品牌的基本情况如何?
(6) 品牌的辨识符号是什么?

这六个指向品牌定义的问题构成了品牌的内涵。如国际著名的 BBDO 环球网络公司和 DDB 恒美广告公司就是利用这些问题来定义品牌的。从另一方面来看,品牌识别可以形成品牌传播和在特定时期中进行品牌延伸的深入管理的基础。模仿战略虽然在营销活动中占有一定地位,但只在一个较短时期内有效。若要建立多层次的品牌群,且每层次只有一个品牌,就需有其他方面的指导了。

(三) 品牌识别的实施流程

根据大卫·艾克对品牌识别的定义,可以推导出品牌识别系统的整个实施流程:品牌识别—品牌人格化(Brand Personalizing)—品牌化—消费者期望(Customer Prospective)—识别品牌(Brand Identification)。

1. 定义品牌识别

定义品牌识别的具体内容是建立品牌识别系统的起点,如果要品牌识别产生"反映企业能组织和希望做些什么、和消费者产生共鸣、能造成与竞争对手的差异"的作用,企业就必须确保由品牌识别所体现的品牌形象能实现的利益价值主张是与消费者利益价值主张相一致的。消费者利益价值主张有三种形式,分别为功能性利益价值主张、情感性利益价值主张、自我表现型利益价值主张。品牌识别有四个方面、十二项具体内容,但并非所有的内容都能体现企业拟建立的品牌形象,取舍标准是要看哪项内容能更好地实现消费者利益价值主张。企业应通过倾听—了解—获悉的方法确定消费者的利益价值主张,并以此为标准,准确定义品牌识别的具体内容,然后以这些品牌识别内容为框架构建具体的品牌形象。

2. 与消费者建立关系

对与消费者建立"关系"有两种不同的理解:一种是奥美广告强调的"品牌是消费者和产品之间的关系";一种是艾克在《品牌领导》中描述的"品牌应该和消费者建立如同人际关系般的联系"。这两种观点的分歧在于品牌在和消费者建立关系中应该扮演什么样的角色:前者认为品牌是和消费者关系的载体;后者则认为品牌是和消费者建立关系的主体。在第一种观点中,建立产品和消费者的关系是为了提高竞争品牌进入市场的门槛,增加竞争对手获得顾客的成本,从而降低自身品牌市场风险。这与实施品牌识别系统的目标,即获得清晰的品牌形象目标是不一致的。建立品牌与消费者之间的关系不应该局限于产品的范畴,而应该以消费者为中心,以建立起一种"如同人际关系般的联系"。这就要求赋予品牌人性化的特征,使品牌成为消费者的朋友、老师、顾问或者保镖等,从而让品牌在消费者的日常生活中扮演某个角色。若消费者的利益价值主张能够通过人性化的品牌形象体现出来,则品牌会获得消费者的认同,消费者会对品牌产生强烈的归属感,从而为最终产生品牌忠诚奠定基础。可以这样说,关系的建立使品牌形象具有人性化的特点,使消费者更能准确把握品牌识别的具体内容,是品牌识别的一种延伸和深化。

3. 品牌形象的传播

完成了定义品牌识别和与消费者建立关系、深化品牌形象的步骤后，要想品牌形象被消费者认知，就要进行大规模的品牌形象传播工作。

保持品牌形象的持久一致是企业品牌化工作中的重点和难点。为了保证形象的持久一致，传播的主体企业在传播过程中必须清楚三个最基本的问题：传播的目标受众是谁、传播什么内容和怎样进行传播。消费者利益价值主张统领着企业整个传播战略，它为品牌提供了定位的依据，通过品牌定位明确品牌的目标受众，然后企业配合最能体现消费者利益价值主张的渠道，积极向消费者实施以其利益价值主张和品牌识别为主要内容的品牌定位传播策略，使消费者充分获得品牌形象的有关信息，为在消费者心目中形成一个鲜明、具体的品牌形象提供前提条件。在建立和传播品牌形象后，企业还需在执行层面维持这个品牌形象在消费者眼中的持久一致。达到这个目标的重要条件是"两个一致"：品牌所有者必须保证从高层管理者到企业一线员工对消费者利益价值主张的认识一致，以及所有的市场营销活动都要确保消费者利益价值主张的前后一致。

4. 消费者体验

虽然消费者体验过程中的主角是消费者本身，但主导过程的是品牌所有者，这是因为消费者体验是否愉悦在很大程度上取决于品牌所有者提供的内容是否符合消费者的期望。

在消费者的体验过程中，消费者与品牌的每次接触都会产生一个或者多个接触点。品牌所有者通过这些接触点向消费者传达关于品牌形象的信息，这些信息使消费者能对品牌的具体形象进行感知和联想，加深消费者对品牌形象的印象。消费者与品牌的接触点分为有形的和无形的两种，有形的接触点包括产品包装、配送等，无形的接触点包括企业文化、员工士气等。无论是有形的还是无形的接触点，向消费者传播的信息所体现的品牌形象都应该是一致的。

只有经过消费者体验品牌的过程，品牌的形象才能在消费者心中真正建立起来。品牌所有者需要坚持不懈地维护品牌在消费者心中良好和持久一致的形象，使品牌识别成为消费者辨别具体品牌的有力标准。只有这样，企业才会获得由战略性品牌资产带来的具有竞争力的、强大的市场优势。

（四）企业识别

在识别系统的发展中，商业界大力倡导的企业识别（Corporate Identity，CI）产生了广泛的影响，甚至出现了不少以 CI 为业务的公司。

一般认为，CI 起源于 20 世纪 50 年代的美国；20 世纪 70 年代，CI 在日本引起广泛关注，并形成了"日本型 CI"；20 世纪 80—90 年代，中国引入了 CI 的概念，并出现了推广的浪潮。

中国引入 CI 概念后，在绝大多数情况下将其翻译为"企业形象"，将 CIS 译为"企业形象识别系统"。从严格意义来说，这种中文表达是有缺陷的，它混淆了概念。"识别"和"形象"这两个概念是有差别的，"识别"侧重明确自身的价值内涵，"形象"侧重对传播对象（消费者）产生的影响。如果是"企业识别"，那么重在强调"我是谁"；如果是"企业形象"，那么重在对外传播。在中国企业的不少 CI 案例中，都有概念混淆和不清晰的情况，这也是一些企业做 CI 后效果不理想的原因之一。

从国际上 CI 的发展过程和趋势来看，其经历了三个大的阶段：

1. 视觉识别阶段

20 世纪 50 年代前后，受美国"汽车文化"的影响，视觉识别（VI）在美国兴起。当时高速公路网已经形成，对道路的交通标志提出了新的要求，为适应高速行车和复杂的行车道路，美国出现了统一而简洁的交通识别符号。美国的市场学家将此理念转移到商业传播中，认为消费者和高速行驶的司机一样，面对着复杂的识别环境，竞争公司需要用简洁统一的符号去吸引消费者（及一切相关受众）的注意。这种符号系统的理念也被广泛运用到各种公众场合。

2. 企业文化识别阶段

在美国的影响下，日本继而重视CI，并于20世纪70年代前后在学习的基础上形成了日本型CI，即企业识别系统（CIS）。

日本型CI强调系统性，提出公司识别由三个层面组成：视觉识别、行为识别（BI）、理念识别（MI）。

日本企业在推行CI的过程中将重心从"VI"移到"MI"，强调MI是"心"，VI只是"脸"，BI是"手"。显然，企业文化居核心识别地位。突出系统性，以企业文化理念为核心和由内而外的传播是这一阶段CI的基本特征。

日本型CI出现的背景：其一，日本式的管理重视团队的理念，终身雇用制和年功序列工资制等都反映出日本企业一向注重内部的凝聚力；其二，当时正值日本企业大举扩张海外市场，强化及设计更好的企业形象是发展所需，势在必行。在这种背景下，一大批日本企业，如富士（Fuji）、日产（Nissan）、美能达（Minolta）、日本电话（NTT）等都成功地实行了CI战略。

3. 品牌资产阶段

到了20世纪90年代，西方营销界提出的品牌资产理论产生了重大的影响，品牌战略地位上升。在市场竞争中，突出品牌的威力（而不完全是公司整体）变得越来越重要。

受品牌资产理论的支配，公司在塑造形象的过程中不断引入新的要素，包括：**品牌定位、品牌识别、品牌家族、品牌个性、品牌联想等，核心要素是品牌价值。**

这一阶段的特征是："与消费者建立关系"成为中心，传播的方向从"消费者请注意"转向"请注意消费者"，传播方式从单一趋向整合，最受关注的是传播效果的积累。

（五）品牌识别准则

不少公司已利用图像识别规范，建立了CI和其他有关视觉识别的准则，并且正确地遵循了品牌传播的通用路径。但这些准则的重点是"外表识别"，它围绕以下几个问题：

（1）选择什么颜色？

（2）如何设计最好看？

（3）用哪种印刷方式？

虽然视觉识别是必不可少的第一步，但它不是全部，不能解决所有问题。真正的问题不是图形的设计，而是图形所描绘的实质。外观只是对品牌内涵的某种表达。对品牌的清晰定义是选择符号标记的先决条件。虽然现在有很多图形指南，但拥有这些指南的公司仍难以找到其品牌识别的精准定义。通常来讲，只要回答前面提及的六个问题，就可定义出品牌的代码和形式。虽然外观识别标记一定要反映品牌的独特之处，但它不构成独特性本身。虽然宝马家族产品的相似点总是很容易被找出，但它不是对宝马的真正识别，其真正识别在于品牌的个性、目标、持续性、价值和想象力。

很多公司限制了自己的传播工作，这是因为它们在定义品牌核心识别之前，已形成了一个视觉识别准则手册，它们并不清楚自己品牌的基本含义。我们常常听到一个问题："在广告活动的变换中，哪些广告信息应保持不变？"对于一个典型的广告方案，企业常常拿不准哪个部分要永久使用，应将注意力集中于一种颜色、一个姿势还是一个动作？所有这一切很快就变成了一个代码，传播工作也停滞不前了。这种教条主义的做法使得品牌变得生硬、呆板。

从另一方面来说，只要清楚了解品牌识别，意识到内在识别与单纯外观形象相比的独特之处，传播表达就具有一定程度的自由。品牌的核心识别解释了什么因素应该被保留。

品牌识别为品牌提供了方向、意图和价值。包括：品牌的核心与灵魂是什么？核心价值是什么？代表的是什么？希望被如何理解？希望表现怎样的个性特点？最重要的关系是什么？这对品牌战略构想很重要。联想是品牌的重要元素之一。

品牌识别是品牌战略家渴望创造或保护的一套独特的品牌构想。这些构想表现了品牌是什么以及对顾客的暗示。

品牌识别通过产生一个有价值的主张，包括功能方面、情感方面或价值自我再现方面的利益，帮助品牌建立和顾客之间的关系。

（六）卡普费雷的品牌识别棱镜

根据让·诺艾·卡普费雷（Jean Noël Kapferer）的观点，品牌个性（Brand Personlity）只是品牌身份的一个关键棱面。把品牌比作人的明显优势在于，对消费者来说（尤其是非专家型的普通消费者），品牌变得更加容易理解与沟通，消费者能够轻易地感知品牌，就好像它们也有了人的属性。图3-2所示为卡普费雷的品牌识别棱镜。

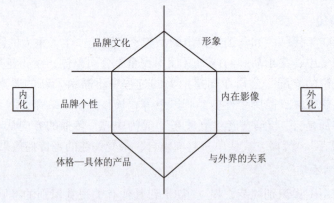

图3-2 卡普费雷的品牌识别棱镜

以下分别介绍品牌识别棱镜（Brand Identity Prism）的六个方面。

1. 体格——具体的产品

一个品牌首先要有一个体格，即显著的（提及该品牌就立即引起注意）或具体的（可能并不突出）具有独立特性的外在表现。

La Vauh quikit（大笑的奶牛）让人想起装在红篮子里的铝箔包装奶酪；Citroën（雪铁龙）让人想到高技术的汽车悬置系统、原始的外形，在消费者心中留下勇敢的印象；Volkswagen（大众）让人想的是它的经久耐用；BMW让人想到的是它的行驶表现和速度。

体格是品牌的基础，就如没有茎的花会枯死——茎是花的独立、有形的维持者。这是传播的传统基础，与品牌的标准定位相符，它从品牌的主要或突出产品中提炼出外貌特征。为使产品的体格让人满意——微软效仿IBM，但比IBM更便宜，性能更优越。虽然体格是必不可少的，但只有它并不够，它只是构筑品牌的第一阶段。

2. 品牌个性

一个品牌有一种个性。品牌要有性格。如果我们用人的形象来描述品牌，那么产品或服务会逐渐给我们留下拟人化的印象。在西方人心中，乐芝牛（La Vache qui rit）有一个大方、仁慈的灵魂；Peugeot（标致）是保守、非理想主义的品牌；Citroën、Atari 则喜爱竞争与挑战。

自 1970 年个性成了品牌的中心以来，许多美国广告公司都将其作为所有传播活动的前提。Ted Bates 创立了新的 USP 理论；Grey（葛瑞）广告公司将个性作为品牌的定义；Ewn - RSLG 广告公司将体格和个性作为所有品牌传播活动的两大支柱，并认为这是传播风格的源泉。这种情况解释了为什么品牌个性会如此盛行，以及大多数企业为什么会通过发言人、明星或动物赋予品牌个性。

3. 品牌文化

品牌从各产品中提炼出自己的文化。产品是物质的体现和文化的指向。文化包含了价值观系统、灵感的来源和品牌力量。文化与统领品牌对外标记（即产品和传播）的基本准则相关联。文化是识别固有的一面，它是品牌的主要动力。苹果电脑反映了加利福尼亚文化，该州以尖端的科技为象征。虽然苹果公司的创始人已离开公司，但是一切还在原先的基础上发展，苹果电脑仍给公司——从广义来看，给人类自身带来了变革。这一梦想的实现、灵感主要来源的确立不仅在于独创的电脑产品和服务，也在于它的广告风格。

通过观察零售企业的识别，我们发现：那些处于领导地位的零售企业不但有自己的个性，而且有自己的文化。Citroën 的文化源于科技应用所带来的工程师观念。Mercedes - Benz 体现了德国人对秩序和力量的推崇，整体的匀称成为该品牌的体格；同时，Mercedes - Benz 的标志是一个对秩序更为集中的体现。Adidas 置身于一种集体文化中，不像 Nike 或 Reebok 那样突出个人的价值，Adidas 注重的是集体运动（如英式足球）的价值。文化是识别必不可少的一面，但直到人们意识到品牌和产品的关系，它才被人们所重视。

品牌的作用不只是简单地对产品进行区分，品牌也使得产品合理化。Findus 不仅是冷冻饮料系列的名字，它也是决定饮食习惯的因素。如果 Findus 不坚持鼓吹新文化，它能取得成功吗？该品牌发出宣言后，很快就获得了社会地位，并使人们形成了新的行为模式，而它更想进一步成为妇女解放的先驱。从这种意义上我们可以说：品牌应少说产品本身，多说他们所鼓吹的新行为习惯的合法性。

文化往往与品牌创立国联系在一起。通过可口可乐，我们可以看到美国；通过 IBM，我们可以看到美国华尔街；通过拉尔夫·劳伦（Ralph Lauren），我们可以看到美国波士顿。但像 Mars 那样的品牌，已完全成为一个国际性品牌。Canon 和 Technics 的名字并不能使人联想到日本，而三菱、丰田、日产会使人产生与日本相关的联想。依云（Evian）或毕雷（Perrier）的出口之所以能得到津贴，是因为它们是法国文化的一部分。然而其文化内涵并不是增加它们价值的唯一因素，当美国人买一瓶 Perrier 或 Evian 时，他们并不仅是为了其蕴含的文化，而且是为其识别所含的六个方面因素掏钱。

文化将品牌和公司本身联系起来——当它们用同一名字时（如 IBM 和 Nestlé）。Nestlé 的文化使它避免了被人当成美味食品的提供者，作为一家严肃的公司是不能这样做的。品牌的自由度在很大程度上取决于公司文化。品牌是公司文化最明显的标志。

4. 形象

消费者心目中对品牌形象的反映。当消费者被问及对某种车的意见时，他们下意识的反应是想起与该车最相称的驾驶者类型：一个放荡的人，一个有家庭观念的人，一个装腔作势的人或一个守旧的人。这种影像中的产品使用者与品牌的目标市场通常是相互冲突的。目标市场是指品牌的潜在购买者或使用者，影像中的使用者不一定是目标消费者，而是品牌向目标消费者传达的形象，它是形成区别的一种手段。

虽然可口可乐的影像常是青年人，但实际上它有更多的顾客群。青年人的价值也为成年人所接受是对这个矛盾问题的解释。

影像与目标消费者的冲突会带来很多问题。很多广告公司没有意识到不能用简单、显而易见的方式确定目标市场。要知道，虽然品牌购买者并不想被描绘成广告中的他/她，却希望像他/她那样成为某一品牌的内行。品牌需要消费者帮其提高声誉并传播其识别。在旁观者眼中，品牌具有象征性价值。

1951 年，大卫·奥格威将穿 Hathaway（哈撒韦）衬衫的男人描绘成独眼人，那种在战争中受伤的英国上校，但这并不意味着这种人就是 Hathaway 衬衫的目标消费者。同样，并不是所有穿 Lacoste（鳄鱼）服装的人都爱打网球，网球爱好者并不是 Lacoste 的唯一目标消费者。人们买这些品牌是源于其文化底蕴和对其良好的印象。

巴黎欧莱雅的所有品牌都用文字描绘出它们在顾客心目中的影像。这种一致性适用于巴黎欧莱雅的所有洗发水和化妆品品牌。Lancome 的女士影像在全世界都一模一样。

如果品牌不能使消费者通过影像联想到它的名字，那么可以利用竞争者。 Virgin's 商店的影像使得先前已确立起影像的竞争者过时。

案 例

《踢不烂，用一辈子去完成》——添柏岚新文案，超燃！

忘了从什么时候起，人们叫我踢不烂，而不是 Timberland。

从那阵风开始，当我被那阵风亲吻，被月光、星光、阳光浸染，被一颗石头挑衅，然后用溪流抚平伤痕。

当我开始听到，花开的声音。当我不小心闯对路，又认真地，迷过路。

当我经历过离别，又曾被人等待。当我需要、被需要。

我知道已和一开始，那双崭新的 Timberland，完全不同。

在时光里，我变旧、变皱，用伤痕覆盖伤痕。

每天当太阳升起，我又是全新的。

我走的时候，叫 Timberland。回来时，才叫踢不烂。

但踢不烂的故事，还远远未完成。

（资料来源：360doc 个人图书馆，http：//www.360doc.com/content/19/0113/22/60879542_808658870.shtml. 2018.08.）

5. 内在影像

品牌识别的第六方面是消费者的内在影像。如果说形象是目标消费者的外在反映，那么内在影像是目标消费者的内在反映。通过对某些品牌的态度，消费者建立起了与品牌的内在关联。

例如，保时捷（Porsche）的许多车主只是简单地为证明自己的能力而购买这种车，但这一购买行为可能与他们的职业状况并不相符，在一定程度上，这可以说是一种赌博。于是，该品牌就将自己表现为自强者千方百计要实现的目标。由此可见，Porsche 的影像可能与消费者的自我形象并不相同。

研究表明，购买 Lacoste 的人即使不是运动型的人，他在内心也把自己看成一个没有种族、性别或年龄区别的运动俱乐部的成员，这是因为体育运动本来也不存在那些区分。Gaylord Hauser 品牌食品的消费者的一大特征就是不把自己看作顾客，他们认为自己还是该品牌的追随者。当两位 Cayelord Hauser 迷相遇时，他们的谈话会令人以为他们是同一宗教派别的成员。

识别的定义和它的潜在领域包括六个方面的内容。这些方面形成一个有机整体，每方面的内容都与其他部分相呼应。当品牌有了自己的推介方式、能为其所包含的产品说话或做出保证时，它就可被作为传播来分析。图 3-3 所示为 IBM 与苹果电脑的品牌识别棱镜对比。

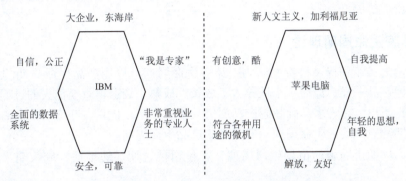

图 3-3　IBM 与苹果电脑的品牌识别棱镜对比

演讲者通常会传达出自己的真实写照。产品或商店也是如此：它们传播的形式引发人们的思考——谁在它们后面讲话（信息发布者）。从品牌的角度来讲，这实际是一种比喻，因为并不存在实际的信息发布者，其只是从品牌名中拟人化出来的人物，这拟人化的传播者有形体和个性。对于某些大集团，消费者常想象和描绘其奠基者，如百事（Pepsi）先生或耐克（Nike）先生，但消费者并不是描绘真正的公司创始人，而是描绘由传播所构筑出的形象。

（七）大卫·艾克的品牌识别模型

加强对品牌识别的理解和管理是建立强有力品牌的关键，并且由此建立品牌资产。国际著名的品牌研究专家、美国的大卫·艾克教授在 1996 年提出，一个品牌识别实际上包括由 12 个元素组成的四个方面内容：产品品牌（产品领域范围、产品属性、产品品质/价值、用途、使用者、来源国）；组织品牌（组织属性、本地化或全球化）；个人品牌（品牌个性、品牌与顾客之间的关系）；象征符号品牌（视觉形象/象征、品牌传统）。品牌识别结构不仅具有核心识别特性和延伸识别特性，还有一个内聚的、有意义的识别元素系统。品牌识别结构包括核心识别和延伸识别。核心识别是品牌最重要的内容，也是品牌进入新的市场和产品领域时最有可能保持不变的内容。

学习任务二　品牌生命周期管理

案例导入

细看历届央视"标王"的命运　　　结合央视"标王"探讨品牌生命周期

在品牌确立后，面临的最重要的考验就是使新品牌成功进入市场，让消费者检验品牌的存在感和发展前景，并细心呵护品牌的成长。这也是品牌发展、成熟的过程。通常认为，新品牌的平均失败率为80%，只有极少数的新品牌能存活下来。1972年，尼尔森（Nielsen）公司对美国市场中的新品牌进行了100项研究，结果表明，新品牌的总体失败率为55%，"成功品牌只占所有新品牌的10%左右。"大浪淘沙，留下的都是具有独特优势、具有发展潜力的新品牌。

品牌的成长过程实际上是品牌在市场中知名度、美誉度、信任度、追随度等的提升或品牌无形资产价值的提升。

一、品牌生命周期理论

现代营销之父菲利普·科特勒认为：品牌生命周期可以用产品生命周期的概念加以分析。品牌会像产品一样，经历一个从导入、成长、成熟、衰退，直至消失的过程。

科特勒也指出：有许多品牌超越产品而经久不衰，至今仍具有旺盛的生命力。因而，品牌的生命周期源于产品的生命周期，但又高于产品生命周期。

品牌生命周期指品牌的市场生命周期，它包括孕育期、幼稚期、成长期、成熟期、衰退期。

品牌的生命周期与产品的生命周期之间有一种相互依存的关系。卓越品牌一经建立，借助于品牌影响力，在其麾下的产品往往很容易被消费者认识和接受。同品牌的新产品面市，又增强了品牌的竞争力，对品牌生命的延长起到了很好的支撑作用。

二、品牌生命周期阶段

（1）孕育期。在考虑了品牌知名度、美誉度、忠诚度及其他品牌的市场表现后，品牌的孕育期是指品牌随产品或企业进入市场到被绝大多数目标市场消费者感知的过程。

（2）幼稚期。品牌的幼稚期是指品牌已被目标市场消费者普遍认识和熟悉，但还未被绝大多数目标市场消费者认同的时期。

（3）成长期。品牌的成长期是指一定数量的目标市场消费者在消费了已熟悉的品牌产品后感到满意，或通过其他途径认识其品牌后，对该品牌产生认同感和信赖感，这种认同感和信赖感通过一定的方式传播和扩散，最终成为社会普遍共识的过程。

（4）成熟期。品牌的成熟期是指对具有较高知名度的品牌进行维护，并随着企业内外环境的变化而不断完善其良好的品牌形象，提高目标市场消费者对品牌的认识、认同和信赖程度的过程。

（5）衰退期。品牌的衰退期是指品牌退出市场的过程。

（一）孕育期

品牌与产品是两个不同的概念，有些品牌可能随产品的消长而消长，也有许多品牌、产品，虽然管理者换了好几位，但品牌依旧是那个品牌。通用汽车、福特、松下就是这种情形。下文讨论的重点是产品与品牌相互伴随的情形。孕育期的品牌尚处于出笼阶段，此阶段的主要工作是在设计、生产、销售之间进行协调，做好充分的市场调查，以确保产品符合消费者的需要，在市场上受欢迎。

有人认为此时期应该全面开展产品的研究开发工作，对市场的调查也要尽量细致。只有确保产品具备一定的优势，才可以把它推向市场，否则企业将难以建立品牌。由于新产品的推出带有风险性,所以许多企业为了尽量减少风险,不得不对产品进行周密的市场营销研究。如日本一家轿车厂为了真正地了解市场,管理者派他们的开发研究队伍到一个村镇居住,开发研究队伍的任务是对轿车的行驶环境进行评价。于是,开发研究队伍让居民们使用他们的汽车,了解居民们反馈的信息,然后把这些信息综合起来进行研究。奔驰公司为设计出优质且成本较低的新车型,到处寻找人才,甚至请来流体动力专家、美学家、心理学家、商人等。奔驰公司的新车型从研究、设计,到做出模型,每个环节、每个零件都用最科学的仪器进行测量和测试,而且细微到测定行进时的空气抵抗系数。当比老式车体积更小、更安全、更结实、更舒适的新车型上市后,订单如雪片般飞来。奔驰公司对产品革新所投入的巨大人力、物力得到了市场的丰厚回报,它的市场占有率不断提高,竞争能力越来越强。

但是,在市场竞争中,机会又是非常宝贵的。因而另一种观点认为,市场的变化异常迅速,容不得过分深入的产品研究。如果开发期过长,等到产品开发出来时,可能已经是落伍产品了。因此,只要具备基本的条件,就可以把产品推向市场,然后根据消费者的反馈信息对产品进行改造,一步步使产品定型,品牌也就建立起来了。虽然在这一过程中,消费者可能会抵触新产品,但产品终究会得到消费者的认可。

案例

品牌孕育犹如十月怀胎

企业决定要做品牌时,就要像生孩子一样慎重仔细。必须先做好品牌规划,然后按照规划设计行动方案。

从专业的角度看,品牌营销的第一步不是开发产品、租店铺,而是先做调研、做品牌规划。其中,品牌规划包括品牌定位、品牌结构、品牌社会属性、品牌个性特征、品牌文化等一系列要素的规划。品牌作为企业的"孩子",虽然它与自然人的孩子在孕育上有各自的特殊属性,但确实存在着许多相似之处。

从相似性上看,品牌的诞生与人类生孩子的过程有些类似,也要经过"十月怀胎"。如同当今人们的计划生育和优生优育一样,品牌的怀胎过程也就是对品牌进行设计的过程。

为了孕育出一个优质的品牌,在"怀胎"(品牌设计)阶段,要了解它的双亲特点,即组织的历史文化,研究其中哪些是可以遗传下来的,哪些是必须抛弃的。品牌的孕育过程是遗传与变异、继承与抛弃、肯定与否定的辩证统一。组织文化中带有的意识形态与经营哲学是品牌的基因,组织的生产、研发、物流、人力、营销等方面的资源与能力水平则是品牌生成、发育的营养要素和环境因素。这些都不是靠想象就能创造出来的。

还有一点与人类孩子出生相似的是,品牌一旦诞生,它就属于社会了,企业不能随意更改它的名字、形象特征、个性、出身等一些自然属性和社会属性,或者至少企业得费一番周折才能修改,就像人们为小孩改名字需要到公安局备案一样。

(资料来源:莱丹红. 品牌孕育犹如十月怀胎[EB/OL]. [2017-04-10] https://wenku.baidu.com/view/6713cc59da38376bae1fae0d.html.)

(二)幼稚期

从孕育期到成长期之间的阶段,企业需要逐步加大对品牌的投入,以使其渐渐发育壮大。在这个时候，必须充分保证品牌产品的质量。售后服务更应注意做到尽善尽美。企业可以组合运用广告、促销等各种品牌包装手段。总之，这个时期的主要目标是造声势，为品牌进入成长期做好准备。这个阶段要有大量的促销活动，辅之以一定的广告攻势。

1. 优良的功能品质

作为某种品牌载体的产品必须具备优良的功能品质，即在这方面有吸引消费者的地方。这是一个品牌能够成功的最基本的条件。一件产品在供消费者免费使用期间，如果消费者发现其无法满足自己的生活需要，那么产品将难以在市场上被成功推广。企业的决策者在塑造新品牌、推出新产品的时候，应该充分了解消费者的需要，然后有针对性地实施品牌战略。

处于幼稚期的产品，由于其各方面性能尚未稳定，因而未能形成品牌特征。此时，本行业的进入壁垒比较低。新产品在商品化的初期往往技术不稳定，功能不完善，开发成本过高，价格昂贵。这一时期，企业可将产品价格定得高一些，消费者对于新产品的较高价格，一般是可以接受的。同时，新产品采取高价策略，可以促进企业不断优化产品的功能——它要向消费者证明它的产品物有所值。由于新产品的推出需要较高的成本，因此只有产品维持较高价位，才能为以后的定价留下余地。

新产品虽然相对于老产品而言会给消费者带来新鲜感，但由于是新来者，消费者了解不多，因此只有喜欢"猎奇"的消费者才会感兴趣。如果向市场投入少量产品，一般情况下消费者很快就会接受。但是一旦生产者扩大规模、产品大量进入市场，就极有可能出现与原先估计不一致的情况。这个时期的投资要谨慎，只有在明确产品市场潜力的情况下，才能加大投资。

2. 广告策略

在这个阶段，产品的包装设计、前期广告以及各种促销手段都是为了介绍产品，更好地宣传产品的功能特性，以吸引消费者试用或购买。由于幼稚期的目标是使消费者认识产品，因此需要对产品进行广泛的宣传，以提高产品的知名度。对于中间商，企业则需要做耐心细致的说服工作。广告宣传在此阶段很重要，广告的目的在于向消费者介绍产品的特性、质量和用途等，以此激起消费者的初次购买欲望。此外，企业可以鼓励消费者试用产品，展销、示范等方式都可刺激购买行为。由于幼稚期的促销费用较高，因此企业要逐步完善销售渠道。

幼稚期的产品尚处于被消费者认识和接受的阶段，市场占有率不高，品牌尚未真正形成。在新产品刚刚投入市场时，因为顾客对产品尚不了解，所以只有少数追求新奇的顾客可能购买，销售量很低。为了扩展销路，企业需要投入较高的促销费用，对产品进行宣传。在这个阶段，产品的生产尚未规模化，成本比较高，销售额不高，企业利润也不大。因售价较高，所以企业的注意力应放在最有可能购买产品的消费者身上。

（三）成长期

当产品在幼稚期的销售取得成功之后，便进入了成长期。这时顾客对产品已经熟悉，产品已有一定的知名度，品牌的影响力在逐渐加强，大量的新顾客开始购买该产品，产品的市场占有率提高。由于产品逐步实现了规模化，且成本降低、销售额上升，因此利润增长迅速。之后，由于竞争越来越激烈、同类品牌增多，因而产品价格下降、利润率下降。

1. 促销策略

由于幼稚期说服消费者试用产品会给品牌的成长提供条件，因此企业在幼稚期经常会采取促销这一有效手段。这一手段使品牌在幼稚期获得了一定数量的消费群。在成长期，激起消费者再次购买产品的欲望是非常重要的。对已经试用过产品的人来说，只有当产品提供给他们的满意度大于他们对产品缺陷的失望度时，他们才会重复购买该产品。同时，对一些对原来品牌已产生一定程度依赖感的消费者，他们只有在新产品提供的附加价值远远大于他们熟悉的品牌的功能价值时，才会产生购买欲望。在成长期，企业可以通过直接或间接地给批发商、零售商打折的方式来促进销售。这种方式鼓励销售商对商品进行展示，也可能导致零售商降低销售价格，将销售折扣中的部分利益转让给消费者。

在品牌成长期，产品销售量一般来说是逐步上升的，但也有上升到一定高度后又下降的情况，即呈波浪式的前进趋势。产生这种情况的原因有可能是一部分初次使用者发现新产品不能满足自己的需求而放弃再次购买新产品，还有可能是生产商削减了促销和广告的费用。一般来说，这个时期的新产品销售量在达到顶峰后就会下降，然后销售量保持在最高销售量的4/5左右。

此期要注意假冒伪劣产品。但凡一种新品成功推向市场，都会有大量的跟随者推出同类产品，甚至是明目张胆地仿制和假冒。这时候除了运用法律手段解决之外，还需加强市场推广。只有这样，产品才会被消费者深刻认知，从而使消费者有较强的辨别真伪的能力，假冒伪劣产品也就失去了市场。

2. 广告策略

在成长期，企业要建立起消费者群体。在品牌生命周期的早期阶段，广告的作用一般不太明显，广告对品牌使用价值的累积影响还没有表现出来。但在成长期，广告的作用十分明显。成长期采取广告策略的目的是吸引顾客，使其形成品牌偏好，以扩大市场占有率。此时应进一步加强广告宣传，广告的内容要突出产品的特色和使用价值。品牌最先遇到的障碍无非是市场渗透度和消费者重复购买的问题，只要解决这两个方面的问题，品牌就会继续成长。此时，产品的需求量逐渐增大，人们已对产品有一定的认识，宣传应着重突出产品的优势，使消费者在诸多同类产品中选择自己的产品。广告宣传应以突出品牌形象为主，不必过多注意产品本身，这是因为产品是可变的，而品牌是比较稳定的。

3. 为品牌注入感情

人都是有感情的动物，没有一个消费者是完全理性地处在市场环境之中的，非理性化时刻影响着消费者。因此，一个品牌在树立过程中或者树立之后，能否在感情上与消费者建立某种关系，对企业而言十分重要。消费者对一个品牌产生感情需要一个过程，如宝洁公司以一个护发使者的形象出现，消费者会被它慢慢地感化。如果把品牌比作一个人，他应该是什么样子的呢？首先，他给人的第一印象如何？是诚实可靠，还是变化无常？是温柔恬静，还是咄咄逼人？万宝路品牌给人的第一印象是"刚强、有力"，而"飘柔"给人的第一印象是"漂亮、柔顺"，两者各具韵味。一个品牌，如果未能与消费者建立某种感情方面的联系，那么消费者对它的反应将会是冷淡的。

因此，品牌管理者在品牌成长期应该思考一系列问题：品牌是否富有感情？消费者在购买该品牌产品和享受该产品服务的时候，会产生什么样的感情？如果消费者缺乏热情，那么会是什么原因呢？应该怎样与消费者进行感情交流？

4. 改进和提高

在成长期，产品的需求不断上升，产品的市场占有率逐步提高，品牌的影响力进一步扩大，知名度也有所提高。此时，企业可以扩大生产规模，使产品的生产规模化，这就要求企业持续不断地投资。这一时期，消费者已经比较熟悉品牌，销售量不断增长。老顾客已对品牌产生了一定的忠诚度，新顾客在老顾客口碑传播的影响下，也会加入购买者行列。销售量的增长促使企业不断地扩大生产规模，成本随之降低，因此企业的利润不断升高。促销费用也会随着销售量的增加而增加。由于竞争日趋激烈，因此企业要想保持品牌的影响力，就应从产品本身入手，及时做好市场调查，根据消费者的需求及时推出有特色的产品，不断地改进和提高产品质量，增加产品功能，推出新款式，等等。产品的差异性是品牌成功的一个必备因素。同时，在售后服务环节上，企业要建立完善的售后服务网络，培养高素质的售后服务队伍。这些措施能够为产品长久地吸引顾客打下了基础。总之，成长期需要不断地加强品牌形象。

在品牌的成长期，品牌特征基本明确，消费者对品牌已经有了一定的认识，口碑也比较好。同时，这一时期竞争者会越来越多，类似品牌不断涌现，品牌要取得更大市场份额的难度也会越来越大。这一趋势加速了品牌的成长，有的品牌的初始成长期甚至只有几个月，但是产品开发和研制的费用会越来越高。此时，本行业中竞争比较激烈，门槛比较高，这就为品牌走向成熟提供了条件。

案 例

士力架：一饿就摸鱼？这个夏天让你动起来

随着2020疫情日趋收尾以及夏天的到来，士力架推出了全新"饿货"TVC视频以及一波沙雕短视频传播campaign。

延续士力架瞬间充能的产品功能和品牌调性，并结合上半年疫情环境大家被迫宅家无法运动的情绪感知，赞意广告公司为士力架提出了「横扫饥饿动起来!」的传播主题，并协助士力架开启了一场夏季运动的品牌战役。

品牌夏季TVC《摸鱼篇》释出"摸鱼"梗，引发大众共鸣。KOL演绎沙雕版"横扫饥饿动起来"，生活场景深化功能认知。于是，士力架出现在了以下场景中：做家务饿了来条士力架、拍蚊子拍累了来条士力架、社会摇battle累了来条士力架……还邀请了B站"有钱人"朱一旦，举行了一场"篮球比赛"，并结合B站最近热门的互动剧形式，让士力架的功能角色可以与用户一起，推动"灌旦高手经典再现"的朱一旦沙雕中二式剧情发展，在进一步深化产品功能认知的同时，拉近与B站用户的距离。

为解决部分消费者夏季吃士力架甜腻的痛点，士力架还推出了cooling系列产品，主打酷爽果味口感，希望借助夏季运动campaign热势，传播产品卖点。

Would you like some 士力架 to eat?

（资料来源：教材编写者。）

（四）成熟期

1. 成熟期特征

在成熟期，产品的销量基本已经达到最大值，市场占有率趋于稳定，需求增长较为缓慢，利润也从最高峰降至一个稳定的水平，市场基本达到饱和状态。这一阶段，由于潜在消费者已经了解或者试用过产品，因此潜在消费者较少。

在成熟期，产品竞争加剧，产品供大于求，用户在选购产品时越来越挑剔，成本、售价、服务方面的竞争更加激烈。由于产品已经成熟定型，因此产品新用途的开发难度大为增加。在历经多次重新设计与改造后，产品日趋稳定，制造工艺的革新逐渐成为主要事务，直至最后完全代替技术革新。企业产品在技术性能、款式、服务等方面的不断变化，会导致企业的成本及风险增加。此时，企业要认真调整自己的研究和开发战略。在成熟期，企业各方面的策略都必须做出相应的转变和调整。

品牌在这个阶段具有很高的知名度和忠诚度，消费者一旦认可这个品牌，就很少发生改变。在这个阶段，本行业的门槛很高，因为现有的品牌已经形成了相当强大的影响力，所以新进入者很难在这种情况下建立自己产品的知名度。显然，成熟期是品牌影响力最大的时期，因此要加强营业促销和人员促销。此期的目标是稳定顾客、战胜竞争者、保持市场占有率。

在成熟期，品牌的市场地位已经确立，消费者的需求也趋于稳定。这时期的策略重心应该是尽量维持这个时期的品牌影响力，即尽量延长成熟期。

2. 成熟期对策

（1）**强化产品的功能性特征**。严格质量管理，以可靠、优质的产品来赢得消费者的持续信赖。企业可以在产品功能上进行扩展，开发多种功能组合，为消费者提供功能更加完善的产品。同时，积极改良和提高服务水平，进一步完善服务网络。因为服务是质量的延伸，所以如果服务水平跟不上，那么产品的信誉度将大打折扣。

空前激烈的竞争导致竞争者也都在努力争取消费者的依赖。推出系列产品是强化产品功能性特征的主要方法之一。在成熟期，企业应注意及时开发新系列产品，免得产品在成熟期的后期陷入被动的局面。系列产品可以提高市场占有率，扩大品牌与消费者的接触点。不过要注意系列产品与原来产品的关联性，如果缺乏关联性，则会分散消费者的注意力，从而影响品牌的整体性。

品牌的稳定性与忠诚度有着密切关系。一个出众的品牌，其产品质量和服务水平都较高，也就是说，消费者由于看到了品牌的稳定性而信赖它。对品牌的管理者而言，短期行为虽然可以获得一些暂时的利益，但从长远来看是不值得的。任何损害品牌的行为都有可能造成毁灭性的后果，这也正是强化产品功能性特征的原因。

此外，企业应在营销方面多下功夫，以获得较高的利润。

（2）**降低成本**。由于企业的生产量不可能再急剧增长，因此企业要在节约成本、提高质量上下功夫。对市场营销而言，企业要在市场渗透和市场开拓方面争取新的进展。

在成熟期，用户行为和竞争者的竞争行为都已发生了很大的变化，用户数量不再持续增长，而呈稳定趋势。很多企业因为竞争对手的品牌已经成熟，自己的品牌失去了竞争力，因此不得不退出竞争行列或勉强维持运营。企业要抓住时机，扩大战果，在价格、营销手段、科研等方面做适当的调整，以免给竞争对手可乘之机。在这个时期，生产工艺的改进比新产品的开发更为重要，这是因为品牌的地位已经确立，企业的主要任务应该是提高生产率，使产品标准化，并降低成本，以取得价格优势。消费者在认可了一个品牌之后，就会对该品牌的价格提出要求。

（3）**营销的再加强**。在成熟期，企业应进一步加强市场分析，寻找更细的目标市场，以增加产品的销售量。利用各种宣传工具进行组合宣传，加强宣传效果。采取多种促销手段，必要的时候可适当降低产品价格。成熟期是一个转折点，成熟期的长短，决定着品牌总体价值的大小。

在成熟期，广告不是十分重要。这一时期，广告应以突出产品差异性为主，即相对于其他产品，本企业产品的竞争优势何在。此阶段广告的目的在于吸引一大批较为成熟的消费者，不需要对产品本身进行太多的宣传。此时，重点宣传企业的整体形象，是吸引顾客最有效的办法。

在成熟期，由于国内市场竞争日趋激烈，已基本没有什么大潜力可挖，因此企业可以把目光瞄向国际市场，努力向其他国家出口产品并进行国际投资，促进企业实力进一步增强。虽然一个品牌在国内市场已经处于成熟期，但在国际市场可能刚刚处于幼稚期。

(4) **维持现有消费者**。在成熟期，扩大现有消费者的产品使用量对企业而言十分重要，这时候可以通过提高产品等级、扩展产品系列、提供高质量服务的方式来实现。维持现有消费者比争取新消费者的成本更低、意义更大。具备了忠诚度的消费者不会像普通消费者那样对广告产生反感，相反，他们对自己认为好的品牌会更有兴趣，更愿意接受这些信息，进而会加入重复购买者的行列。一旦消费者对某个品牌产生了信赖感，就很难改变购买习惯。即使竞争对手成功改变了消费者的购买习惯，也需要投入很大的成本，即让消费者初次购买企业成本会很高。如某位消费者一贯使用佳洁士牙膏，要使他对两面针牙膏感兴趣进而产生购买欲，两面针对公司可能需要进行大量的广告宣传和促销活动。因此，在成熟期，维持现有消费者比花精力寻找新消费者更为重要，也更有价值。

案 例

沃尔沃——始终不变的安全承诺

沃尔沃汽车一向以质量高和安全性能好而闻名于世，这实应归功于公司始终将安全作为品牌的核心理念，并全方位地经营这个核心理论，倾注了大量心血。沃尔沃公司的管理者不仅从商业营利的角度对公司的发展进行思考，而且始终坚持着对社会、对客户负责的态度。在制造每辆沃尔沃汽车的过程中，公司越负责，用户驾车时就越能感受到沃尔沃带给他们的自由、安全之感，感受驾驶的快乐。

几十年来，沃尔沃公司致力于研究和开发安全的产品，每年都投入大量资金用于生产研发。从20世纪40年代的安全车厢公司，到20世纪60年代的三点式安全带，再到20世纪90年代的防侧撞保护系统，沃尔沃公司为世人奉献了许许多多在汽车安全领域独特的革新发明。事实上，每次的革新都是一种对自身的批判性的继承——为了使沃尔沃汽车更安全、更富驾驶乐趣。近年来，沃尔沃S40曾获得麦克王子道路安全奖、欧洲碰撞四颗星奖和英国房车赛总冠军等多项荣誉。

为了显示沃尔沃汽车的安全性能，最有效地推销自己，沃尔沃公司不惜斥巨资，在世界许多地方举办了汽车特技驾驶和安全碰撞表演。近年来，亚洲地区也举办了这类表演，在马来西亚、菲律宾等地都产生了轰动效应。1998年9月26日，沃尔沃公司在中国举行了实车碰撞演示和汽车特技驾驶表演，再次向人们证明：沃尔沃汽车的安全性能名不虚传，它在汽车安全领域的领先地位是不可动摇的，这也又一次宣传了沃尔沃汽车品牌的安全形象。

（资料来源：策划界. 品牌成长的十大模式与经典案例［EB/OL］.［2017-04-10］http: //blog. sina. com. cn/s/blog_ 618bbfa001011rwb. html.）

(五) 衰退期

月有阴晴圆缺，品牌的出生、成长、成熟和衰退过程也顺应自然规律。当一个品牌在市场上失宠时，也就意味着品牌已经进入衰退期了。

在衰退期，产品的需求下降，产品销量下降，甚至出现滞销的现象，市场增长率下降，利润也越来越小，一部分企业已经处境艰难，甚至不得不退出市场。品牌影响力逐步降低，直至从消费者的心目中消失，消费者的目光被其他的新产品所吸引。

在产品的衰退期，大多数情况下广告不会起太大的作用，此时打广告的目的在于获取后期利润，以期产品在退出市场前实现最大价值。此时，企业应当重新设计广告或是进行新一轮的营销及公关活动，如果效果不明显，就应该考虑推出新的产品、以塑造新的品牌了。

这时候产品可能仍然会有稳定的、下降较为缓慢的需求，如果出现这种情况，企业应在品牌上进行少量的投资，不要轻易将品牌撤出市场。企业可以采取逐步收缩的策略，直至产品自然退出市场。企业一方面要尽量地把品牌的潜力利用尽，另一方面要有目的、有步骤地撤退。这种策略应该说是比较完美的，但具体执行起来难度比较大，许多环节不容易掌握。

还有一种策略是快速退出，即如果继续经营某种品牌，不会获得很大利益或者是将会影响企业在别的方面取得抢先优势，则企业应该及早退出。现实中最常见的做法是停止一切新的投资，及早地减小生产量，快速削减各种研究和营销费用，转移资金，撤销与该品牌有关的运营部门，等等，以便及时集中企业资源，塑造新的品牌。

1. 缓慢退出策略

有的品牌在进入衰退期后，仍然能够在市场中保持一定的市场份额。如果能够不断地调节品牌的功能，使品牌保持竞争力，这个品牌就有可能继续发挥潜力，在市场上重振雄风。

对旧品牌进行追加投资，其目的是最大限度地获得旧品牌的价值。在旧品牌穷途末路之前，最好不要轻易放弃。明智的投资者更注重对已占据了一定市场地位、尚有潜力可挖的旧品牌追加投资，而不是一味专注于新品牌。天津手表厂（现今为天津海鸥手表集团股份有限公司）的"海鸥"牌手表历史悠久，在瑞士、日本等国际著名手表生产商的夹击下，虽然也曾生存艰难，但天津手表厂没有轻易放弃"海鸥"这个品牌，而是研制了新的款式，面向普通消费者推出实用型"海鸥"手表，并取得了成功。

对原有产品进行改进，仍然有可能重新激发品牌的潜力。如我国第一汽车制造厂生产的解放牌汽车，曾经统治中国市场数十年之久，但转向市场经济体制后，由于新企业不断推出新产品，因此解放牌汽车开始走下坡路。面对这种形势，第一汽车制造厂对老解放牌汽车进行了大规模的技术改造，生产出性能、质量全面提高的新型解放牌汽车，投放市场后大受欢迎。接着又研制出了CA142解放牌卡车，扩大了市场占有率。

2. 快速退出策略

企业采取快速退出策略的时候要谨慎，不要轻易地作出品牌已经没有前途的结论。有时候，虽然产品销售量下滑，但并不意味着品牌已经彻底失宠了。不到万不得已的时候，最好不要放弃对产品的投资和研究。影响品牌生命周期的因素有很多，有市场因素，也有非市场因素，一个品牌是否已处于无可挽回的地步，必须综合考虑各方面的情况。只有在结论得到了充分的论证和确认之后，才能采取快速退出战略。如果品牌尚有进一步发展的可能，但企业贸然采取快速退出战略，那么企业极有可能失去发展的良机，造成资源的浪费。这是因为塑造一个新品牌毕竟比利用一个老品牌要困难得多，让"休克"的品牌"复活"，无论如何也比重新开发一个新品牌划算得多。

采取快速退出策略后，企业要做的就是重新推出新产品以抢占原来的市场阵地，重新构建另一个品牌。我国计算机产业的先驱者联想在最初的时候，依靠汉卡立足市场并且占据主导地位。随着计算机技术的飞速发展，汉卡的体积越来越小，最后被芯片取代。但联想已经预见到了这种趋势并且早早地做了准备。当汉卡被淘汰的时候，联想开发的新产品也已经出现在市场上。

在衰退期，摆在决策者面前的主要矛盾往往是：究竟是应该想办法增加品牌的附加值，重新给其注入活力呢，还是趁早撤出投资，塑造新的品牌呢？这是一个非常棘手的问题。撤出投资虽然会使利润上升，但在构建新品牌的时候，风险也是极大的。在大多数情况下，新品牌的塑造都是以失败而告终的。品牌管理者最好在进行充分的论证和研究后，再采取相应对策。

海尔集团的产品生命周期

思政之窗

我们的国号、国旗、国徽、国歌

国号：中华人民共和国。"中华"代表中华民族，"人民"代表工人、农民、小资产阶级和民族资产阶级，"共和国"代表国体。

国旗：五星红旗。1949 年 9 月 27 日，全国政协第一届全体会议代表通过了以五星红旗为国旗的议案。国旗的红色象征革命。旗上的五颗五角星及其相互关系象征共产党领导下的革命人民大团结。五角星用黄色是为了在红地上显出光明，黄色较白色明亮美丽，四颗小五角星各有一尖正对着大星的中心点，这是表示围绕着一个中心而团结，在形式上也显得紧凑美观。该旗的设计者是一名来自浙江瑞安的普通公民曾联松。经过多次讨论和少量修改，被选为了国旗。

国徽：是中华人民共和国主权的象征和标志。国徽中间是五星照耀下的天安门，周围是谷穗和齿轮。麦稻穗、五星、天安门、齿轮为金色，圆环内的底子及垂绶为红色，金、红两种颜色在中国是象征吉祥喜庆的传统色彩。天安门象征中国人民反帝反封建的不屈的民族精神；齿轮和谷穗象征工人阶级与农民阶级；五颗星代表中国共产党领导下的人民大团结。国徽由清华大学建筑系梁思成、林徽因、李宗津、莫宗江、朱倡中等人所组的设计小组与中央美术学院张仃、张光宇等人的设计小组集体创作。

国歌：《义勇军进行曲》。1935 年，由田汉作词、聂耳作曲。

对待中华人民共和国主权的象征和标志，一切公民和组织，都应当尊重和爱护国旗、国徽，都应当尊重国歌，维护国歌的尊严。

中华人民共和国国歌

田汉词 聂耳曲

起来！不愿做奴隶的人们！把我们的血肉筑成我们新的长城！中华民族到了最危险的时候，每个人被迫着发出最后的吼声。起来！起来！起来！我们万众一心，冒着敌人的炮火前进！冒着敌人的炮火前进！前进！前进！进！

三、品牌生命周期的变异形态

品牌并非一成不变地按照以上时期演进，有时候它也会出现一些变化：

(1) 夭折型。产品进入市场不久就出现滞销而不得不退出市场。

(2) 发育缓慢型。产品虽然进入了市场，初期表现也没有什么异常，但没能在此基础上进一步发展，即没能进入成熟期。

(3) 快速成长型。有的品牌由于企业的整体形象很好，因此幼稚期可能很短，消费者很快就会接受它。有的品牌可能成长期很短，迅速从幼稚期进入成熟期。还有一种可能的情况是：品牌在经历了成熟期后，影响力逐渐下降，然后又进入一个新的成长期，即出现一个循环现象。

(4) 未老先衰型。产品没有经历成熟期便迅速进入衰退期。

(5) 永葆青春型。如果一个人能够延缓衰老，那么他在维护健康方面就算成功的了。同样，一个企业的产品如果能够长期处于成熟期，而没有进入衰退的迹象，这个企业就是经营得最成功的了。

品牌管理者应在其品牌生命周期的不同阶段采取不同的市场营销战略，开发新的市场，制定新的竞争对策。品牌管理者必须经常对企业各类产品的市场状况进行分析，用新的品牌逐步代替老的品牌，从而保证不管任何时候，市场上都有本企业的品牌。最佳的策略是：当某个品牌进入衰退期时，企业的其他品牌正处于幼稚期、成长期或成熟期。如此一来，企业就不会因为某一品牌进入衰退期而面临断档的艰难处境了。

拓展阅读

品牌消亡的原因

项目小结

品牌成长的过程是艰难的，但它是树立品牌形象最重要的路程。本项目通过对影响品牌成长要素的分析，逐步揭示品牌从诞生到强大的过程中企业应该如何培养和维护品牌。

对新品牌来说，品牌命名、标志设计、广告语设计以及包装设计是品牌创建的第一步。在这些品牌要素的设计和确定过程中，新品牌应遵循可记忆原则、有含义原则、可爱原则、可转换原则、可适应原则和可保护原则。同时，在新品牌创建初期，应该从产品、特征、企业和传播等方面来识别品牌。国外研究者建立了不同的品牌识别模型，如卡普费雷的品牌识别棱镜和大卫·艾克的品牌识别模型，这些模型从不同的角度为品牌识别的实施提供了理论指导。

品牌成长要经历孕育期、幼稚期、成长期、成熟期和衰退期。影响品牌成长的因素很多，如交易促销、消费者促销、广告、价格、分销、公关等。而品牌的消亡主要是市场变迁和消费时尚的变迁所引起的。

【项目资源】

一、动画

1. 品牌符号设计的一般性原则

2. 品牌生命周期
3. 品牌授权

品牌符号设计的一般性原则　　　　品牌生命周期　　　　品牌授权

二、视频
1. 品牌生命周期的阶段划分
2. 诺基亚：一个手机巨头的兴衰
3. 品牌更新的动因
4. 品牌退役
5. 品牌激活
6. 品牌名称设计的原则
7. 品牌名称设计的技巧
8. 品牌标志设计
9. 世界名车品牌名称与标志设计
10. 品牌口号设计
11. 品牌形象代表设计

（见"品牌管理"在线开放课程）

【同步测试】

一、单项选择题

1. Revlon 的中文品牌名"露华浓"源自（　　）的唐诗"云想衣裳花想容，春风拂槛露华浓"。
   A. 白居易　　　　B. 李白　　　　C. 杜甫　　　　D. 王维
2. 品牌标识进行有效传播的前提是（　　）。
   A. 易于识别　　　B. 色彩多样　　C. 含义丰富　　D. 造型美观
3. 因三聚氰胺事件彻底消亡的品牌是（　　）。
   A. 旭日升　　　　B. 三株　　　　C. 三鹿　　　　D. 爱多
4. 品牌标志设计的最基本来源是（　　）。
   A. 品牌名称　　　B. 品牌理念　　C. 经营内容　　D. 地域与民族特色
5. 观察国内十大在线旅游网站 LOGO，他们最大的共同点是（　　）。
   A. 人体图形　　　B. 动物图形　　C. 植物图形　　D. 器物图形

二、多项选择题

1. 品牌名一般是由（　　）及其组合呈现的。
   A. 图形　　　　　B. 中文　　　　C. 英文　　　　D. 数字
2. 品牌命名的有效原则是（　　）。
   A. 简单、易拼写、易发音　　　　B. 品牌名称趋向于选用中性词
   C. 非凡的、与众不同的　　　　　D. 有助于品牌联想
3. 国潮复兴，是借助（　　）最终抓住了 Z 世代消费者的心。

A. 品质提升　　　　B. 直播带货　　　C. 品牌个性导入　　D. 品牌跨界联合
E. 代言人年轻化

4. (　　) 可以是塑造品牌个性的来源。

A. 产品本身　　　　B. 产品使用者　　C. 广告及代言人　　D. 品牌创始人

三、思考题

1. 新品牌创建的基本要素有哪些？
2. 结合具体品牌分析大卫·艾克的品牌识别模型。
3. 如何理解品牌生命周期？

四、案例分析

同步测试答案

从零建立优质品牌

能够称得上优质的品牌凤毛麟角，创建一个优质品牌绝非易事。通过对数十家拥有优质品牌的企业在品牌管理方面进行系统的研究，我们会发现创建一个优质品牌所需的五种元素。

第一种元素：品牌定位

品牌定位，就是为品牌在市场上树立一个清晰的、有别于其他竞争对手的、符合目标市场客户需要的形象和特征，从而在目标客户心中占据一个有利位置。品牌定位必须坚持的一个战略原则就是聚焦和专注。一个代表一切的区隔概念实际上什么也不能代表。区隔概念必须进行有效聚焦，才有可能被植入客户的心智之中，成为真正的品牌定位。衡量一个品牌定位是否聚焦的标准是看这个品牌是否成为客户心中某一重要价值的代名词。

第二种元素：品牌基因

品牌基因包括品牌核心价值和品牌个性。具有不同的品牌基因是品牌之间形成差异化的根本原因。品牌基因是品牌资产的主体部分，它让客户明确、清晰地记住并识别品牌的利益点与个性，是驱动客户认同、喜欢乃至爱上一个品牌的主要力量。

第三种元素：品牌要素

营销战略学家凯文·莱恩·凯勒这样定义品牌要素："品牌要素是指那些用来标记和区分品牌的商标设计。主要的品牌要素有品牌名称、标识、图标、声音、广告语、广告曲和包装。"其实，广义的品牌要素概念不仅应该包含标记和区分品牌的设计元素，也应该包含品牌的行为识别元素和理念识别元素。

第四种元素：品牌价值

品牌成就价值，价值成就品牌。品牌不是空中楼阁，品牌价值是品牌的基石。品牌价值的本质是一种客户的感受，品牌价值建立在客户心中。

第五种元素：品牌沟通与传播

赋予品牌沟通与传播的功能，首先是让品牌经常与客户见面，互相熟识，然后是让品牌说话，向客户表达自己的思想和个性，倾听客户的想法，并设法与客户产生思想和情感上的共鸣，最后是品牌与客户通过长时间的互相了解而产生信任和忠诚，从而最终实现创建优质品牌的目的。

案例分析题

1. 总结优质品牌建立的五大元素。
2. 分析品牌要素的组成内容。

【实践训练】自创品牌设计

任务 1　品牌命名

任务描述：学生以小组（4~6人）为单位，沿用本小组在项目二创建的品牌（或者使用老师指定的某个品牌）。运用品牌命名的技巧，给品牌命名并简述理由。要求品牌命名符合国家法律法规，不能侵权，能够在国家知识产权局商标局查询注册。如果是自创企业，请同时为企业命名。请将研究成果制作成 PPT 讲解展示，并将要点填写在表 3–1 中。

表 3–1　品牌命名

研究目标	研究结果
品牌名称/企业名称	
名称解析	

任务 2　品牌 Logo 图形/字体设计

任务描述：运用品牌广告语创作的技巧，进行品牌广告语创作，并简述品牌广告语的创作思路。请将研究成果制作成 PPT 讲解展示，并将要点填写在表 3–2 中。

表 3–2　品牌 Logo 图形/字体设计

研究目标	研究结果
品牌 Logo 的类型	□图形 + 文字 Logo □纯文字 Logo □纯图形 Logo
品牌 Logo	
创作思路解析	

任务 3　品牌人格化

任务描述：从客户的消费需求出发，思考品牌与客户的关系。根据品牌识别棱镜，构思符合品牌定位的品牌性格。请将研究成果制作成 PPT 讲解展示，并将要点填写在表 3-3 中。

表 3-3　品牌人格化

研究目标	研究结果
品牌与客户的关系	
品牌性格	

任务 4　品牌广告语创作

任务描述：运用品牌广告语创作的技巧，进行品牌广告语创作，并简述品牌广告语的创作思路。请将研究成果制作成 PPT 讲解展示，并将要点填写在表 3-4 中。

表 3-4　品牌广告语创作

研究目标	研究结果
品牌广告语	
创作思路解析	

任务 5　品牌故事写作

任务描述：运用品牌故事写作的技巧撰写品牌故事，并简述品牌故事的写作思路。请将研究成果制作成 PPT 讲解展示,并将要点填写在表 3-5 中。

表 3-5　品牌故事

研究目标	研究结果
品牌故事	
创作思路解析	

【实践训练评价】

《技能评价表》使用说明:

按评价指标评价项目技能点成绩,满分为 100 分。其中,作品文案为 80 分,陈述展示为 20 分。教师评价占比为 40%,企业评价占比为 40%,学生互评占比为 20%。

	技能评价指标	分值	得分
作品文案	品牌生命周期分析的准确性	10	
	品牌命名的合理性	10	
	品牌 Logo 设计的合理性	10	
	品牌人格化的合理性	10	
	品牌广告语的创新性与吸引力	10	
	品牌故事的可读性与吸引力	10	
	品牌要素的完整性	10	
	内容的原创性(不过多复述品牌的现有成就和做法)	10	
陈述展示	运用辅助工具的专业程度(如挂图、PPT、视频、音频等)	5	
	陈述展示的语言技巧和非语言技巧	5	
	团队分工与合作的配合程度	5	
	时间分配的合理性	5	
总分		100	

《素质评价表》使用说明：

按评价指标评价项目素质点成绩，按优秀为 5 分、良好为 4 分、一般为 3 分、合格为 2 分、不合格为 1 分，五个等级。分为学生自评与小组成员互评。

	素质评价指标	得分
自评 （　）	洞察"Z 世代"群体观念、商标保护意识、品牌强国意识	
	自主学习和信息素养：善于搜集并借鉴有用资讯和好的思路想法	
	独立思考和创新思维：能提出新的想法、建议和策略	
	团队合作精神、人际沟通素养	
组员 1 （　）	洞察"Z 世代"群体观念、商标保护意识、品牌强国意识	
	自主学习和信息素养：善于搜集并借鉴有用资讯和好的思路想法	
	独立思考和创新思维：能提出新的想法、建议和策略	
	团队合作精神、人际沟通素养	
组员 2 （　）	洞察"Z 世代"群体观念、商标保护意识、品牌强国意识	
	自主学习和信息素养：善于搜集并借鉴有用资讯和好的思路想法	
	独立思考和创新思维：能提出新的想法、建议和策略	
	团队合作精神、人际沟通素养	
组员 3 （　）	洞察"Z 世代"群体观念、商标保护意识、品牌强国意识	
	自主学习和信息素养：善于搜集并借鉴有用资讯和好的思路想法	
	独立思考和创新思维：能提出新的想法、建议和策略	
	团队合作精神、人际沟通素养	
组员 4 （　）	洞察"Z 世代"群体观念、商标保护意识、品牌强国意识	
	自主学习和信息素养：善于搜集并借鉴有用资讯和好的思路想法	
	独立思考和创新思维：能提出新的想法、建议和策略	
	团队合作精神、人际沟通素养	

项目四

品牌发展

学习目标

知识目标：
- 理解单一品牌策略的内涵和特征；
- 掌握多品牌策略的内涵和特征；
- 理解品牌延伸策略的内涵和特征。

能力目标：
- 能够在实践中运用品牌发展策略的相关理论；
- 能够举例说明品牌发展策略。

素质目标：
- 培养"以国内大循环为主体、国内国际双循环相互促进的新发展格局"下的中国品牌发展理念；
- 树立品牌品质和数量发展应更好地满足人民群众对美好生活的向往的意识。

项目导学

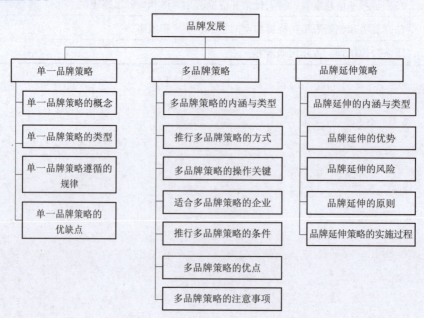

中国品牌故事

安踏集团——多品牌战略持续发力

安踏体育用品有限公司发布2021年度中期业绩报告。报告显示，安踏集团上半年实现收益259.65亿，同比增长13.8%。其中，安踏品牌增长26.3%至133.6亿，增速居行业前列；斐乐品牌收益107.77亿元，跑赢主要国际大品牌；迪桑特、可隆体育等多品牌也表现强劲的增长势头。

安踏集团表示，面对充满不确定性的经营环境，集团坚持战略驱动业务，通过动态管控及科学运营，在高基数之上依然保持基本面稳健，显示出"迎难而上高抗压"的企业特点和"稳健经营保健康"的强大韧性。

一、主品牌强化奥运心智第一

安踏主品牌深化"专业为本、品牌向上"的核心策略，稳步推进"赢领计划"，安踏高端跑鞋和篮球鞋销量同比增长近一倍，客单价双位数提升，新锐白领、资深中产及Z世代等优质客群占比明显提升，巩固了中国运动品牌领导者地位。

同时，安踏集团承担北京冬奥12支国家队比赛装备及中国代表团领奖服、志愿者赛时制服、火炬手制服等专业科技装备，安踏开发出以氮科技、冰肤科技、炽热科技为代表的"奥运科技"大众产品矩阵，实现了奥运资产的品牌价值沉淀与转化。安踏儿童基于速干、保暖等儿童专属运动科技，聚焦跑步、篮球、户外等功能性产品，保持儿童运动市场领导者地位。

二、多品牌协同增长强劲

斐乐品牌在大基数之上，从高速增长进入到高质量增长，半年收益107.77亿，与国际头部品牌差距进一步缩小。斐乐深入推进"顶级品牌、顶级商品、顶级渠道"的战略，坚守高端时尚运动赛道，强化高尔夫、网球等高端运动产品心智；子品牌拓展高端菁英、前卫先锋及时尚潮童等核心客群。在一二线主流渠道，FILA保持高端零售形象及零售体验，平均店效和坪效保持行业领先。

以迪桑特、可隆体育为代表的第三增长曲线户外运动群抓住市场"户外热"新趋势，在疫情之下保持强劲增长，所有其他品牌收益同比增长29.9%至18.28亿。迪桑特夯实品牌高端形象，整合全球研发资源推动产品创新，整体店效、客单价均取得显著增长，迪桑特专注于三大专业运动领域——滑雪、高尔夫、铁人三项，打造高端、专业、高质感商品，开辟高端社群，推动旗舰零售；可隆体育打造轻户外生活方式，发力女性商品，强化品牌高端定位，带动业务快速增长，建立露营徒步和女子户外运动心智，推进旗舰店在重点城市落地。

三、数字化赋能全价值链

上半年，安踏集团加大数字化投入，确立"以门店为核心"的数字化战略。从消费者体验出发，在私域建设、会员价值、精准人群运营上加速布局。集团线上业务收益同比增长超20%，占比增至28.9%；集团多个品牌私域流水同比翻倍；会员总数提升超20%，会员流水贡献稳步提升。

集团持续推进物流和供应链体系的智能化升级。通过商品智能化项目，实现需求预测、精准、快速补货；通过RFID项目，提升收发货效率和盘点效率，终端门店的盘点效率提升约 80%；通过全渠道货通项目，加速线上线下一盘货整合等。基本实现了零售体系数字化、供应链和物流体系数字化及管理决策数字化。

四、积极投身公益事业，承担社会责任

安踏集团及和敏基金会公益捐赠已累计超过 18 亿。"安踏茁壮成长公益计划"以体教融合助力乡村振兴，累计投入现金及装备超 6.2 亿元，捐建了 161 间安踏梦想中心和 13 个安踏运动场，培训了 3392 名一线体育教师，惠及 31 个省 9830 所学校 388 万名青少年；和敏基金会计划捐赠 20 亿兴建的福建和敏医院设计方案发布，和敏助学及和敏医疗捐助计划正式启动；可持续发展委员会成立，全面推进可持续发展和"1+3+5"碳中和总目标的实现。

故事启示

（1）多品牌策略能很好的满足消费者多元化的需求，充分适应市场的差异性，从而有利于产品市场占有率的提高。

（2）在践行社会责任方面，企业不仅是一个单纯的捐赠者，更是深度的参与者和贡献者，应在乡村振兴、环境保护等国家大战略上发挥积极作用。

（资料来源：安踏集团官网［EB/OL］.安踏集团上半年营收超 259 亿，多品牌战略持续发力。）

任务背景

H 公司是一家总部位于东部沿海地区的家电企业，持有多个与消费者生活息息相关的品牌，产品销往全球多个国家和地区。公司计划对一款家电产品进行推广，需要小王所在项目小组对该产品的品牌发展策略进行规划。

任务分析

在激烈的市场竞争中，实施长期、正确的品牌策略，加强品牌建设，对于企业来说至关重要，能够使企业在竞争大潮中稳步发展，占据更大的市场，获得更高的利润和更广阔的发展空间。实施品牌策略不仅可以促进企业经营理念和管理水平的提高，而且能实现企业经济利益最大化。这需要工作人员了解品牌组合和品牌延伸策略，运用品牌发展策略的理论为企业进行品牌营销，培养品牌发展理念。

学习任务一 单一品牌策略

案例导入

蜜雪冰城——用极致性价比创造茶饮业首个万店品牌

你听说过蜜雪冰城吗？

先是被与喜茶比较，获得了"奶茶界拼多多"的名号。在喜茶宣布涨价「全面迈入30元时代」的同时，蜜雪冰城表示做了一个艰难的决定："不涨价！"，俘获一众网友的心。

而后，在2020年11月，郑州总部挂上了"全球门店突破10 000家"的横幅，豪横地表示"买多少送多少！"这个在三四线城市默默耕耘的"宝藏奶茶品牌"，在疫情影响下，依旧乘风破浪，以平均约1天开20家店的速度，超速完成了万店目标，门店数量超过星巴克。

提到蜜雪冰城，很多小伙伴的反应都是这样的"这是啥？从来没见过……"还有很多小伙伴表示，蜜雪冰城奶茶价格太圈粉了，便宜又不难喝，爱了爱了……蜜雪冰城到底都有哪些神操作，让大家有如此印象呢？

(1) 主攻三四线城市，下沉市场奶茶巨头
(2) 白菜价冰激凌，均价5元奶茶
(3) 花里胡哨的活动海报，吸引用户注意
(4) 无处不在的"小雪人"，打造超级符号
(5) 每月推新品玩营销，花式迎合年轻人
(6) 低成本支撑低定价，在源头上做努力
(7) 靠店铺加盟"吸金"，加盟费按年收

案例分析

无论是蜜雪冰城23年来打造的三四线奶茶帝国，还是喜茶在8年内打造出的都市圈神话，都是成功的。虽然各自打法不同，但共通之处在于：他们都知道"自己是谁，要赚谁的钱"，也知道如何打造用户的记忆点。

(资料来源：奶茶界"拼多多"秒杀喜茶，年赚65亿背后有何秘密？https://zhuanlan.zhihu.com/p/141127067. 2020. 11. 11.)

企业在成功建立品牌后，还需要密切关注品牌的发展策略。品牌发展策略的目的可以总结为两个方面：一方面是继续提升品牌价值；另一方面是有效利用品牌价值。

一、单一品牌策略的概念

单一品牌策略，又称统一品牌策略或同一品牌策略，指企业成功推出一种品牌后，延伸至其他产品，生产的多种产品都使用同一品牌。单一品牌策略典型的特征就是企业所有的产品都共用一个品牌名称、一种核心价值、一套基本品牌识别。如海尔、索尼、飞利浦、TCL等。

单一品牌策略分为两种情况：一牌一品，指一个品牌下只有一种产品的品牌策略，实施一牌一品策略的最大好处是有利于树立产品的专业化形象，金嗓子采用的就是一牌一品策略，其行销市场多年，依然是最专业的润喉产品之一；一牌多品，即一个品牌下有多种产品的品牌策略，如海尔，其冰箱、彩电、空调、电脑、手机、医药等均使用同一品牌，佳能公司也一样。

企业使用单一品牌策略主要是因为单一品牌策略有利于企业节约促销费用，有利于新产品开拓市场，有利于品牌的成长。但这种品牌策略的不足之处是当某一产品出现问题时，可

能影响整个品牌的形象，当优先效应与近因效应发生冲突时，不利于新产品进入市场。

佳能的单一品牌战略　　　　单一品牌策略的类型

二、单一品牌策略的类型

按照单一化程度和范围的不同，可将单一品牌策略分为以下三种类型：

（一）线内单一品牌策略

线内单一品牌策略，指企业内同属一个类别的产品使用同一品牌。如在同一产品线内生产的不同口味、不同成分、不同型号、不同尺寸的新食品，具有功能互补、目标市场相同等特征，都使用同一品牌。

线内单一品牌策略由于线内产品都使用同一品牌，因而具有相应的优势。

（1）有助于维护品牌形象的一致性。企业内同一产品线的多种产品使用线内单一品牌策略，有利于维护品牌形象，增加品牌内涵，加深品牌在消费者心中的印象。例如，娃哈哈公司的所有产品都以"娃哈哈"这一品牌命名，凭借娃哈哈这一品牌的声誉、形象，消费者更容易接受延伸的新产品。

（2）增加新产品进入市场的机会。推出与原有品牌相同或相似功能的新产品并使用原品牌名称时，若消费者对原有品牌很信任，那么在购买新产品时，由于消费者认为购买自己熟悉的品牌的产品能大大降低购买风险，因此愿意试用或购买新产品，从而增加新产品进入市场的机会。

（3）降低促销费用，促进规模经济。使用单一品牌策略延伸产品，可借用原有品牌的知名度，大大降低新产品的广告宣传费用，提高促销效率。当品牌的投资形成规模经济时，会增加原有品牌的整体投资收益。例如，娃哈哈企业成功利用单一品牌策略，把"娃哈哈"这一品牌延伸到儿童营养液、果奶、纯净水、八宝粥等 30 多种产品领域。据娃哈哈官方数据，2013 年娃哈哈集团有限公司的饮料产量为 1 270 万吨，实现营业收入 783 亿元，实现利税 139 亿元。杭州娃哈哈集团有限公司位列 2014 年中国企业 500 强第 165 位、2014 年中国制造业 500 强第 72 位、2014 中国民营企业 500 强第 18 位，是目前中国规模最大的饮料生产企业。

线内单一品牌策略也具有局限性。

（1）抑制新产品开发。采用线内单一品牌策略，新产品的开发会受到产品线范围的制约，不利于新产品延伸至新领域。

（2）品牌延伸空间小。受产品线内其他产品的影响，企业在生产其他新产品时，得考虑新产品的功能、特征与原有品牌是否一致，导致原有品牌不能很好地发挥潜在价值。

（二）跨类单一品牌策略

跨类单一品牌策略，又称范围品牌策略，指企业内具有相同质量和能力但不同于已有品牌的产品，使用同一品牌。其范围要比线内单一品牌策略的范围大些。跨类单一品牌策略具有以下优点：

（1）建立统一的品牌意识。消费者在选择产品时，会优先考虑他们熟悉的品牌，企业实施跨类单一品牌策略，有利于在消费者心中建立统一的产品形象，加强消费者的品牌意识。例如，以羊绒衫起家的鄂尔多斯，有着"温暖全世界"的品牌理念，把该企业的产品延伸至羊毛衫、内衣和羽绒服以外的不同产品线上，可以不断扩大市场覆盖率。

（2）**树立稳定的质量形象**。企业实施跨类单一品牌策略，以原有品牌良好的知名度和高质量为前提，将一种品牌向多领域延伸，可以丰富品牌内涵，让更多消费者接触到该品牌，加固品牌在消费者心中的质量形象。例如，英国维珍（Virgin）集团由 Richard Branson 在 1970 年创建，凭借其良好的品牌形象，集团以 Virgin 为品牌名称不断扩大旗下的产品范围，并成功延伸至移动电话、旅行、金融服务、休闲娱乐、音乐、度假、出版和零售等领域。

（3）**提高新产品的宣传效率**。一方面，任何新产品刚进入市场时都会经历消费者从认知到接受再到信赖的过程，特别是进行跨类产品延伸，使用单一品牌策略，对全新品牌的产品而言，更能让消费者认识并接受新产品；另一方面，在原有品牌知名度的影响下，消费者对原品牌的信任会转移到新产品上，直接引导消费者的购买行为。这些优势不仅可以缩短消费者接受新产品的时间，而且可以提高新产品对外的宣传效率。

大道至简：从奇瑞"回归单一品牌"说起

跨类单一品牌策略的局限性主要是新产品个性不鲜明。实施跨类单一品牌策略，容易模糊新产品的个性，因为消费者选择购买新产品主要是受原有品牌的影响，所以企业容易忽略新产品个性的宣传。

（三）**完全单一品牌策略**

完全单一品牌策略，又称伞型品牌策略，指企业与品牌名称合二为一，且生产的所有产品都使用同一品牌。实行该品牌策略较为典型的例子是荷兰皇家飞利浦公司（PHILTPS）。该公司生产的音响、电视、灯泡、计算机、电动剃须刀，以及电咖啡壶、电果汁机等小家电产品，都被冠以同一品牌——飞利浦。结果"飞利浦"电器畅销全球。除此之外，还有许多成功的例子。如佳能公司生产的照相机、传真机、打印机、复印机，都使用同一品牌——Canon；雅马哈公司生产的摩托车、乐器、音响都以"Yamaha"为品牌名称。使用此品牌策略的还有日本的日立（HITACHI）公司、三菱（MISTVBSHI）公司、东芝（TOSHIBA）公司和日本电气公司（NEC）。

完全单一品牌策略的最大特点是高度统一，优点是：

（1）**加深企业和产品印象**。许多企业把品牌名作为企业名称，消费者记住该品牌的同时也记住了该企业，起到事半功倍的效果。国外有许多类似的例子，如 IBM、Coca-Cola、Apple 等，它们既是品牌名称，又是企业名称。国内也有许多这样的例子，如小米、联想、格力等，也采用完全单一品牌策略。

（2）**保护企业名称专有权**。企业名称专有权指企业对自己名称享有的专有使用及许可他人使用的权利。企业名称专有权具有地域性特点，即企业名称专有权只在其工商注册登记范围内有效，超出此范围不再享有专有权。按国际惯例，企业名称一般由五个要素构成：所在地（注册地名称）、商号（字号）、所属行业（或经营特点）、承担财产责任的方式、组织形式。采用完全单一品牌策略，可以把企业品牌和商号合二为一，使企业名称受保护的范围扩大到全国。例如，海尔集团的名称由最开始的"青岛电冰箱总厂"更名为"青岛琴岛海尔集团公司"，经过深入的调查研究，又改名为青岛海尔股份有限公司，其商标由中文"海尔"、英文"Haier"和"海尔图形"组成，并采用单一品牌策略，"海尔"既是企业名称，又是品牌名称。

完全单一品牌策略的缺点是：

（1）**降低品牌的影响力**。完全单一品牌策略，通常是成功推出一种产品后，再延伸至其他产品，新产品采用原有品牌名称。然而延伸的新产品也有其独特的品质特征，若新产品与原有品牌的核心价值不符，则势必会影响整个品牌的传播。例如，娃哈哈借用自身品牌的知名度，不断推出新产品，使得娃哈哈品牌的儿童性不断淡化，导致企业把产品线延伸到童装市场时，得不到消费者的认可。

（2）不利于单一品牌的垂直延伸。在使用完全单一品牌策略时，品牌在同一层次的水平延伸一般会成功，但为了满足消费者多样化的需求，进行不同层次的产品延伸时，失败的可能性很大。例如，派克笔（Parker Pen）为了争夺低档笔市场，推出了低价的大众化钢笔，结果不仅没有成功进入低档市场，而且高档市场的销量也受到了影响。

拓展阅读

主副品牌策略

公司名称加个别品牌策略，又称主副品牌策略。企业在考虑到产品之间既有相对统一性，又有各自独立性的情况下，典型的做法是在企业的名称后加上个别品牌的名称。

主副品牌策略是指在每个品牌之前都冠以公司名称，以公司名称表明产品出处，以品牌表明产品的特点。这种策略主要的好处是：在各种不同新产品的品牌名称前冠以企业名称，可以使新产品拥有企业的信誉；而各种不同产品分别使用不同的品牌名称，又可以使各种不同的产品保持自己的特色，具有相对独立性。

这种做法在一些著名大企业的经营中屡见不鲜，这是因为大型企业是一笔巨大的无形资产，可以起到支撑个别品牌的作用。例如柯达公司的胶卷因性能不同，而被分别命名为"柯达万利"胶卷、"柯达金奖"胶卷、"柯达至尊"胶卷等，这些品牌中都有企业的名称。在我国，海尔集团的冰箱依据不同的目标市场定位，而被分别命名为"海尔双王子""海尔小王子""海尔帅王子"等，洗衣机也有"海尔小小神童"，这种多品牌策略给海尔集团带来的巨大效益是有目共睹的。

美国可口可乐公司与百事可乐公司几乎同时向市场推出低糖的健怡类饮料。百事可乐将产品取名为"健怡百事可乐"，而可口可乐公司将产品取名为"泰森"。结果，"泰森"败在同类产品"健怡百事可乐"手下，这是因为"泰森"虽能迎合消费者的口味，但未能将可口可乐的大名延伸过来。可口可乐公司吸取教训，重新命名该产品，推出"健怡可口可乐"，立即被消费者接受，"健怡可口可乐"很快成为美国第三大饮料产品。"健怡可口可乐"的成功，正是企业名称和个别品牌策略正确运用的结果。

（资料来源：百度百科．主副品牌策略［EB/OL］．［2017-04-10］http：//baike.baidu.com/link？url=vflWx3lIG17DpJJ9XyBGoMBjkpIbWBbIa2LCH_ CunKilKRd8Rk AW-rTkPlRwGuHGGpUSaXvjNQwEf6av4n4l8 - hMGCK5GCwW5OVhdbzff2krFILRYZ9ab3wcYtTqB7jKC72ANOeQLwg6vwgaNtLnkq．）

三、单一品牌策略遵循的规律

（一）体现品牌的核心价值

一方面，所有成功的品牌都有其独特的核心价值，实施单一品牌策略时，延伸的新产品都应遵循原有品牌的核心价值；另一方面，品牌的核心价值还需要具有较强的包容性，只有这样才可以成功进行不同产品线的延伸。

（二）积累品牌资产

著名品牌专家大卫·艾克认为，品牌资产是这样一种资产：它能够为企业和消费者提供超越产品或服务本身利益之外的价值；品牌资产又是与某一特定的品牌紧密联系的；如果品牌的文字、图形改变了，那么附属于品牌的财产将会部分或全部丧失。企业进行单一品牌策略的前提是该品牌有一定的资产积累，只有这样才能把新产品冠以同一品牌，并借助该品牌的影响力，迅速推出新产品。企业积累品牌资产可从两方面着手：一方面，树立品牌意识，企业的竞争关键在于品牌的竞争，树立牢固的品牌意识是企业在竞争中取胜的前提，也是实现单一品牌策略需要遵循的规律；另一方面，保证产品质量，产品质量是企业的生命线，是树立产品在消费者心中良好形象的关键因素。

（三）延伸产品与核心产品的关联性

企业实施单一品牌策略除积累品牌资产外，还需要注重延伸产品与核心产品的关联性，即产品功能、特征等关联性较高的产品可以使用同一品牌。例如，佳能以创造世界一流的产品为宗旨，企业以"佳能"为品牌名称成功推出关联性产品，如照相机、复印机、打印机、传真机、扫描仪、投影仪等，之后又积极向耗材及医疗器械等新领域延伸。其实，强调延伸产品与核心产品之间关联性的最终目的是引导消费者接受并购买该品牌的产品。

四、单一品牌策略的优缺点

企业使用单一品牌策略是因为单一品牌策略有如下优点：

（1）节约产品促销费用。品牌延伸的条件是先有一个成功的主力产品，企业所有的产品都与主力产品使用同一品牌，宣传了主力产品也就宣传了所有产品。

（2）有利于新产品开拓市场。延伸的产品与主产品使用同一品牌，有助于延伸产品快速占领市场。另外，采用单一品牌策略，实现了企业形象和产品形象的统一。

（3）有利于品牌的成长。对一个企业来说，要让社会和顾客认识自己的产品和企业，就需要进行大量的广告投资，运用现代化的传播手段，树立产品形象。采用单一品牌策略，节约了促销费用，为企业集中资源宣传单一品牌、树立品牌形象提供了良好的物质基础。

但是，单一品牌策略经营风险较大。由于所有的产品都使用同一种品牌，因此每种产品都不能出问题，否则就可能"株连"到其他产品，使整个品牌信誉受到严重威胁，甚至动摇主力产品在消费者心目中的地位。

据心理学的研究成果，心理学上有优先效应和近因效应。优先效应是指在某个行为过程中，最先接触的事物给人留下的印象最深、带来的影响最大，起着先入为主和第一印象的作用。在单一品牌策略下，由于同一品牌下的产品越来越多，因此优先效应产生的商标意象越来越模糊，之所以出现这种情况，是因为心理学上还存在一个近因效应。所谓近因效应是指在某个行为过程中，最近一次接触的事物给人留下的印象最深、带来的影响最大。当这两种效应不一致，甚至发生激烈冲突时，消费者心中原有的商标印象就会模糊化，从而阻滞产品销售。

总的来说，无论是线内单一品牌策略、跨类单一品牌策略，还是完全单一品牌策略，其优点都在于节约资源。一方面，在新产品上市时，利用原有成功品牌推出新产品，能够节约新产品进入市场的时间和资金，而新产品的成功又会使品牌的价值得到进一步提高，如此反复，品牌价值不断上升，占据市场主导地位，从而打造出世界级的品牌；另一方面，多种产品使用同一品牌可以产生品牌的规模经济效益，从而节约资源。其缺点在于，采用单一品牌策略容易弱化各种产品的个性，同时产品间相互影响，当一种产品出现问题时，往往会影响其他产品。

拓展阅读

品牌发展战略

单一品牌策略

学习任务二　多品牌策略

案例导入

欧莱雅集团：500多个品牌帝国神话的构建从品牌战略开始

任何单一产品都不能占领所有市场，想要占领更多的市场，就必须从需求入手，细分市场。将细分的市场全部占满，这才是品牌布局的关键所在。我们熟悉的宝洁公司就是这方面的代表，当大多数中国企业只有一种产品引以为傲时，宝洁公司却占据了几乎所有的化妆品细分市场，这是很多中国企业无法企及的。可以说，国外企业的品牌战略相当成熟，除了日化领域的宝洁公司，欧莱雅集团也是化妆品行业的领导企业。欧莱雅集团拥有兰蔻、碧欧泉、欧莱雅、美宝莲、薇姿等500多个品牌。从欧莱雅集团的发展可以看出，品牌战略要先于产品，是市场竞争中的重要一环，而市场需求是产品诞生的原因。

欧莱雅集团是1907年建立的法国企业，旗下的一众化妆品品牌都是瞄准不同细分市场而创立的。为了品牌布局，欧莱雅集团大量收购其他品牌，很多品牌例如兰蔻、美宝莲、小护士、美即、羽西等都是其收购来的。由此看来，市场规划和定位才是最重要的，所有产品都是应需求而生的，是需求影响着产品和品牌的开发与建立，并不是生产。

虽然欧莱雅进入中国市场有些晚，但凭着足够的跨境经验，来到中国后，战略意图非常清晰。欧莱雅通过精湛的市场细分策略和多品牌策略切割中国市场，迅速站稳脚跟。

其中国市场的多品牌布局如下：

高端系列：赫莲娜、圣罗兰、乔治·阿玛尼；

专柜系列：羽西、兰蔻、科颜氏、碧欧泉、美体小铺；

开架系列：巴黎欧莱雅、美宝莲纽约、美即面膜、卡尼尔；

药妆系列：理肤泉、薇姿。

当然也可以这样划分：

顶级品牌：HR（赫莲娜）、GiorgioArmani（乔治·阿玛尼）；

一线品牌：Lancome（兰蔻）；

二线品牌：Biotherm（碧欧泉）、Kiehl's（科颜氏）；

三线或三线以下品牌：Yue-sai（羽西）、L'Oreal Paris（巴黎欧莱雅）、美爵士、Garnier（卡尼尔）、小护士、The Body Shop（美体小铺）；

彩妆：CCBPARIS（巴黎创意美家）、Shu Uemura（植村秀）、Maybelline（美宝莲）、YSL（圣罗兰）；

药妆品牌：Vichy（薇姿）、La Roche-posay（理肤泉）、Skin Ceuticals（修丽可）；

口服美容品牌：INNEOV（一诺美）；

香水品牌：Armani（阿玛尼）、Ralph Lauren（拉尔夫·劳伦）、caelParfums（卡夏尔）、Cacharel（歌雪儿）、VIKTOR&ROLF（维果罗夫）（注：阿玛尼也有护肤和彩妆产品，定位和兰蔻、植村秀一个档次）；

美发品牌：L'Oreal Professionnal（欧莱雅专业美发）、Kerastase（卡诗）、Matrix（美奇丝）。

笔者接触过很多客户，发现很多客户想从商标名称上就体现出其是高端或者低端品牌，虽然品牌名称也有大俗大雅等风格的区别，但是品牌定位是从品牌文化、价格等多方面体现的，单纯从名字上辨别是不是大牌非常困难。

例如赫莲娜、美宝莲两个品牌，单从品牌名称看，是无法分辨出哪个更高端的。在有些人看来，除了价格，美宝莲营造的品牌氛围也十分绚丽，丝毫不逊于很多一线品牌。

在品牌建立的阶梯上，一般来说，产品从高档往低档做比较容易，而从低档往高档做比较难。目前就中国市场而言，新创立的品牌宜高端不宜奢侈，因为高端品牌的受众比较广泛，而奢侈品原本就是阶级划分的产物，越神秘越好，所以不太符合当今社会发展的潮流。相反，高端品牌是人们犒赏自己的礼物，所以比较受欢迎，并且，人们现在比较注重享受高品质生活，品牌塑造要试着往这个方向靠拢。

中国企业大多成立时间较晚，一上来就与欧美国家很多上百年的企业竞争，在经验上略显不足。但后来居上也不是没有可能的，最重要的是做好产品及市场、品牌战略的布局。这样一来，就能从起点上赢得先机，而不是事事受制于人。

案例分析

1. 找准产品定位，明确细分市场

企业引入多品牌策略的最终目的是用不同的品牌占领不同的细分市场，夺取竞争者的市场份额。只有通过市场细分、挖掘消费者的差异，才能为确定、宣传品牌的特色奠定基础。没有差异的多品牌，不仅起不到广泛覆盖市场、增加市场份额的作用，反而会加大企业的生产、营销成本，给消费者心理造成混乱，如同自己打自己，毫无意义。欧莱雅在中国的12个品牌，每个品牌都非常准确地瞄准了一个细分市场，不同品牌间极少有交叉市场。这些品牌定位从高到低，几乎包括了各个行业、各个阶层的消费者，使他们都能在欧莱雅家族中找到适合自己的品牌。

2. 以顾客为导向选择销售渠道

明确了产品品牌的目标市场、市场定位后，应根据品牌的特点，针对不同目标顾客的心理需求，为产品设计不同的销售渠道。例如，针对高端客户生产的兰蔻等产品，只有在高档的商店才可以买到，在提升产品高档形象的同时，也满足了高消费人群的心理需求。而走大众路线的美宝莲等产品，在普通商场及超市就可以买到，这主要是方便顾客购买，减少顾客在购买中的时间成本、金钱成本、体力成本等，从而增加了产品的价值。

3. 收购知名品牌

因为创建品牌是一个十分艰难的过程，伴随的风险也非常大，所以，有实力的公司往往会不惜巨资收购知名品牌，然后再培育这个品牌，把它做大。这是打造多品牌的一条捷径。欧莱雅一贯的品牌拓展战略是收购品牌，然后经过一番精心打造，重新将其推向市场。1964年，欧莱雅收购了高端化妆品品牌兰蔻，1970年又收购了另一化妆品品牌碧欧泉。后来，欧莱雅集团又收购了我国的羽西和小护士，完善了它在我国的中低端市场产品线，获得了跨国的互补资源，这是很值得我国有实力的企业效仿的。

4. 坚持科技创新，确立品牌优势

虽然市场对一个产品、一个企业的评判受许多因素影响，但最基本的因素是产品的质量，是企业能不能开发、生产出高品质的产品。提高产品质量的唯一出路是增加产品的科技含量。只有尽快地、更多地采用先进的科学技术，才能赢得市场竞争的优势，保证企业立于不败之地。因此，要想在竞争激烈的市场中占有一席之地，就必须坚持科技创新。

（资料来源：中华商标超市. 欧莱雅集团：500多个品牌帝国神话的构建从品牌战略开始［EB/OL］. ［2017-04-10］http://news.gbicom.cn/wz/151785.html.）

在个性化与多样化的消费潮流里，企业若能在深入、科学的市场调查基础上，发展出多个品牌，每个品牌都针对某一细分群体进行产品设计、形象定位、分销规划和广告活动，那么各品牌的个性和产品利益点便能更吻合、更照顾到自己所针对的那部分消费者的特殊需要，也就自然能获取这一消费群体的信赖和品牌忠诚。

一、多品牌策略的内涵与类型

（一）多品牌策略的概念

多品牌策略是指企业根据不同的目标市场分别使用不同品牌的品牌决策策略。多个品牌能较好地定位不同利益的细分市场，强调各品牌的特点，吸引不同的消费者群体，从而占有较多的细分市场。多品牌策略在具体实施过程中又可划分出个别品牌策略、分类品牌策略、企业名称加个别品牌策略（下文对企业名称加个别品牌策略不做介绍）三大类。

例如，宝洁公司在中国推出了四个品牌洗发水：海飞丝、飘柔、潘婷、沙宣，每一品牌都以基本功能以上的某一特殊功能为诉求点，吸引着不同需求的消费者。希望自己"免去头屑烦恼"的人会选择海飞丝；希望自己头发"营养、乌黑亮泽"的人会选择潘婷；希望自己头发"舒爽、柔顺、飘逸潇洒"的人会选择飘柔；希望自己头发"保湿、富有弹性"的人会选择沙宣。

（二）多品牌策略的类型

1. 个别品牌策略

个别品牌是指企业的不同产品分别采用不同的品牌。这种多品牌策略主要在以下两种情况下使用：其一是企业同时经营高、中、低档产品时，为避免企业因某种商品声誉不佳而影响整个企业声誉；其二是企业的原有产品在社会上有负面影响，为避免消费者反感，企业在发展新产品时特意采取个别品牌策略，而不是沿用原有的成功品牌，并且故意不让消费者在企业的传统品牌与新品牌之间产生联想，甚至隐去企业的名称，以免传统品牌以及企业名称对新产品的销售产生不良的影响。

个别品牌策略进一步演变，引申为品牌扩展策略和多重品牌策略。

（1）所谓品牌扩展策略就是对个别品牌加以扩展，以表示该产品的不断改进。日本松下电器公司对其电视、录放机等视听家电类产品就常采用这一品牌策略，从而给消费者传达一种该公司勇于创新、年轻有活力的观念，博得消费者对该公司产品的认同，使消费者对其产生依赖。

（2）这里着重要说明的是多重品牌策略。这种策略是指在同一产品中设立两个或两个以上相互竞争的品牌。这种做法虽然会使原有品牌的销量略减，但由于几个品牌加起来的总销量比原来一个品牌更多，因而这种策略又被企业界称为"1＋1＞1.5"策略。多重品牌策略由宝洁公司首创。宝洁认为，单一品牌策略并非万全之策。因为一种品牌树立之后，容易在消费者心中形成固定形象，不利于产品的延伸，尤其不利于像宝洁这样横跨多种行业、拥有多种产品的企业。因此，宝洁公司不断推出新品牌。光宝洁公司在我国推出的美容护肤品牌就近10个，占全国美容护肤品主要品牌的三分之一。我国消费者熟悉的"潘婷""飘柔""海飞丝"三大洗发护发品牌都是宝洁的产品，这三个品牌分别吸引三类不同需求的消费者，从而使宝洁在中国的洗发液市场占有率上升为第一，达50%。这显然是宝洁公司成功运用多重品牌策略的成果。

目前，这种方法在美容用品、洗涤用品等行业中运用得较为普遍。上海家用化学用品公司也分别推出了"露美庄臣""清妃""白领丽人""雅霜""男宝""伯龙""尤维""友谊""六神""高夫"等许多品牌，以期占有不同的细分市场。

多重品牌策略之所以对企业有如此大的吸引力，主要是因为：第一，零售商的商品陈列位置有限，企业的多种不同品牌只要被零售商店接受，就可占用较多的货架面积，而竞争者所占用的货架面积自然会相应减少；第二，许多消费者属于品牌转换者，具有求奇、求新心理，喜欢试用新产品，抓住这类消费者、提高产品市场占有率的最佳途径就是推出多个品牌；第三，发展多种不同的品牌有助于企业内部各个部门之间、产品经理之间开展竞争，提高效率；第四，不同品牌定位于不同细分市场，其广告诉求点、利益点不同，可使企业深入各个不同的细分市场，以占领更大的市场。

2. 分类品牌策略

如果企业经营的各类产品之间的差别非常大，那么企业必须根据产品的不同分类归属来采取多品牌策略，即分别为各类产品命名，一类产品使用一个品牌。

美国最大的零售商西尔斯百货公司采取的就是分类品牌策略，它的家用电器、妇女服饰、家具等产品分别使用不同的品牌。这种策略特别适合产品种类繁多的大企业，由于它们涉及的是吃、穿、用等领域，各类产品之间的差距很大，因此绝不能使用同一品牌。

试想，企业既生产食品又生产化肥，既生产化妆品又生产农药，如果使用同一品牌，那么消费者会出现什么样的反应。因此，美国宝洁公司在我国销售其产品时，杀虫剂用的是"雷达"品牌，鞋油用的是"红鸟"品牌，而大量的化妆品用的是其他品牌。我国的海尔集团在销售家用电器，如冰箱、彩电、洗衣机、空调等产品时，使用的是"海尔"品牌，而其产品线延伸至保健品行业时，用的却是"采力"品牌，目的也是保持海尔集团在消费者心目中一贯的主体形象。

二、推行多品牌策略的方式

(一) 创建新品牌

创建新品牌是使用频率最高的一种方式。新品牌的优势是可塑性强,品牌定位、品牌风格、价格等方面的制定比较灵活,不受历史因素限制;劣势是品牌知名度低,品牌推广成本较高,成长过程十分漫长。

(二) 合资优势品牌

通过资本运作或相互合作等方式,将一个或多个与企业原有品牌实力相当、行业知名度相对较高的品牌收归门下,并通过原有品牌与合资品牌之间的优势互补,同时提高双方的品牌竞争力。然后,以新的品牌组合同时向竞争对手发力,侵吞处于领先地位的品牌的市场份额。

(三) 收编劣势品牌

有些曾经在行业内举足轻重的品牌,却因观念、产品、市场、渠道等方面的失误或者反应速度太慢而黯淡下去。这些品牌在消费者心目中有着一定的品牌知名度,如果自身品牌优势恰恰是这些品牌所欠缺的,并且有足够的信心让这些"落日皇帝"东山再起,那么企业可以考虑通过资本运作将这些品牌收编,然后赋予其新的血液和新的生命力,让其重新创造价值。

> **案 例**
>
> **Swatch 集团的多品牌战略**
>
> Swatch(斯沃琪)名字中的"S"不仅代表它的产地瑞士,而且含有"Second Watch",即第二块表之意,表示人们可以像拥有时装一样,同时拥有两块或两块以上的手表。Swatch 不仅是一种新型的优质手表,同时还给人们带来一种全新的观念:手表不再只是一种昂贵的奢侈品和单纯的计时工具,而是一种"戴在手腕上的时装"。
>
> Swatch 集团实行多品牌战略,旗下有 20 多个腕表品牌,包括 Swatch(斯沃琪)、Breguet(宝玑)、Blancpain(宝珀)、Jaquet Droz(雅盖·德罗)、Glashütte(格拉苏蒂)、Leon(雷恩)、Omega(欧米茄)、Longines(浪琴)、Rado(雷达)、Tissot(天梭)、Calvin Klein(卡尔文·克莱恩)、Certina(雪铁纳)、Mido(米度)、Hamilton(汉米尔顿)、Pierre Balmain(皮尔·巴尔曼)、Flik Flak(飞菲)、Endura(英得那)等。
>
> 总体而言,Swatch 集团的多品牌战略是正确并且成功的。在产品同质化越来越明显的今天,产品本身的竞争优势已经减弱,市场的发展和成熟使消费者需求日趋多样化,产品消费已逐渐变成一种个性、情感和精神的表现和宣泄。这些都预示着品牌时代的到来,现代企业之间的竞争已逐渐变为品牌之间的竞争。
>
> (资料来源:豆丁网.Swatch 集团的多品牌战略 [EB/OL]. [2017-04-10] http://www.docin.com/p-514134477.html.)

三、多品牌策略的操作关键

（一）整合资源

如果新品牌是通过合资或收购得来的，那么首先要做的事情就是重新整合品牌资源，创建一个完整的品牌体系。例如，如果新品牌在品牌历史或技术方面占有优势，而缺乏完善的市场运作机制，那么首要任务便是通过主品牌在市场方面的经验和优势来弥补新品牌的不足，完善新品牌的各个方面，增强新品牌适应激烈竞争环境的能力。

（二）创造差异

多品牌策略的核心竞争优势是通过不同的品牌定位，满足不同消费群体的需求，以达到占领更大市场份额的目的。因此，在完成了从单一品牌向多品牌过渡的阶段后，首先要做的便是赋予新品牌与原有主品牌不同的品牌定位，使新品牌与主品牌相比有所区别，以便差异化。有差异的多种品牌才能达到广泛覆盖产品的各个子市场、争取最大市场份额的目的，没有差异的多种品牌反而会增加企业的生产、营销成本，造成顾客的心理混乱。

四、适合多品牌策略的企业

（一）处于成长期的消费品行业

在一些正处于成长期、尚未被某些大品牌垄断的行业，推行多品牌策略的优势是十分明显的，诸如服装、化妆品、餐饮等行业。这些行业大多品牌众多、鱼龙混杂，各类品牌呈阶梯状分布，各梯队品牌在市场占有率方面相差不大，行业尚无领导品牌。尽管这些行业的市场空间巨大，却被数以万计的大小品牌分食，销量超过10亿的品牌寥寥无几。在这种情况下，当一个品牌成长到一定高度后，不仅继续成长的空间不大，而且推广的难度越来越高。因此实行多品牌策略，通过不同定位的品牌来满足不同消费者的需求，是比较明智的做法。

（二）小众消费品行业

因为小众消费品行业通常消费需求较小，所以很少被大众消费者和媒体关注，并且具有价格透明度低、利润相对丰厚、品牌的大众知名度不高、品牌推广成本相对较低等共同特点。这种行业环境为新品牌的成长创造了机会，同时也造就了多品牌运作的温床。比如，手工皮具、小众香水等行业。

恒大集团的品牌研究

五、推行多品牌策略的条件

经营多种品牌的企业要有相应的实力，品牌的延伸绝非朝夕之功。从市场调查到产品推出，再到广告宣传，每一项工作都要耗费企业的大量人力、物力。这对一些在市场上还未站稳脚跟的企业来讲，无疑是一个很大的考验，运用多品牌策略一定要慎之又慎。一般来说，以下几种类型的企业推行多品牌策略成功的机会相对较大。

（一）行业领先品牌

尽管行业领先品牌没有强大到可以垄断市场的地步，但对竞争品牌而言，无论是品牌知名度还是市场份额，都有领先优势。受行业性质所限，行业领先品牌的成长速度越来越缓慢，成长空间越来越小。然而，它们在成本、技术、管理、服务、价格、渠道、形象等一个方面或多个方面的相对优势,使它们具备了推行多品牌策略的必要条件。推行多品牌策略的目的十分明显:谋求更大的市场份额,拉大与其他品牌的距离,努力成为行业领导者。

(二) 行业挑战品牌

一些行业挑战品牌在运作过程中发现,靠单一品牌的力量,很难追上并超越比它们更具优势的领先品牌。如果企业同时拥有几个定位和消费诉求各不相同的品牌,那么不仅可以占有更多的市场份额,而且可以对领先品牌造成威胁。行业挑战品牌推行多品牌策略的目的也变得非常清晰:以多敌少,打败领先品牌,成为领先品牌。

宝洁公司品牌失败案例

六、多品牌策略的优点

(一) 多品牌具有较强的灵活性

没有一种产品是十全十美的,也没有一个市场是无懈可击的。浩瀚的市场海洋为企业提供了许多平等竞争的机会,关键在于企业能否及时抓住机遇,在市场上抢占一席之地。见缝插针就是多品牌灵活性的一种具体表现。

宝洁公司从洗发水的功能出发,及时地向市场上推出了不同功能和不同品牌的洗发水。为满足不同目标市场上消费者的不同需求,多个品牌各自进入市场,各有响亮的牌子,各有特殊的用途,以便消费者各取所需。不同品牌的洗发水沿着各自的路线走入市场,共同提高了企业产品的市场占有率,使产品迅速覆盖了中国大江南北。

(二) 多品牌能充分适应市场的差异性

消费者的需求是千差万别、复杂多样的,不同的地区有不同的风俗习惯,不同的时间有不同的审美观念,不同的人有不同的爱好追求,等等。同一品牌在不同的国家或地区有不同的评价标准,如宝洁公司就是运用多品牌策略,充分适应了市场的差异性。

(三) 多品牌有利于提高产品的市场占有率

多品牌策略最大的优势是通过给每个品牌进行准确定位,从而有效地占领各个细分市场。如果企业原先单一目标顾客的范围较窄,难以满足扩大市场份额的需要,那么此时可以考虑推出不同档次的品牌,制定不同的价格,塑造不同的品牌形象,以抓住不同偏好的消费者。

宝洁的多品牌策略

宝洁的多品牌战略分析

七、多品牌策略的注意事项

首先,企业应审视一下自己是否具有多品牌管理的能力和技巧。对企业来说,多品牌比统一品牌的管理难度要高得多,这是因为各品牌之间要实施严格的市场区分,具有鲜明的个性,且这些个性还要能吸引消费者。企业实施多品牌策略的最终目的是用不同的品牌占领不同的细分市场,联手对外夺取竞争者的市场,如果引入的新品牌与原有品牌没有明显的差异，就等于自己打自己，毫无意义。

其次，实施多品牌策略具有一定风险，推出一个新品牌需要支付相当高的费用。对缺乏实力的企业来说，如果品牌销售额不足以支付新品牌成功推广和生存所需的费用，就很难实施多品牌策略。这时不如"将所有的鸡蛋装进一个篮子里"，先打出一个高知名度的品牌，然后再进行延伸，这样推出新产品的费用将大大减少。

最后，多品牌策略应根据企业的经营目标来具体设计。对一个大公司来说，确定品牌线的最佳长度（品牌个数）是个重要问题。如果公司想要作为完善的品牌线的经营者来定位，或意欲追求较高的市场占有率，有效防止竞争者的侵入，那么一般要具有较长的品牌线。如果公司想追求最大的利润，那么品牌线的长度需要经过实际的估测。企业对每个品牌投入的力量也不应是均等的，主要品牌应重点培育，其他品牌则处于陪衬地位。

总之，采用多品牌策略可以为企业争得更多的货架空间，企业也可以用新产品来截获"品牌转换者"，以保持顾客对企业产品的忠诚，使企业的美誉度不必维系在一个品牌的成败上，降低企业的经营风险。应该说，多品牌策略适应了时代的需要，为企业的发展提供了更新的思路。

多品牌策略

学习任务三　品牌延伸策略

案例导入

聊聊《乐队的夏天2》里的「品牌策略现象」

2020 年 7 月 25 日《乐夏2》开播了，我最喜欢的乐队是……

不，我没有特别关心乐队……打开节目，很快就有一个有趣的商业现象吸引了我：此次乐夏2的首冠——「优酸乳」。为什么我会注意到呢？因为对我们 80、90 后大叔而言，听到马东口播"感谢赞助商优酸乳"时会很自然地问道：「优酸乳」是谁？赞助商不应该是「伊利」或「蒙牛」吗？

看看你分得清楚么：优酸乳是哪家企业的品牌？

这两家乳制品企业，实际上是中国快消品领域"渗透率"最高的顶级快消企业，它们的广告片、slogan，是很多人的儿时记忆：比如酸酸乳就伴随着超级女声张含韵的《酸酸甜甜就是我》。

在过去的心智记忆中，"伊利/蒙牛"和它们的产品名从未分家。

而现在，伊利集团大刀阔斧地劈开了这一心智认知。一定会有同学问，这次会不会是特例？比如，是不是因为 7 月初伊利蒙牛的负面新闻，导致伊利临阵删标？从时间上看的确看似很巧合，差不多一前一后都在 7 月发生。

但实际情况没有这么简单。如果我们简单回溯一下历史，会发现伊利在近十年的时间里，可能一直都在做这件事——尽可能地独立"优酸乳"品牌，剥离母品牌"伊利"的影响。如果单独从母子品牌的视觉要素看，这一历程极为清晰：

早期：伊利标识的主导地位

⇩

 中期：伊利与优酸乳紧密相连

⇩

 近期：伊利标识弱化

⇩

 当下：伊利标识转移至侧面

（以上版本随机发货，介意者慎拍！）

伊利优酸乳视觉要素的变迁

甚至，在近几年的伊利财报中都没有提及一次"优酸乳"这个百亿子品牌。

回顾过去，这实际上是：母品牌强势赋能，转向逐步收回母品牌的过程。

我们可以充分理解伊利这一品牌延伸的核心价值：①伊利背书可以充分进行新品类教育。②伊利品牌要素充分增强了品牌的识别度，大幅降低营销成本，增大了新品的消费者信任度和渠道谈判能力。③增强与蒙牛酸酸乳等跟风产品的竞争区隔度。④子品牌对母品牌年轻化的良好回馈。

我们再来看伊利决心独立优酸乳的战略逻辑，也可以理解为"品牌延伸的弊端"：①首先是核心门槛，可以理解为子品牌独立的转折点，优酸乳已经是年销售额过百亿的大单品，优酸乳内部也扩张出"基础系列""果粒系列""果果昔""缤纷果果粒"。②母品牌公关事件对优酸乳的负面影响。优酸乳在《乐夏2》原本的口号是"优国优民优酸乳"，但临时改成了"夏日滋味优优优"。其实前者很明显能更好运用"优"的资产，但怀疑就是因为涉及伊利集团的整体负面新闻而删除。③优酸乳对母品牌的负面反馈。这点可能是最重要的因素。优酸乳虽然年轻化，但毕竟只是含乳饮料，并非高端产品，作为中国最大乳业巨头，其最期待的品牌联想莫过于：品质信任+品牌高端。

伊利集团或许希望让"伊利"母品牌更纯粹、权威，所以保持与中低端子品牌的距离是可以理解的。新一代00后、10后们，不再会了解优酸乳和那个伊利有什么关联了。

案例分析

我们都知道定位理论极端反对品牌延伸。而从优酸乳看，伊利的品牌延伸是有自己一套方法的。首当其冲是消费者需求和品类机会的判断：抢占乳饮料在广袤中国的市场先机。核心是有效把控了母子品牌的关联，恰当时机进行联结与分割：当子品牌/产品名羸弱，则以母品牌扶植；当子品牌强势，则去除母品牌。相互循环+耐心的等待，避开品牌延伸的陷阱。

（资料来源：澎湃新闻，https：//www.thepaper.cn/newsDetail_forward_8678550. 2020. 8. 12.）

品牌延伸理论和实践的广泛运用，一方面缘于消费者对品牌商品的关注焦点从单纯的视觉沟通转移到品牌诉求的承诺上，这就迫使企业只有不断地进行技术创新、向市场推出新产品，才能保持品牌的现代化；另一方面，随着企业在市场营销和广告费用上的投入不断增加，使企业不得不将有限的营销推广费用集中在少数几个具有市场影响力的品牌上。上述两个方面直接导致企业对品牌延伸策略越来越重视，其运用的范围也越来越广泛、频率也越来越高。

品牌延伸

一、品牌延伸的内涵与类型

（一）品牌延伸的概念

企业在向市场推出一款新产品之前，可以利用的品牌战略大致有三种：一是单独为新产品开发设计一个新品牌；二是以某种方式使用现有的品牌；三是将新品牌与一个现有的品牌整合使用。

品牌延伸是指一个新类别的产品使用一个现有的品牌名称，即品牌延伸策略是将现有成功的品牌，用于新产品或修正过的产品的一种策略。品牌延伸的好处主要有：可以加快新产品的定位，保证新产品投资决策的快速准确；有助于减少新产品的市场风险；有助于强化品牌效应，增加品牌这一无形资产的经济价值；能够增强核心品牌的形象，提高整体品牌组合的投资效益。必须指出的是，品牌延伸并非只是新产品借用老品牌的名称，而是新产品全面、策略性地利用老品牌资产。如康师傅饼干就是康师傅方便面的品牌延伸。

在品牌延伸策略的运用过程中，消费者对品牌所产生的联想不是来自企业最先生产的"母品牌产品"，而是影响力更大的"旗舰品牌产品"。针对这一现象，企业的品牌管理人员在实施品牌延伸策略的时候，所要关注的就是如何将旗舰品牌产品良好的形象转移到新产品上。接下来讨论形象转移的概念。

1. 品牌形象转移

品牌形象转移是指消费者将对某一品牌产品产生的具有积极意义的联想转移到其品牌的新产品上。在品牌延伸策略的具体实施过程中，企业期望将旗舰品牌产品的形象转移到子品牌产品上，从而有利于子品牌产品被目标消费者所认同并迅速切入市场。

品牌形象转移的实现至少需要两个基本的"实体"：品牌形象转移的来源体（旗舰品牌产品）和目标体（子品牌产品）。一方面，品牌形象的来源体必须在消费者的心目中有较好的正面形象，能使消费者产生积极意义的联想。而且，来源体与目标体之间还应具有某种关联或共性。如在品牌延伸中旗舰品牌产品与其新产品拥有共同的品牌名称等。另一方面，目标体也应拥有能够激发消费者产生品牌联想的属性。

此外，基于形象转移的品牌扩张策略还包括成分品牌策略、联合品牌策略和品牌认可策略。

（1）成分品牌策略指的是品牌产品只能作为某一产品的一部分（零部件）使用，如在联想电脑使用英特尔处理器的案例中，其成分品牌英特尔充当了来源体的角色，而联想电脑扮演了目标体的角色。此时，联想电脑又可以被称为载体品牌。

（2）联合品牌策略是指由两个企业或品牌共同推出一款新产品，并在新产品上标出两个品牌的名称，如索尼与爱立信共同研发推出索尼爱立信手机就属于典型的采用联合品牌策略的案例。在这个案例中有两个来源体，也就是索尼和爱立信，而目标体是索尼爱立信手机。

（3）品牌认可策略是指企业在推出新产品时使用新的子品牌名称，但在其产品包装或广告传播中却明显地突出其母品牌名称。例如，宝洁公司（中国）在它的各种产品广告之后都会强调"宝洁公司"这个母品牌名称。在这一案例中，其认可品牌——宝洁公司是来源体，而其下属的其他产品是目标体。

2. 品牌形象转移的实现条件

企业在实施品牌延伸的策略时，先决条件是要保证能够成功将品牌的形象转移到新产品上，而品牌形象转移的实现条件包括以下两个方面：

（1）来源体的品牌具有较高的附加值。

（2）来源体与目标体具有一定的相关性。

首先，就新老产品之间的相关性而言，如果来源体与目标体之间在产品的品类上属于同一大类，则其品牌形象的转移就比较容易成功。例如，红双喜品牌由乒乓球延伸到乒乓球拍和乒乓球桌，由于这些延伸的产品都在同一产品大类的范围之内，因此消费者自然就很容易将对红双喜乒乓球的喜爱和信任转移到红双喜乒乓球拍和乒乓球桌上。

其次，如果来源体与目标体的市场细分所确定的是同一目标群体，则其品牌形象的转移也比较容易成功。比如，娃哈哈集团的旗舰产品是"娃哈哈儿童营养液"，其后，该集团又针对同类目标消费群体推出新产品"娃哈哈果奶"，取得了巨大的成功。其成功的原因之一便是其目标体的细分市场与来源体的细分市场属于完全相同的同一群体，自然容易得到市场的认同。

如何规避品牌延伸风险

（二）品牌延伸的类型

品牌专家科普菲尔将品牌延伸分为两种类型，即相关延伸和间断延伸。

（1）相关延伸是指延伸的子品牌产品与旗舰品牌的产品在生产技术和工艺上具有共通性，或者它们的产品属于一个产品大类。比如，以光学研究为主体的佳能公司，其旗舰品牌产品是光学照相机。之后，佳能借助于相同的光学技术，逐渐将品牌延伸至复印机、打印机、数码相机等领域，此种品牌延伸就类别而言属于典型的相关延伸。

（2）间断延伸正好与相关延伸的概念相反，是指其延伸品牌产品与旗舰品牌产品两者之间在生产技术工艺等方面没有任何的关联。比如雅马哈品牌拥有摩托车和电子琴两种完全不相关的产品，而零售商沃尔玛品牌所延伸的子品牌产品可能覆盖了整个消费品，甚至耐用品领域，这意味着其品牌旗下覆盖的产品范围更为广泛。

（三）品牌延伸的结果

每种品牌延伸策略的实施，都会对企业的品牌形象资产产生影响。不过，实施品牌延伸策略对企业来说，由于各种因素的综合作用，因此产生的结果有相当大的区别。品牌延伸的结果主要有理想结果、好结果、中性结果、坏结果和最坏结果。

1. 理想结果

企业在实施品牌延伸策略之后，进一步扩大了市场知名度，帮助发展和丰富了品牌意义。由于旗舰品牌产品和子品牌产品之间具有关联性，因此在满足消费者的不同需求方面形成了互补的产品结构，使企业的品牌价值在整体上获得了较大提升。比如，海信企业在开发数字化电视机之后，又向市场推出其延伸的电脑产品，这种品牌延伸策略的运用就非常有利于巩固海信在数字化技术领域的市场地位和品牌形象。

2. 好结果

好结果即虽然企业向市场推出的延伸品牌产品依靠旗舰品牌产品在市场的影响力得以快

速成长，但企业的产品结构重心仍然在旗舰品牌产品上，延伸产品的业绩在企业的整体业绩中所占比例仍然偏小。比如，梅林品牌产品是罐头食品，以午餐肉罐头为主。20世纪90年代后期，梅林品牌开始向厨房食品延伸。虽然梅林厨房食品可以利用梅林的品牌资源进行市场推广，但梅林厨房食品在市场上的影响力仍然十分有限。

3. 中性结果

中性结果是指企业在实施品牌延伸策略之后，其市场销售业绩平平，品牌的知名度也没有明显的变化。如上海红心器具有限公司在生产出电熨斗之后，又陆续向市场推出电饭煲、吸尘器等其他家用电器产品。但是这些产品并没有引起消费者对红心品牌的关注，或者说，红心品牌也没有使消费者产生任何联想。消费者只是认为红心企业有能力生产一系列家用电器产品而已，其品牌延伸并没有改变红心企业的品牌形象。

4. 坏结果

坏结果即企业所延伸的子品牌产品与旗舰品牌产品的市场定位或价值取向相冲突，消费者对品牌的认知出现混淆，导致延伸策略失败。比如，当年李维斯推出时装产品却招致彻底失败，就是因为消费者对时装品质的认知和期望与对牛仔服的期望有着天壤之别。

5. 最坏结果

最坏结果即企业实施了品牌延伸策略之后，其延伸的子品牌产品不但失败了，而且还直接损害了旗舰品牌的形象和资产。比如，皮尔·卡丹原本在高档时装领域有着令人瞩目的品牌荣耀，但是却不间断地使用品牌延伸策略，将其品牌延伸至上千个产品领域，尤其是在中国市场将其旗舰品牌高端服装延伸至中端市场的市场策略，既没有在市场上引起反响，销售业绩令人失望，又损害了消费者对皮尔·卡丹高端时装的期待。

案例

心智大敌之"品牌延伸"

三九集团以"999胃泰"起家，提起"999"，消费者潜意识里首先想到的就是"999胃泰"。后来，"999"延伸到啤酒领域，不知道消费者在喝"999冰啤"的时候，是不是有药味。再者，"999胃泰"无疑是在提醒消费者少喝酒甚至不喝酒；而"999冰啤"分明是在劝人喝酒，岂不是自相矛盾？

所幸的是，"999冰啤"仅在部分地区销售，除了当地消费者外，全国其他地方极少有人知道，把负面影响降到了最低。虽然"999冰啤"借"999"品牌取得了不错的销售业绩，但这只是饮鸩止渴，从长远来看，至少在局部地区对品牌造成了伤害。而"999"品牌延伸的其他药品，如皮炎平、感冒灵（冠名湖南卫视《爸爸去哪了》让"999感冒灵"大火了一把）等，对树立其专业的药品品牌形象大有帮助。

（资料来源：教材编写者。）

二、品牌延伸的优势

对大多数企业而言，在确定使用品牌延伸策略的时候，必须十分注重品牌延伸策略的实施细节，包括应该在何时、何地以及如何延伸品牌。从总体来说，经过精心策划和实施的品牌延伸策略必然会为企业带来诸多竞争优势，这些优势主要包括两个方面：增加新产品的市场可接受性；为旗舰品牌或企业整体提供反馈的利益。

（一）增加新产品的市场可接受性

企业在市场竞争的过程中，为了保持其在市场上的有利地位和竞争优势，必须不断地推出经过改良的新产品。但是，在实践中，企业推出新产品没有成功的例子比比皆是。一项调查数据表明，被市场认可的新产品不到20%。不过，品牌延伸给企业或品牌带来的以下好处，使企业利用品牌延伸策略将新产品推向市场并获得成功的比率提升到60%以上。

1. 提升品牌形象

如果旗舰品牌已经具有相当高的知名度和美誉度，消费者就会形成对品质的长期预期。因此，对于品牌延伸的新产品，消费者同样也会根据他们已经掌握的关于旗舰品牌的信息，以及他们认为该信息与新产品之间的关联程度对新产品的结构和品质做出判断或完成形象转移。

2. 减少消费者的风险感知

研究表明，决定新产品在市场营销过程中是否成功的最重要的因素是其与旗舰品牌的关联程度。如通用电气、惠普、摩托罗拉等国际知名品牌的延伸，其本身就向消费者传递了品质优异、信誉可靠的信息，这对消费者而言无疑大大降低了使用这些延伸产品的风险。因此，消费者对企业旗舰品牌的良好信誉感知在很大程度上保证了延伸品牌的成功。

3. 提高营销费用的使用效率

从营销传播的角度看，运用品牌延伸策略推出新产品的一个比较明显的优势是：在新产品导入市场的阶段，其传播活动只需要集中有限的时间和空间向目标消费者集中介绍新产品能够带给消费者的利益点即可，而不必花大量的经费去向消费者介绍品牌的名称。同时，对消费者而言，将记忆中已经存在的旗舰品牌与子品牌相关联，比在认知过程中花大量的时间和精力去记忆一个新品牌要容易得多。

美国的一项调查表明，运用品牌延伸策略向市场推出的新产品的平均广告数量和销售量之比为10%，而企业向市场推出全新品牌的平均广告数量和销售量之比为19%。这一数据证明了实施品牌延伸策略可以提高企业营销费用的使用效率。

4. 降低企业在流通渠道的管理成本

企业的营销活动大体上不外乎采用"推"和"拉"的策略。所谓"拉"，即针对终端消费者采用促销、广告等方式，以增加销售量；而所谓"推"，即针对中间商（包括批发商和零售商）开展能够吸引他们大批量进货和提高销售积极性的活动，以保证产品在流通的环节上能够不受阻碍地实现终端销售。

5. 避免创建新品牌的成本

一个品牌在市场上能够深入人心，并受到消费者的欢迎和信任，绝不是一朝一夕的事情，而是必须经过长时间不懈的努力和坚持。同时，企业急需制定并实施正确的营销与传播战略，还需要在具体的实施环节上开展相应的工作。如进行必要的消费者调研；聘用专业的策划公司为品牌设计名称、标识、视觉符号、包装；选择代言人；创作广告语、影视（平面）广告等。这些工作不仅需要企业付出相应的人力、物力和财力，而且这一全新的品牌即使进入市场，也未必能够成功。

6. 满足消费者多样化的需求

不同的消费者往往具有不尽相同的偏好，即使同一个消费者，其对品牌产品的偏好也会随着时代的变化而变化。因此，在同一产品大类里向消费者提供更多的、有一定差异的产品

（如不同口味、花色、功能等），能在一定程度上满足消费者的不同需求。此外，为了有效地开展市场竞争，企业也有必要开发多种延伸品牌的产品，以避免消费者的消费兴趣点发生变化时转而使用竞争对手的品牌产品。

（二）为旗舰品牌或企业整体提供反馈利益

品牌延伸除了可以增加新产品的市场接受度，还可以多种方式向旗舰品牌或企业整体提供正面的反馈利益。

1. 界定和拓宽品牌含义

实施品牌延伸策略有助于企业向消费者进一步阐明旗舰品牌的含义，界定其参与竞争的市场范围和类型。界定一个较为宽泛的品牌含义对企业来说是十分必要的，它可以使企业今后的营销发展战略决策拥有较为广泛的活动空间，为提出更具竞争力的营销战略打下基础。

2. 提升旗舰品牌形象

从理论角度来说，企业运用品牌延伸策略并取得成功的理想成果之一是，其子品牌产品可以加强现有品牌的正面和积极的联想，改善现有品牌联想的偏好性，拓展现有品牌的经验范围，丰富品牌的联想内容，从而在整体上提升旗舰品牌的形象。

当企业实施品牌延伸策略时，可以通过阐述其核心品牌价值和联想，扩大旗舰品牌对目标消费者的影响力。由于核心品牌的联想是指那些在品牌线中能够代表所有产品特征的属性和利益，因而常常也是消费者心目中印象最深的联想。例如，耐克已经从设计和生产跑鞋逐渐延伸到其他运动鞋、运动衣和运动器械领域，并通过品牌延伸不断丰富和强化其在消费者心目中的"巅峰表现"和"运动"的品牌联想。

案 例

品牌延伸的成功案例之京都念慈菴

念慈菴作为一个拥有近300年历史的中药品牌，远销欧洲、美洲、亚洲的20个国家，被誉为"中药产品全球销量第一"的中药品牌。2016年，念慈菴斥巨资高调进入草本饮料行业，并且在深圳成立独资子公司"东成建业食品（深圳）有限公司"，负责"念慈菴润"饮料的推广与销售，正式开始了其多元化的扩张之路。

中药品牌是多元化还是专业化，一直是众人争论的焦点，这是因为对中药品牌而言，虽然采取多元化经营方式的企业较多，运作成功的却很少。如广药集团，之前将王老吉品牌租给加多宝饮料公司，并让加多宝饮料公司负责其饮品市场的推广与销售。所以一个中药品牌要进行多元化扩张，必须慎之又慎。虽然中药品牌多元化成功扩张的个案少，但不代表中药品牌不能进行多元化扩张。"念慈菴润"饮品刚一推出，在没有大量招商宣传的情况下，就引来多家酒水饮料经销商的关注，完成了部分签约，可以看出其采取了一定的销售策略，并获得了成效。

在提倡"万众创新"的今天，念慈菴并没有随波逐流，天马行空地去创造需求，也没有盲目进入饮料行业，而是利用缜密的调研去发现消费需求，继而挖掘和扩大这种消费需求。京都念慈菴总厂有限公司总经理陈国榕说："我们在对念慈菴进行市场调查时，发现很多消费者在使用念慈菴枇杷膏的时候，喜欢兑水冲调以后饮用，特别是夏天，很多家庭主妇都会将枇杷膏冲调成饮料，冷藏于冰箱里，做成冰饮，供全家人下火润肺。

> 调查结果显示，消费者对念慈菴相关饮料有着强大的潜在需求，而这种相关需求只要稍微拉动，就会引起消费者强大的购买欲望。"
>
> （资料来源：教材编写者。）

三、品牌延伸的风险

虽然实施品牌延伸策略可以为企业带来上述若干利益，但是如果在不恰当的时间采取不恰当的品牌延伸策略，就有可能给企业造成负面影响，甚至带来经济损失。因此，任何事物都有两面性，不可能十全十美，品牌延伸运用得当自然会给企业带来较为可观的利益，但是如果运用不当，同样会给企业带来诸多风险。这些风险主要表现在以下几个方面：

（一）使消费者对品牌的认知发生混乱

企业实施品牌延伸策略固然可以丰富其品牌的产品线，满足消费者的不同需求。但是，如果在同一产品大类中企业提供的产品过多，那么消费者反而难以对诸多的品牌产品产生正确的认知和判断，无法弄清楚哪款产品真正适合自己，从而导致消费者感到困惑，甚至放弃原本准备购买某品牌产品的计划。一项市场调研的结果显示，在消费者的购买决策过程中，6 种可供选择的商品比 24 种可供选择的商品更容易让消费者做出购买决策。因此，在有些情况下，过多的产品种类反而会导致消费者的购买率降低。

（二）损害旗舰品牌的形象

实施品牌延伸策略最糟糕的结果并不是子品牌产品因被消费者拒绝而退出市场，而是在延伸过程中对旗舰品牌产品的形象造成了损害，导致旗舰品牌产品在市场的占有率直线下降。这种偷鸡不成反蚀把米的后果，是所有企业都不愿面对的。

（三）挤占旗舰品牌的市场份额

虽然企业在实施品牌延伸策略之后，延伸的子品牌产品在市场取得了非常理想的业绩，但是这一业绩很有可能是建立在旗舰品牌产品或旗舰品牌之下其他产品的销售业绩直线下滑的基础之上的。也就是说，旗舰品牌产品的失败促成了延伸子品牌的成功，延伸品牌产品实际上是挤占了旗舰品牌产品的市场。

出现这种结果肯定不是企业采取品牌延伸策略的初衷，不过，这种新老品牌产品之间的销售业绩转移的结果也并非完全不能接受，企业的管理层可以将这种情况看成是一种先发挤占。或者退一步说，如果延伸的子品牌产品没有上市销售并取代旗舰品牌产品，那么取代旗舰品牌产品的就是竞争对手的品牌了。

（四）稀释品牌个性

如果企业过多地采用品牌延伸策略，则有可能导致旗舰品牌的个性特征被众多的子品牌产品所稀释，使得其子品牌产品不仅不能通过旗舰品牌产品的形象来确立自己的市场地位，而且旗舰品牌产品的个性特征也会逐渐被消费者所淡忘。

（五）丧失开发新品牌的时机

如果企业已经设计并生产出一个新的产品，那么此时企业能够选择的市场营销策略只有两个：要么采用品牌延伸策略，要么开发并塑造全新的品牌传播策略，二者必选其一。不管企业采用哪种策略，选择了 A，就必然要放弃 B；而选择了 B，就必然要放弃 A。从逻辑角度来说，企业选择了品牌延伸策略，就丧失了开发新品牌的时机。而且，即使将来市场销售的业绩足以表明企业当初实施品牌延伸策略是正确的决定，也不能说明当初放弃开发新品牌的策略就一定是正确的。

因此，当企业的管理层在做上述选择题时，必须对此予以高度重视。毕竟，在企业向市场推出新产品的营销策略中，品牌延伸策略并不是唯一的选项。相反，在某些特殊的市场环境下，企业选择开发新品牌可能更有利于企业的发展。如李维斯面对市场需求的变化，适时地推出企业开发的新品牌"Dockers"，以休闲长裤吸引目标消费群体，并根据目标消费者的心理需求塑造相应的品牌个性和价值观念，获得了极大的成功。由此可见，企业选择品牌延伸策略推出新产品，由于放弃了创建新品牌的机会，因而存在着某种极大的风险。

四、品牌延伸的原则

（一）旗舰品牌具有较高的知名度、声誉和市场占有率

由于品牌延伸的目的是借助于已有品牌的声誉和影响迅速向市场推出新产品，因此品牌延伸的前提就是品牌应具有较高的知名度、声誉和市场占有率，在消费者心目中有很高的地位。当品牌资产价值不是很高，并且受到许多竞争对手强有力的挑战时，急于进行品牌延伸很容易使企业陷入被动局面。比如，巨人集团在最初经营的电脑产品没有取得绝对优势的情况下，迫不及待地进军生物保健品市场和房地产市场，结果顾此失彼，导致企业的人、财、物等资源过度分散，本来很有希望的企业陷入重重危机之中。

（二）旗舰品牌的识别元素要适用

品牌识别的元素除了品牌名称、标志、标准色、广告语之外，还包括品牌价值、品牌个性、品牌诉求、品牌关系、使用者形象、品牌功能、品牌服务、品牌代言人、品牌起源、品牌情感、品牌利益、品牌象征等多个方面的内容。企业决策层必须先区分哪些元素是品牌的核心元素，哪些元素是品牌的延伸识别元素。前者的重要性远大于后者。

（三）品牌资产可以转移

对品牌延伸而言，仅仅满足旗舰品牌产品的识别元素适用于延伸品牌产品这一点是不够的，还必须满足旗舰品牌产品的品牌资产可以转移到延伸品牌产品上并使延伸品牌产品获益这一点。只有满足上述两点，才能够实施品牌延伸策略。如果旗舰品牌产品的资产是属于视觉性质的（如包装的色彩或设计风格），则该品牌的资产会显得较为模糊，自然也就很难转移到延伸品牌产品上了。

（四）品牌服务系统与销售渠道相同

如果延伸品牌产品与旗舰品牌产品在服务系统或销售渠道方面具有相同的性质，就可以避免企业分散使用资源，企业就可以借助于相同的服务系统或销售渠道开展市场营销的推广工作，形成规模效益。娃哈哈品牌从当初的儿童营养液逐步延伸出众多的产品，如娃哈哈纯净水、娃哈哈非常可乐、娃哈哈激活功能饮料、娃哈哈八宝粥、娃哈哈非常柠檬、娃哈哈大厨艺营养湿面、娃哈哈爱迪生奶粉等，这些产品都属于食品大类，拥有相同的服务系统和销售渠道，为娃哈哈实施品牌延伸策略提供了可靠的保障。

案 例

品牌延伸的失败案例之王老吉

广药集团于2015年起开始了"王老吉"品牌扩张之路，在2016年3月宣布成立广药王老吉大健康产业公司，制定了500亿"大健康产业"战略。在大健康产业战略的主导下，王老吉授权"白云山"推出王老吉百世康绞股蓝饮料，授权广粮集团推出王老吉固元粥、莲子绿豆爽、月饼等产品，向食品、保健品、药酒、药妆等多个领域延伸扩展。由此不难看出，广药集团对王老吉的吸金预期非常高。

看到红罐加多宝和绿罐王老吉莲子绿豆爽同时摆放在超市货架上，你知道消费者会怎么想吗？"加多宝的确还是凉茶。王老吉？可能是莲子绿豆汤，也可能是月饼或粥，或者是其他什么东西！"这样的品牌延伸只能导致王老吉的凉茶优势消失殆尽。

（资料来源：教材编写者。）

思政之窗

双循环下中国品牌迎来新机遇

2020年，国家提出"加快形成以国内大循环为主体、国内国际双循环相互促进的新发展格局"。这是事关全局的系统性深层次改革，有关数据显示，2019年春节期间，进口车厘子销量飙升，三四线城市的增幅远高于一二线城市；去年双十一期间，天猫平台超过一半的高端手机被小镇青年买走；某进口高端电器，2019年在五六线地区的销售增长达到了117%，成为县域家庭的新宠。

传统的认知正在被改变。下沉市场的消费者不再只关注商品价格，品质和品牌已成为他们购买的重要因素。过去的"低质低价"让位于"优质低价"。这就是中国经济和本土品牌最大的机遇。在高质量发展和双循环战略的东风吹拂下，县域及以下市场早已不再是低价商品的温床，而已经成为优秀品牌新秀场。

五、品牌延伸策略的实施过程

品牌延伸策略作为企业整体发展战略的一部分，其实施过程与企业战略管理过程一样，都必须经过市场调研、策略规划、策略实施与控制这三个阶段。

（一）市场调研

企业在做出实施品牌延伸策略的决策之前，其首要的工作是进行市场调研，调研的内容包括企业赖以生存的宏观市场环境、产业竞争环境、企业内部环境和品牌认知度（资产价值），并对此进行分析。品牌延伸策略的市场调研是一项基础工作，是后续品牌延伸过程中实施每个步骤的决策依据。

1. 宏观市场环境分析

在企业做出实施品牌延伸策略的决策之前，对企业所处宏观市场环境进行分析的目的是明确以下几个基本问题：企业可以进入哪些产业？企业可以向哪些市场拓展？企业在市场环境的变化中将会遇到哪些机会或是威胁？企业进行市场扩张的时机是否成熟？等等。企业所处的宏观市场环境在很大程度上决定了企业可以向哪些产业延伸和发展，宏观环境的分析因素主要包括政治和法律因素、经济因素、技术因素和社会因素。

2. 产业竞争环境分析

企业对自身所处宏观环境的分析，可以使企业清楚地认识到实施品牌延伸策略有可能给企业的发展带来哪些机会，以及企业将要进入的产业范围。接下来，企业要对即将进入的产业的竞争环境做比较深入的分析，以评估实施品牌延伸的可行性。

产业竞争环境分析属于企业外部环境的微观分析，其主要分析内容是产业中的竞争格局以及本产业与其他产业之间的关系。按照迈克尔·E. 波特教授的观点，产业内部竞争的激烈程度和产业的利润状况并不是偶然的结果，而是取决于产业的基础结构和五种竞争力量的博弈。

通过对以上内容的分析，企业对准备进入的产业内部竞争状况有了一个比较清楚的认识，这对企业制定品牌延伸策略而言是必不可少的分析环节。不过，在以实施品牌延伸策略为目的的产业竞争环境分析过程中，其分析的侧重点应围绕如何利用实施品牌延伸策略的机会。在分析企业通过什么样的产品线延伸、产品种类延伸或市场延伸来抓住产业发展的机会时，尤其要注意产业未来的发展趋势给企业的品牌延伸带来的机会或威胁。

3. 企业内部环境分析

在准备实施品牌延伸策略的过程中，企业还有必要对自身内部的环境进行全面的考量，以对自身的各项能力（研发能力、财务运作能力、市场营销能力和组织结构与管理能力）进行综合分析，并在此基础上决定企业是否推出新产品、推出哪些产品、进入哪些细分市场等。

4. 品牌认知度（资产价值）分析

企业在正式做出实施品牌延伸策略的决策之前，还必须对自身品牌的资产价值，也就是企业品牌在市场的认知度、美誉度及消费者对品牌的忠诚度等有关内容进行广泛的调查和分析，以确定企业旗舰品牌的资产是否有足够的影响力带动延伸产品在市场上有出色的表现。品牌认知度调查分析的范围包括企业的旗舰品牌、与旗舰品牌形成竞争关系的其他品牌、企业准备推向市场的延伸品牌等，内容主要包括消费者对品牌的认知度、美誉度、品牌联想、消费者忠诚度及其他资产。

（二）品牌延伸策略规划

1. 延伸产品的属性分析

在分析了宏观市场环境、产业竞争环境和企业内部环境之后，企业就可以从战略层面审视自己通过实施品牌延伸策略所要进入的产业，以及思考在将要进入的产业里可以推出哪些产品。对于将要推出的延伸产品，企业还应充分分析其产品的属性，包括技术属性、功能属性、利益属性和消费者的心理感受，以便企业做出更准确的品牌延伸策略决策。

2. 品牌决策分析

通过对品牌认知度的调查和产品属性的分析，企业可以对将来有可能推出的新产品在市场中的发展态势有一个大致的预测，有助于企业决定在实施品牌扩张策略的过程中，需要推出几种新产品以及如何塑造新产品品牌。一般而言，企业如果要实施品牌延伸策略，则应首先考虑使用自身的现有（旗舰）品牌。在特殊情况下，企业也许拥有好几个现有（旗舰）品牌，且各品牌都有着自身独特的品牌价值和个性及识别元素。此时，企业就有必要将这些品牌的基本属性与将要推出的新产品的属性进行对比分析，从而决定在哪个品牌下推出新产品。

但分析的结果有可能是企业的现有（旗舰）品牌还不具备覆盖和带动新产品上市推广的能力，此时，企业就需要考虑通过收购或创立新品牌来实施其市场扩张策略。这里的"不具备"包含两层意思：一是企业将要推出的新产品不适合在现有（旗舰）品牌之下进行延伸，否则，会导致品牌商品之间产生冲突或彼此伤害；二是企业的现有（旗舰）品牌产品与将要推出的新产品之间缺少关联，更不适合使用品牌延伸策略。不过，在这种情况下，企业可以考虑使用外包品牌或另创品牌的方法，也许会取得更好的市场效果。

3. 延伸产品品牌归属分析

企业在对品牌延伸策略进行规划的过程中，必须对将要推出的新产品的品牌归属做细致的分析和审查。审查的原则是尽力避免在某个现有品牌之下推出新产品之后，新老两个产品之间发生冲突。因此，在分析的过程中，应该着重分析将要推出的新产品是否有可能对现有（旗舰）品牌产品造成伤害，是否有可能稀释现有（旗舰）品牌产品的个性，是否会导致消费者的认知混乱，是否会遭到中间商的抵制等。如果经过分析，发现将要推出的新产品与某个现有品牌有着较好的共存共荣的关系，则应将其归入该旗舰品牌。

4. 延伸产品与旗舰品牌的适应度分析

企业通过对将要推出的新产品的归属进行分析，对新产品应该借助于哪个现有（旗舰）品牌进行市场推广做出一个正确的决策。对延伸产品进行品牌归类的目的是消除两者之间的不适应性。由于企业在未来的发展过程中，有可能会有一系列的新产品使用某个现有（旗舰）品牌，因而企业有必要对各个新产品与现有品牌之间的适应度进行分析，以便根据新老产品之间适应度的大小，排列出序列，为品牌延伸策略规划的下一步工作做好准备。

5. 品牌延伸的策略选择分析

在对准备推出的新产品的属性、品牌决策、延伸产品的品牌归属、延伸产品与旗舰品牌的适应度等相关内容进行分析之后，企业可以选择不同的品牌延伸策略。在品牌延伸策略当中，企业可以根据品牌延伸的不同目的，将品牌延伸策略进一步划分为以下几种类型。

如果企业希望通过实施品牌延伸策略，达到强化企业品牌形象或品牌核心价值的目的，则此种品牌延伸被称为强化策略；如果企业希望通过品牌延伸，达到维持品牌形象的目的，则此种品牌延伸被称为固守策略；如果企业希望通过品牌延伸，达到改变品牌形象的目的，则此种品牌延伸被称为改变策略。当然，企业实施的所有细分的品牌延伸策略，都必须是企业根据其内部环境和所掌握的资源以及企业所处的外部市场环境的竞争状况所进行的慎重决策的结果。

不同的品牌延伸策略对企业今后推出的新产品与现有品牌产品适应度的要求是不同的。如果企业采用强化或固守策略，则应考虑使用与现有品牌在关联度上更适应的新产品；如果企业准备采用改变策略，则应考虑使用与旗舰品牌产品的某些具体属性相关的新产品，这些新产品在其他具体属性和其可能引起的抽象联想方面可以支持现有或旗舰品牌的形象及其核心价值的改变。

6. 品牌延伸的顺序分析

企业在对延伸产品品牌归属进行分析之后，必须考虑在今后的市场发展过程中，企业下属的所有现有品牌都可以推出新产品，而企业在不同的发展阶段以及选择的品牌延伸策略决定了其今后在实施品牌延伸的策略过程中，其将以什么样的先后顺序推出新产品。总体而言，进行品牌延伸先后顺序的基本原则是企业在一定的约束条件下，根据是否有利于提升品牌形象及其程度的大小确定。

(三) 品牌延伸策略的实施与控制

实施品牌延伸策略是一个具体操作的过程，即如何在某个品牌之下成功地将一个新产品推向市场。这就需要企业在生产和营销两个环节对新产品进行有效的管理，根据市场的接受程度，对品牌延伸策略实施的结果进行评估，并对其后续工作进行反馈控制。

1. 新产品生产与营销管理

企业在对品牌延伸策略做了大量的分析和决策之后，下一步工作就是生产新产品，并选择恰当的时间向目标市场推出新产品。此时，企业应该考虑的是使用哪种管理方式更有利于品牌延伸策略的实施。目前，国外许多企业都实行品牌经理制，即企业在拥有多个品牌的情况下，为每个品牌设置一名具有高度组织能力的经理，使其对产品生产、新产品开发、产品包装设计、品牌市场调研、产品营销、流通渠道策划，甚至品牌策划、品牌传播等与品牌相关的工作进行协调与管理。使用这种管理制度，能对品牌形象的塑造、维护和传播产生积极的效果。不过，目前国内许多企业并没有实行品牌经理制，这就在一定程度上使品牌产品在生产与营销两个环节上容易分离、难以整合。在这种情况下，企业只能尽可能地在生产与营销两个环节之间进行更多的沟通，以减少这种不利影响。

2. 品牌延伸效果的评估

企业在实施了品牌延伸策略之后（至少为一年），应该对其产生的市场效果进行评估，以判断其是成功还是失败，抑或是虽然目前在市场上暂时处于平衡状态，但将来可能会有较大的升值空间。在具体的评估过程中，企业可以把四个标准作为判断的依据。其中，从较为宏观的层面来考虑有两个标准，即品牌延伸策略的实施是否符合企业的整体发展战略目标和是否在生产环境的变化过程中及时把握住了有利的市场机会；从微观的层面来考虑也有两个标准，即品牌延伸策略是否能够巩固或提升企业的品牌形象和延伸产品被市场接受的程度。

3. 反馈控制

在企业实施品牌延伸策略之后，及时启动反馈控制系统是十分必要的，这是因为任何策略的制定都基于系统的观点和动态的观点。所谓系统的观点，是要求系统内部的各要素保持整体的平衡和优化，这就要求主体（企业管理层）根据系统输出的结果不断地对系统内的各要素进行反馈调整；所谓动态的观点，是要求主体不断审视市场环境的变化，并根据市场环境的变化随时做出有利于企业发展的战略调整。在品牌延伸策略的管理过程中，企业应根据品牌延伸的评估结果，对品牌延伸策略过程中的所有步骤进行反馈控制，以使企业管理层在品牌延伸策略的实施过程中能够及时做出正确的决策。

品牌延伸的成功与失败案例：苹果与诺基亚

拓展阅读

故宫文创的守正创新之路

近年来，故宫博物院全力开拓文创事业，通过"平安故宫、学术故宫、数字故宫、活力故宫"建设为支撑，将故宫博物院建成国际一流博物馆，世界文化遗产保护的典范，文化和旅游融合的引领者，文明交流互鉴的会客厅，逐步走出了一条独特发展的道路。

一、多种形式合作，拓展产品体系

通过自主研发、社会合作等多种方式，深入挖掘馆藏文物的内涵，不断扩展丰富故宫文创产品体系，截至2020年底，已累计研发瓷器、服饰、书画、食品、美妆、文房、节庆等共计28大系列，14328件（套）文创产品，目前在售产品达5000余种。其中包括新推出的深受大家喜爱的故宫猫盲盒、荷包口红，故宫月饼等。还有《谜宫》图书、《2020故宫日历》等文创新品。

二、随展文创产品，延伸展览内涵

近年来，伴随观众开放区域的不断扩大，故宫博物院继续完善陈列展览格局，在午门－雁翅楼等展区设立了故宫文创随展馆。将文物展品与文化创意产品相结合，对随展系列产品进行延伸研发，已经成为故宫博物院文化创意发展的重要组成部分。

三、品牌授权合作，跨界融合发展

2020年10月，故宫博物院参与了"CLE中国授权展"，集中展示了近些年优秀的授权类文创产品成果。其中包括了小米MIX3手机故宫特别版、李宁×故宫宝蕴楼联名系列、肯德基×故宫联名系列等等，合作领域覆盖电子、食品饮料、家居服饰等多个品类。围绕紫禁城建成600年，故宫博物院与各类社会企业开展了品牌合作，推出了紫禁城建成600年纪念券、纪念币、纪念邮票和银行卡、"故宫瑞兽"贵金属文创产品、伊利金典有机奶故宫特别版等授权类文创产品。

这些举措都让国家的文物真正活了起来，让文物灵魂真正活了起来，使中华优秀传统文化得以更广泛的传播和弘扬。

（资料来源：文博圈.故宫文创的守正创新之路!）

项目小结

企业在成功建立品牌后，还需要密切关注品牌的发展策略。品牌发展策略的目的可以总结为两个方面：一方面，继续提升品牌价值；另一方面，有效利用品牌价值。本项目具体介绍了单一品牌策略、多品牌策略和品牌延伸策略。单一品牌策略又称统一品牌策略或同一品牌策略，随着消费者需求的多元化，一个消费群体分离成不同偏好的几个群体，单一品牌策略往往不能很好地满足消费者多元化的需求，而且容易导致品牌个性不明显及品牌形象混乱，而多品牌策略正好解决了这一问题。

品牌延伸是指企业利用已经取得成功的品牌名称来推出改良产品或新产品。品牌延伸的最终目的是获得消费者对新产品的认同，将新产品迅速推入市场，从而获得竞争优势。一方面，品牌延伸利用原有品牌在消费者中的知名度，使新产品顺利进入市场；另一方面，品牌延伸又可以通过新产品的销售进一步扩大原有品牌的影响力，获得品牌宣传的规模效应。

【项目资源】

一、动画

1. 品牌组合的结构
2. 品牌在企业竞争战略中担任的角色类型

二、视频

1. 单一品牌策略

品牌组合的结构

2. 多品牌策略
3. 推行多品牌策略的方式与条件
4. 品牌联合策略
5. 想不到的品牌跨界联合
6. 品牌延伸的含义
7. 品牌延伸的风险与规避
8. 品牌延伸的方式
9. 品牌延伸的模型
10. 品牌延伸的步骤

(见"品牌管理"在线开放课程)

品牌在企业竞争战略中
担任的角色类型

【同步测试】

一、单项选择题

1. 单一品牌策略的类型不包括（　　）。
   A. 线内单一品牌策略　　　　　　B. 跨类单一品牌策略
   C. 完全单一品牌策略　　　　　　D. 一品一牌策略
2. 晨光旗下的所有文具产品都是使用"晨光"品牌，运用的单一品牌策略类型是（　　）。
   A. 线内单一品牌策略　　　　　　B. 跨类单一品牌策略
   C. 完全单一品牌策略　　　　　　D. 一品一牌策略
3. 推行多品牌的方式不包括（　　）。
   A. 创建新品牌　　　　　　　　　B. 沿用成功品牌名称
   C. 收编劣势品牌　　　　　　　　D. 合资优势品牌
4. 借助现有品牌已建立起来的质量或形象声誉，将现有品牌名称用于产品线扩张或推出新的产品品类的品牌策略是（　　）。
   A. 单一品牌策略　　　　　　　　B. 主副品牌策略
   C. 多品牌策略　　　　　　　　　D. 品牌延伸策略
5. 下面关于品牌延伸的说法错误的是（　　）。
   A. 品牌延伸策略被称为"搭乘名牌列车"策略
   B. 用做品牌延伸的母品牌不必有较高的品牌知名度和品牌形象
   C. 品牌延伸既可以是产品线延伸，也可以是产品种类延伸
   D. 品牌延伸的目的是以较低的成本进入新的细分市场，或者扩大市场份额

二、多项选择题

1. 运用单一品牌策略的缺点包括（　　）。
   A. 容易产生株连效应　　　　　　B. 花费成本较高
   C. 无法彰显产品差异化个性　　　D. 不利于新产品开拓市场
2. 下列关于多品牌战略的实施说法正确的是（　　）。
   A. 对各个品牌的价格、渠道等进行规划　　B. 对各个品牌进行单独管理与维护
   C. 资源平均分配　　　　　　　　D. 独立的传播沟通策略

三、思考题

1. 单一品牌策略的类型有哪些？

2. 应用多品牌策略应该注意哪些事项？
3. 企业实施品牌延伸策略的原则是什么？
4. 实施品牌延伸策略存在哪些风险？

复习与思考答案

四、案例分析

宝洁品牌策略分析

美国宝洁公司始创于 1837 年，其创始人英格兰移民者威廉·波克特（William Procter）和爱尔兰移民者詹姆斯·甘保（James Gamble）靠制造蜡烛起家，如今已成为美国包装消费品业的翘楚，是世界最大的日用消费品公司之一，拥有雇员近 10 万人，在全球 80 多个国家设有工厂及分公司，其经营的 300 多个品牌的产品畅销 160 多个国家和地区。

在 2016 年度世界品牌 500 强排行榜中，宝洁名列第 86 位，在日化类品牌中排名第一。宝洁的产品包括护肤用品、化妆品、婴儿护理产品、妇女卫生用品、医药、食品、饮料、织物、家居护理用品及个人清洁用品。在中国，宝洁的飘柔、海飞丝、潘婷、舒肤佳、玉兰油、护舒宝、碧浪、汰渍和佳洁士等已经成为家喻户晓的品牌。

这家拥有百年历史的企业能够如滚雪球般地发展，与其长期实施的品牌延伸策略有很大关系。纵观宝洁的发展道路，我们从以下几个方面分析其品牌延伸策略。

1. 实施"一品多牌"的品牌延伸策略

在日用消费品行业中，由于许多产品是类型相同、档次相同、消费者群体相同的系列产品，因而采用一品多牌的延伸方式具有许多优势。宝洁公司运用一品多牌的策略成功突破了消费者的"心理定式"，在人们心中树立起宝洁不仅是一个生产象牙香皂的公司，还是生产妇女用品、儿童用品，以及药品、食品的厂家的印象。在实行一品多牌策略时，宝洁的原则是自己不断攻击自己，让本企业各种品牌的产品分别占领市场，巩固自己在市场中的领导地位，从而有效打击对手。特别是从功能、价格等方面对市场的细分，更是令竞争者难以插足，大大提高了对方的进攻成本，起到了保护本企业的作用。

2. 充分了解消费者

宝洁成功的关键在于对消费者的深入了解以及不间断地开发具有突破性技术的新产品，从而满足消费者的需求。回顾公司历史，宝洁在消费者市场研究方面始终处于领先地位，宝洁首创了许多目前被广为应用的市场调研技术。早在 1924 年，宝洁就在美国成立了消费者研究机构，成为美国工业界率先运用科学分析方法了解消费者需求的公司之一。

起初，宝洁雇用了"现场调查员"进行逐门逐户的访问，向家庭主妇了解她们如何使用宝洁产品，以及她们觉得产品的优缺点是什么。这种调研方法一直延续了几十年，直到 20 世纪 70 年代，宝洁又成为最早使用免费电话与消费者沟通的公司之一。发展到今天，宝洁每年运用多种市场调研工具和技术与全球超过 700 万的消费者进行交流，通过多种渠道了解消费者，如访问和观察住户、举办消费者座谈会、进行问卷调查、访问商店、利用跟踪调查系统、接收消费者信件、接听消费者电话等。宝洁借此建立起庞大的数据库，及时捕捉消费者的意见，这些意见帮助市场部制作有说服力的广告和制订有力的市场营销计划，帮助产品开发部开发新产品，帮助销售部制订销售计划，保证产品分销到各地，方便消费者购买。

3. 寻找差异，充分占领市场

在销售同类产品时，宝洁公司运用美国广告大师罗瑟·瑞夫斯提出的"独特的销售主张"的营销理论，追求同类产品不同品牌之间的差异，包括功能、包装、宣传等方面的差异,形成每个品牌的鲜明个性,制造不同的卖点。这既可以使不同产品满足具有特定需求的各部分和层次的消费者,又可以使每个品牌都有自己的发展空间,市场不会重叠,使企业在产业中拥有极高的市场占有率。

同样的产品,不同的顾客希望获得的利益组合不同,以洗衣粉为例:有的顾客看重洗涤能力;有的顾客认为使织物柔软最重要;还有的顾客希望洗衣粉具有气味芬芳、碱性温和的特征。于是,宝洁公司设计了九种品牌的洗衣粉:"汰渍"(Tide)、"奇尔"(Cheer)、"格尼"(Gain)、"达诗"(Dash)、"波德"(Bold)、"卓夫特"(Dreft)、"象牙雪"(LvorySnow)、"欧喜朵"(Oxydol)和"时代"(Era)。在宣传时力求只向消费者承诺一个利益点,以使每个消费群体都能迅速找到满足自己需求的特定产品。

4. 准确的市场定位

宝洁在实施品牌策略时很注意不轻易地动摇原来品牌的定位,即强化品牌个性,而不是使品牌个性变得模糊不清。

不同的产品具有不同的鲜明的个性。以宝洁在中国推出的洗护发产品为例,"飘柔"的个性是使头发光滑柔顺,"飘柔"草绿色的包装给人以青春美的感受,"含丝质润发素,洗发护发一次完成,令头发飘逸柔顺"的广告语,再配以少女甩动如丝般的头发的画面,更深化了消费者对"飘柔"飘逸柔顺效果的印象;"海飞丝"的个性在于去屑止痒,"头屑去无踪,秀发更出众"的广告语,更进一步在消费者心目中树立起"海飞丝"去头屑的信念;"潘婷"的个性在于对头发的营养保健,"含丰富的维他命原B_5,能由发根渗透至发梢,补充养分,使头发健康、亮泽"突出了潘婷营养型的个性;"沙宣"的个性是垂直定型,是宝洁为专业市场设计的洗发水品牌,沙宣的广告语简短,语义简洁明了,与沙宣品牌本身的定位非常吻合;"伊卡璐"的定位是染发。于是,宝洁构筑了一条完整的美发、护发、染发产品线,最大限度地占领了市场。

不轻易动摇品牌的定位,让品牌在消费者心目中占据到高点,是宝洁进行品牌定位时的目标。事实证明了宝洁在定位理念上的正确性。正如其广告词"世界一流产品美化您的生活"所传达的信息一样,"宝洁"已成为追求高品质生活的象征。这就是品牌延伸的核心概念所在。

(资料来源:百度文库,宝洁品牌策略分析。)

思考题

1. 请分析宝洁公司的品牌策略。
2. 请分析宝洁公司同类产品品牌的市场定位有何异同。

同步测试答案

【实践训练】设计品牌发展规划

任务1 品牌发展规划方案

任务描述:学生以小组(4~6人)为单位,选择某一代表性企业,为其品牌设计品牌发展规划方案。请将研究成果制作成PPT讲解展示,并将要点填写在表4-1中。

表4-1 品牌发展规划方案

研究目标	研究结果
企业简介	

续表

研究目标	研究结果	
品牌名称		
行业现状与趋势分析		
本品牌SWOT态势分析	优势：	劣势：
	机会：	威胁：
制定品牌定位与发展目标		
品牌组合策略选择	☐单一品牌策略 ☐品牌延伸策略 ☐多品牌策略 ☐_____	
实施品牌发展的具体措施		

任务2 品牌IP形象设计

任务描述：根据项目二、三中品牌定位和品牌人格化的内容，小组讨论并选择适合该品牌的IP构建方法，并陈述思路。请将研究成果制作成PPT讲解展示，并将要点填写在表4-2中。

表4-2 品牌IP形象设计

研究目标	研究结果
品牌人格化的结果	
品牌IP构建方法	

【实践训练评价】

《技能评价表》使用说明：

按评价指标评价项目技能点成绩，满分为100分。其中，作品文案为80分，陈述展示为20分。教师评价占比为80%，学生互评占比为20%。

	技能评价指标	分值	得分
作品文案	企业简介的规范性	10	
	行业现状与趋势分析的合理性	10	
	品牌SWOT态势分析的准确性	10	
	制定品牌定位与发展目标的准确性	10	
	品牌组合策略选择的合理性	10	
	实施品牌发展具体措施的完整性	10	
	品牌IP形象设计的合理性	10	
	内容的原创性	10	
陈述展示	运用辅助工具的专业程度（如挂图、PPT、视频、音频等）	5	
	陈述展示的语言技巧和非语言技巧	5	
	团队分工与合作的配合程度	5	
	时间分配的合理性	5	
	总分	100	

《素质评价表》使用说明：

按评价指标评价项目素质点成绩，按优秀为5分、良好为4分、一般为3分、合格为2分、不合格为1分，五个等级。分为学生自评与小组成员互评。

	素质评价指标	得分
自评 （　　）	新时代品牌建设与发展理念	
	自主学习和信息素养：善于搜集并借鉴有用资讯和好的思路想法	
	独立思考和创新思维：能提出新的想法、建议和策略	
	团队合作精神、人际沟通素养	
组员1 （　　）	新时代品牌建设与发展理念	
	自主学习和信息素养：善于搜集并借鉴有用资讯和好的思路想法	
	独立思考和创新思维：能提出新的想法、建议和策略	
	团队合作精神、人际沟通素养	
组员2 （　　）	新时代品牌建设与发展理念	
	自主学习和信息素养：善于搜集并借鉴有用资讯和好的思路想法	
	独立思考和创新思维：能提出新的想法、建议和策略	
	团队合作精神、人际沟通素养	
组员3 （　　）	新时代品牌建设与发展理念	
	自主学习和信息素养：善于搜集并借鉴有用资讯和好的思路想法	
	独立思考和创新思维：能提出新的想法、建议和策略	
	团队合作精神、人际沟通素养	
组员4 （　　）	新时代品牌建设与发展理念	
	自主学习和信息素养：善于搜集并借鉴有用资讯和好的思路想法	
	独立思考和创新思维：能提出新的想法、建议和策略	
	团队合作精神、人际沟通素养	

项目五

品牌传播

学习目标

知识目标：
- 学习品牌整合营销传播的理论内涵和传播策略；
- 理解品牌社会化媒体传播的理论内涵和传播策略；
- 掌握品牌跨文化传播的理论内涵和传播策略。

能力目标：
- 能够结合企业实际运用整合营销传播理论开展品牌传播活动；
- 能够结合企业实际运用社会化媒体传播理论开展品牌传播活动；
- 能够结合企业实际运用跨文化传播理论开展品牌传播活动。

素质目标：
- 培育学生的品牌传播意识与素养；
- 激发学生的爱国热情，培养学生的爱国意识；
- 培养学生"敬业、精益、专注、创新"的工匠精神。

项目导学

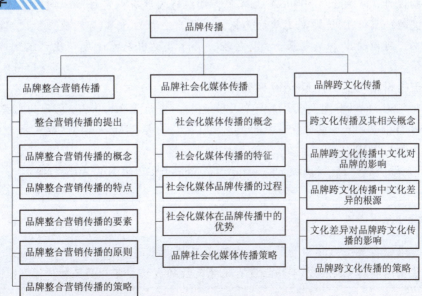

品牌故事

华为 Mate 40 系列即将发布：五大卖点打造史上最强大华为 Mate

众所期待的华为 Mate 40 系列于 2020 年 10 月 22 日晚 8 点通过线上发布会正式发布。作为华为今年最重要的旗舰手机，华为 Mate 40 系列将搭载华为绝唱芯片麒麟 9000 系列，被誉为是"史上最强大的华为 Mate"。这款旗舰新机有哪些过人之处？

卖点一：首发绝唱芯片麒麟 9000

在此之前，华为消费者业务 CEO 余承东就曾表示，"华为领先全球的麒麟系列芯片在 9 月 15 日之后无法制造，将成为绝唱。这真的是非常大的损失，非常可惜！"这也就意味着，在美国没有解禁的情况下，首发麒麟 9000 的华为 Mate 40 系列，将成为最后一款搭载华为自研旗舰芯片的高端旗舰手机。其中标准版搭载麒麟 9000E 处理器，而华为 Mate 40 Pro/Pro+和保时捷设计版本则会搭载基于 5nm 工艺打造的麒麟 9000 处理器。

卖点二：全新光环设计 + 超强五摄影像系统

华为 Mate40 系列手机机身背面的后置镜头组将采用全新的光环设计，中心区域的同心圆营造出空心感，并印有醒目的 Leica LOGO。至于镜头方面，华为 Mate 40 Pro 配备了四摄设计，包括一个 5 000 万像素的主相机，一个 2 000 万像素的超广角镜头，一个 1 200 万像素的潜望镜头和一个 1 300 万像素的 3D 相机。同时发布的还有华为 Mate40／40 Pro+和华为 Mate 40 RS 保时捷版本。

卖点三：90Hz 瀑布屏 + 侧边实体音量键

全新的华为 Mate 40 系列手机将采用了 P40 系列同款的前置左上角双摄挖孔曲面屏，Mate 40 Pro 则采用了曲度更大的"瀑布屏"，同时 Mate 30 系列上被砍掉的电源键也将重新回归。全新的 Mate 40 系列应该会带来 90Hz 屏幕的配备，也就是说在屏幕刷新率上较上代产品的 60Hz 进一步升级。

卖点四：首发全新 66W 有线快充

华为 Mate 40 的续航方面应该也比较稳，电池容量在上一代华为 Mate 30 的 4 200mAh 基础上继续提升，扩大至 4 500mAh 大容量，续航持久度有一定保障。同时，这次的充电技术或将突破一贯使用的 40W 有线快充，首发华为全新的 66W 有线快充，使用的依然是电荷泵技术，可以输出 11V 电压和 6A 电流，实际表现中充电速度约比之前的 40W 快充提升 1.6 倍。

卖点五：价格与上一代 Mate30 系列持平

国内版华为 Mate 40 售价为人民币 4 999 元起，华为 Mate 40 Pro 售价为人民币 6 499 元起，华为 Mate 40 Pro+售价为人民币为 8 999 元，而华为 Mate 40 RS 保时捷设计版的价格则为人民币为 11 999 元起。

（资料来源：腾讯网，https：//xw.qq.com/amphtml/20201022A07NG800.）

故事启示

作为全球颇具影响力的华为手机，在竞争日趋激烈的手机行业中脱颖而出，取得了耀眼的销售佳绩和行业地位。市场上没有无缘无故的成功，华为的品牌传播在很大程度上成就了华为手机。华为不断进行产品升级，不断推出新产品，引发消费者的好奇心，激发他们的购买冲动。华为手机也就无须费力就能引来媒体报道，得到超越广告的传播效果。品牌是企业的无形资产，传播是品牌力塑造的主要途径。品牌传播是创建和发展强势品牌的有效手段，它既是建立消费者品牌认知的重要方式，也是提高品牌美誉度和品牌忠诚度的有效途径。品牌营销者只有深谙各类品牌传播工具的传播特点，才能运用自如，进行有效的品牌传播。

任务背景

H公司是一家总部位于东部沿海地区的家电企业，持有多个与消费者生活息息相关的品牌，产品销往全球多个国家和地区。小王进入该公司至今已经有八年了，现在是公司市场营销部的一名项目经理。公司计划对一款家电产品进行推广，需要小王在该品牌发展策略基础上进行品牌传播的设计。

任务分析

品牌传播的最终目的是在创意的基础上利用各种有效发声点在市场上形成品牌声浪，进而建立品牌形象，促进市场销售。品牌传播是企业的核心营销战略，品牌传播有声浪，企业才有话语权。这就需要工作人员了解品牌传播策略，结合企业实际开展品牌传播活动，为企业赢得话语权。

学习任务一　品牌整合营销传播

案例导入

白象方便面品牌营销策略分析

中国方便面市场竞争激烈，康师傅、华龙、白象、统一四大平台已基本上形成了四分天下的寡头垄断局面。据2020年的数据显示，康师傅的销售份额已达46%，而白象的份额仅占7%，市场份额受到严重挤压。而如今白象再度出圈，7天销售额突破千万，被消费者贴上"国货之光"的标签，背后的营销策略值得推敲。

事件营销策略：关键事件的发生能将公众引向品牌。白象先是借北京冬残奥会的契机，因工厂三分之一的员工是残疾人而登上热搜，彰显了品牌的社会责任感；紧接着，它抓住315晚会对泡面行业的毁灭性打击，挺身而出保证了自身产品的安全性，收获众多消费者的点赞。与此同时，白象背后的故事也浮出水面：捐赠抗疫物资、援建希望小学、从汶川地震到防汛救灾，白象始终冲在第一线，为社会公益事业贡献出力量。由此可见，两件关键事件的发生扩大了白象的品牌影响力，树立起"神仙国货"的品牌形象。

情感营销策略：在情感消费的时代，消费者购买商品所看中的已不是商品数量的多少、质量的好坏以及价格的高低，而更多是为了情感上的满足和心理上的认同。在经过

> 老坛酸菜的震怒后，消费者的情感倾向一边倒向了坚守产品质量的白象；在四大方便面巨头接连接受日资入股后，白象坚定自我、绝不涨价的品牌形象深入人心；在"狼性文化""996是福报"的重压下，白象持续性关注残障人士的真情更是感动了千千万万的消费者。白象品牌联结了消费者甚至整个民族的情感，引发了大家的情感共鸣，寓情感于营销之中，让有情的营销赢得无情的竞争。
>   　　网络营销策略：在互联网的时代大潮下，企业的营销离不开互联网的传播效应和流量变现。此次出圈，先是因为白象在微博上的高调回应"一句话：没合作，放心吃，身正不怕影子斜"。紧接着，3月16日，白象官方旗舰店在抖音开展直播，观看人数迎来井喷，产品销量激增。在此之后，白象更是频频登上热搜，搜索人次迎来新高。
>   　　凭借互联网的曝光度，白象实现了"山重水复疑无路，柳暗花明又一村"的蜕变。诚然，白象此次的翻红有幸运的成分。但仅仅打情怀牌、靠曝光度，无法实现一个品牌的可持续发展。自成立以来，白象脚踏实地、行稳致远，积累了只属于自己的产品底蕴和竞争优势，才能在营销的竞赛中战胜对手、深入人心。
>   　　（资料来源：北邮营销课程．白象方便面品牌营销策略分析［EB/OL］．https://mp. weixin. qq. com/s?＿＿biz＝MzUyNjYyOTUyNA＝&mid＝2247488325&idx＝1&sn＝4a5211174b2734bd55a28b72f4ca4a3b&chksm＝fa0abcbecd7d35a8c34c349ab691a186983007f42744d53a686caa6dedd80c331ae9763e95f5&mpshare＝1&scene＝23&srcid＝0905Nmw4ujvblICpD3clUmPD&sharer＿sharetime＝1662384845230&sharer＿shareid＝8325bd5e1499c04c8cec5dd88abd4a63#rd）

　　品牌传播就是企业以品牌的核心价值为原则，在品牌识别的整体框架下，选择广告、公关、销售、人际等传播方式，将特定品牌推广出去，以建立品牌形象，促进市场销售。品牌传播是企业发展的核心战略，是塑造企业形象的主要途径。

　　品牌传播的宗旨是运用媒体对企业进行宣传，相对于硬性广告或传统的B2B平台公关宣传，整合营销这种传播模式是品牌传播的最新趋势。

一、整合营销传播的提出

　　整合营销传播（Integrated Marketing Communication，IMC）是在1992年，由全球第一部IMC专著《整合营销传播》的作者——美国西北大学教授唐·舒尔茨及其合作者斯坦利·田纳本（Stanley I. Tannenbaum）、罗伯特·劳特朋（Robert F. Lauterborn）提出来的。整合营销传播以消费者为核心重组企业行为和市场行为，综合协调地使用各种形式的传播方式，以统一的目标和统一的传播形象，传递一致的产品信息，实现与消费者的双向沟通，从而迅速树立产品品牌在消费者心目中的地位，建立品牌与消费者长期密切的关系，更有效地达到广告传播和产品营销的目的。整合营销传播一方面把广告、促销、公关、直销、CI、包装、新闻媒体等一切传播活动都涵盖在营销活动的范围之内；另一方面使企业能够将统一的传播资讯传达给消费者。所以，整合营销传播也被称为Speak with one voice（用一个声音说话），即营销传播的一元化策略。整合营销传播的中心思想是：以通过企业与顾客的沟通满足顾客需要的价值为取向，确定企业统一的促销策略，协调使用各种不同的传播手段，发挥不同传播工具的优势，实现企业促销宣传的低成本化，以强大冲击力形成促销高潮。

二、品牌整合营销传播的概念

品牌整合营销传播是指把品牌等与企业的所有接触点作为信息传播渠道，以直接影响消费者的购买行为为目标，是从消费者出发，运用所有手段进行有力的传播的过程。这一过程对消费者、客户和其目标中的或潜在的目标公众来说，通常应该是协调的，并且具有说服力。品牌整合营销传播不是将广告、公关、促销、直销、活动等方式简单地叠加运用，而是了解目标消费者的需求，并反映到企业经营战略中，持续、一贯地提出合适的对策。为此，应首先决定符合企业实情的各种传播方法和方法的次序，通过计划、调整、控制等管理过程，有效地、阶段性地整合诸多企业传播活动，然后持续开展这种传播活动。

品牌整合营销传播不是由一种表情、一种声音，而是由许多要素构成的概念。品牌整合营销传播的目的是直接影响听众的传播形态，品牌整合营销传播要考虑消费者与企业接触的所有要素。

（1）从企业的角度看，品牌整合营销传播以广告、促销、公共关系等多种手段传播一贯的信息，整合传播战略，以便提供品牌和产品形象。

（2）从媒体机构的角度看，品牌整合营销传播不是个别的媒体运动，而是多种媒体组成一个系统，给广告主提供更好的服务。

（3）从广告公司的角度看，品牌整合营销传播不仅是做广告，而且要灵活运用必要的促销、公共关系、包装等诸多传播方法，并把它们整合起来，给广告主提供服务。

（4）从研究者的角度看，唐·舒尔茨教授指出，在当今竞争激烈的市场环境下，只有流通和传播才能产生差异化的竞争优势，传播能创造拥有较高利益关系的品牌忠诚度，使组织利润持续增长。由此可见，品牌整合营销传播理论修正了传统的4P和4C营销理论，能够产生协同的效果。

案 例

"蒙牛"的整合营销传播

大家都知道，蒙牛早年很小，与伊利比完全不可同日而言，它是凭借什么一飞冲天的呢？答案就是"整合营销传播"。尽管当年传播人都管它叫"事件营销"，但其实已经体现了"整合"的威力。

赞助"神五飞天"，就是蒙牛整合营销传播的"核心点"。除了这次事件本身的热度和受众关注度意外，蒙牛围绕核心点做了很多事情，比如跟进"神五"发射进程进行了新闻、软文报道；制作新版印有航天员头像的产品包装；举办儿童飞天梦想书画大赛；制作了以飞天为主题的电视广告，并大量投放。

可以说，从国家新闻到产品包装，从超市促销堆头到电视屏幕，蒙牛都在说一件事情：那就是"神五飞天"——但这条信息到背后隐含的内容，正是蒙牛真正要表达的，即：只有大品牌才能赞助国家飞航行动，蒙牛是"大品牌"，值得信赖；同时飞天主题的电视广告词里，明确暗示出：飞天的宇航员，也在喝蒙牛牛奶！

蒙牛产品出自蒙古大草原，具有远离污染、贴近自然的优势，所以，它给消费者的印象最为深刻的认知应该为"健康奶"。蒙牛希望借助"神五"的宣传，推广其"健康是强国之路"的品牌主张，"神五"载人航天是中华民族发展史上的一件大事，"神五"上天说明中国强大起来了。所以，蒙牛将口号定位"蒙牛牛奶，强壮中国人"。既体现了蒙牛作为民族品牌愿为中国航天事业做出应有的贡献，又为蒙牛牛奶作为"航天专用牛奶"做宣传。

蒙牛还有一个口号是"举起你的右手，为中国喝彩"，这句与"蒙牛牛奶，强壮中国人"的品牌信息紧密结合，树立起了具有民族内涵的品牌形象，使蒙牛的品牌得到了很好的提升。

因此当时名不见经传的蒙牛，搭载着"神五飞天"的大事件，一飞冲天，从电视、平面、广播、活动、新闻稿、软文等众多的媒体渠道及形式，传递蒙牛是大品牌、蒙牛品牌有爱心、蒙牛牛奶品质一流等品牌的"关键核心信息"，为蒙牛品牌在市场上站稳脚跟，并跻身中国奶制品一流品牌之列，起到了非常关键的作用。

蒙牛并未就此罢手，紧接着又赞助了当时火热的湖南卫视节目"超级女声"，把因赞助"神五"而得到全国性高扬的品牌，再次推向了市场的巅峰。而这两次高端与亲民事件营销的组合，都是整合营销传播的范例，对品牌发展推波助澜。

执行一次成功的"整合营销传播"，无异于打一场规模庞大的战役，需要企业自身的条件以及多渠道合作方的大力配合，同时消耗的资金也多是天文数字；尽管如此，整合营销传播对企业品牌带来的裂变式影响，是无法取代的。

（资料来源：长城号，https://www.changchenghao.cn/n/8711.html.）

三、品牌整合营销传播的特点

1. 目标性

品牌整合营销传播是针对明确的目标消费者进行传播的过程。品牌整合营销传播的目标非常明确和具体，它并不针对所有的消费者，而是根据对特定时期和一定区域的消费者的了解，并根据这类目标消费者的需求特点采取的措施和传播过程。虽然品牌整合营销传播也能影响或辐射潜在的消费者，但不会偏离其明确的目标消费者。

2. 互动交流性

品牌整合营销传播旨在运用各种手段建立企业与消费者的良好沟通关系。这种沟通关系不是企业向消费者单向传递信息，而是企业与消费者之间的双向交流。沟通以消费者需求为中心，每个环节都建立在消费者的认同上，它改变了传统营销传播的单向传递方式，通过传播过程中的反馈和交流，实现双向的沟通。这种有效的沟通进一步增进、确立了企业、品牌与消费者之间的联系。

3. 统一性

在传统营销传播理论的指导下，企业的广告、公关、促销、人员推销等行为都是由各部门独立实施的，没有一个部门对其进行有效的整合和传播。在这种情况下，有很多资源是重复使用的，甚至不同部门的观点和传递的信息都无法统一，造成品牌形象在消费者心目中的混乱，影响了最终的传播效果。品牌整合营销传播能够对企业的资源进行合理的分配，并按照统一的目标和策略将营销的各种传播方式有机结合起来，表现同一个主题和统一的品牌形象，使企业的品牌形成强大的合力，从而推动企业品牌的发展。

4. 连续性

品牌整合营销传播不仅是一个持续的过程,不同的媒体重复宣传同一个主题、统一的品牌形象,而且是一个长期的过程,以达到吸引消费者对企业品牌形象的注意力、加深消费者记忆的目的。

5. 动态性

品牌整合营销传播改变了以往从静态的角度分析市场、研究市场,然后再想方设法迎合市场的做法,其强调以动态的观念,主动地迎接市场的挑战,更加清楚地认识企业与市场之间互动的关系和影响,不再简单地认为企业一定要依赖并受限于市场自身的发展,而是告诉企业应该更努力地发现潜在市场,创造新的市场。

拓展阅读

品牌整合

四、品牌整合营销传播的要素

品牌整合营销传播的要素主要指营销传播中的各种方式。

(1) 广告。广告是对企业观念、商品或服务进行明确诉求的一种方式。广告的直接诉求特点能够使消费者迅速对企业品牌有一个理性的认识。通过广告全面介绍产品的性能、质量、用途、维修安装方法等,消除消费者购买的疑虑。而广告的反复渲染、反复刺激,也会扩大产品的知名度,从而诱导消费者购买产品。

(2) 促销。促销是鼓励消费者购买产品、服务的一种短期刺激行为。促销对产品、服务的直接销售影响更大,对品牌也具有一定的强化作用。

(3) 公关。在处理企业与公众关系时,应合理运用策略,建立企业良好的形象。公关对品牌形象有着积极的影响,能增加企业品牌的知名度和美誉度。

(4) 事件营销。通过一些重大的事件,为企业品牌建设服务。事件营销对企业品牌的影响是直接的,而且产生的效果也较为长久。

(5) 人员销售。企业销售人员直接与消费者交往,完成产品销售的同时,能够与消费者建立有效的联系。销售人员与消费者之间的关系是持续的,能够为企业吸引更多的追随者。

(6) 直复营销。以多种广告媒介直接作用于消费者并通常要求消费者做出直接反应。直复营销的方式主要有电话销售、邮购、传真销售、电子邮件销售等,通过与消费者建立直接关系,提升企业品牌形象。

(7) 企业领导者魅力。企业领导是企业品牌文化的一个缩影,企业领导者的魅力和个人风采(如企业领导者传记、个人理念等)能够有助于塑造良好的品牌形象。

(8) 关系营销。利用企业与外部环境建立的关系,进行品牌形象建设。外部关系包括与媒体、供应商、中间商、终端零售商、终端服务商等的关系。

> **案　例**

《王者荣耀》的品牌传播组合拳

五、品牌整合营销传播的原则

（一）以消费者为核心

品牌整合营销传播的出发点是分析、评估和预测消费者的需求。品牌整合营销传播站在消费者的立场和角度考虑问题、分析问题，并通过对消费者消费行为、特征、职业、年龄、生活习惯等数据的收集、整理和分析，预测他们的消费需求，确定传播目标和执行计划。

（二）品牌整合营销传播以关系营销为目的

品牌整合营销传播的目的是发展与消费者之间相互信赖、相互满足的关系，并且促使消费者对企业品牌产生信任，使品牌形象长久地存在于消费者心中。这种关系的建立，不能单单依靠产品本身，而是需要企业与消费者建立和谐、共鸣、对话、沟通的关系。

尽管营销并没有改变销售的目的，但达到目的的途径却因以消费者为中心的营销理论而发生了改变。产品、价格乃至销售通路的相似，会导致消费者对大众传媒产生排斥。企业只有与消费者建立长期良好的关系，才能形成品牌的差异化，品牌整合营销传播正是实现关系营销的有力武器。

（三）品牌整合营销传播循环原则

以消费者为中心的营销观念决定了企业不能以满足消费者一次性需求为最终目的，只有随着消费者的变化调整自己的生产经营与销售策略，才是未来企业的生存发展之道。由于消费者资料库是整个关系营销以及品牌整合营销传播的基础和起点，因而不断更新、完善的资料库成为一种必需品。现代计算机技术以及多种接触控制实现了生产商与消费者之间的双向沟通，由此可以掌握消费者态度与行为的变化情况。

可以说，没有双向交流，就没有不断更新的资料库；没有不断更新的资料库，就没有品牌整合营销传播的基础。因而建立在双向交流基础上的循环是品牌整合营销传播的必要保证。

拼多多砍价营销　　三只松鼠客服营销　　支付宝锦鲤营销

六、品牌整合营销传播的策略

（一）建立消费者资料库

资料库的内容至少应包括人员统计资料、心理统计资料、消费者态度的信息和以往购买记录等。整合营销传播和传播营销沟通的最大不同在于整合营销传播是将整个焦点置于消费者、潜在消费者身上，这是因为所有的厂商、营销组织，无论是销售量还是利润成果，最终都依赖消费者的购买行为。

（二）研究消费者

尽可能将消费者及潜在消费者的行为方面的资料作为市场划分的依据。消费者"行为"资讯与其他资料，如"态度与意向"相比，更能够清楚地显现消费者在未来会采取什么行动，这是因为用过去的行为推论未来的行为更为直接有效。

（三）接触管理

接触管理就是企业可以在某一时间、某一地点或某一场合与消费者进行沟通，这是20世纪90年代市场营销中一个非常重要的课题，在以往消费者自己会主动找寻产品信息的年代，"说什么"要比"什么时候与消费者接触"重要。

（四）发展传播沟通策略

对大多数的企业来说，营销目标必须非常正确，同时在本质上也必须是数字化的目标。例如，对一个擅长竞争的品牌来说，营销目标就可能是以下三个方面：吸引消费者试用本品牌产品；在消费者试用后，积极鼓励消费者继续使用本品牌产品并增加用量；促使其他品牌的忠诚者使用本品牌产品，并建立起对本品牌的忠诚度。

（五）营销工具的创新

营销目标一旦确定，第五步就是决定要用什么营销工具来完成此目标。显而易见，如果将产品、价格、通路都视为和消费者沟通的要素，那么整合营销传播企划人将拥有更多样、广泛的营销工具来完成企划，其关键在于哪些工具、哪种结合最能够协助企业达成传播目标。

（六）传播手段的组合

这里所用的传播手段可以多种多样，广告、直销、公关及事件营销手段除外。事实上，产品包装、商品展示、店面促销活动等，只要能协助达成营销及传播目标，就是整合营销传播中的有力手段。

加多宝"愤怒的小鸟"整合营销传播

> **思政之窗**
>
> **力挺国货，携手共赢——袁米**
>
> 今年88岁的袁隆平院士将他的一生都奉献给了水稻科研，被称为中国杂交水稻之父。他说退休之前想看到两件事情：一件是杂交稻大面积亩产1 200千克；另一件是海水稻研发成功。
>
> 如今，他的精力不只在杂交水稻，也放在了海水稻。除了能把海水稻研发成功，还要打造一款海水稻互联网农业品牌——袁米！

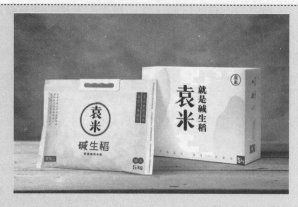

袁米的品牌渠道也经历了开始众筹、吴晓波频道社群、天猫网店3个过程。借助这3个渠道，袁米除了卖出产品，还获得知名度、美誉度的提升。

2017年3月，"袁米"的大米在"开始吧"众筹平台创造了惊人战绩：众筹额5分钟破百万，2小时破千万，在短短一个月的时间里最终筹集资金达2000多万。这不仅创造了农业类众筹最快纪录，更打破了去年由网易丁磊创造的1900多万的农业类众筹的历史记录，刷新中国农业众筹最高金额。

2017年7月30日袁米登陆经济界大咖吴晓波旗下平台——美好的店，全网首发，借助社群营销，3小时收获10万+阅读量，1000多人下单购买。

经历开始吧、吴晓波频道推广后，袁米已经成为"网红大米"，这个时候已经满足大众消费者的好奇心，走上电商，让更多消费者拥有袁米是必然之路。2017年下半年，袁米在天猫商城上线"袁策旗舰店"，直接面向超过5亿的消费者。"袁策旗舰店"店内产品由原先的11款增加到15款，提供不同的规格和包装。除了正统的网店销售，袁米还参与天猫618等活动，袁米的销售也是节节攀高。

袁米的品牌除了袁隆平个人品牌之外，还赋予大米的商业品牌和传递品牌故事。于是，袁隆平在袁米品牌上也做足了2件事情：

1）与美的电饭煲合作：塑造高端大米形象

2017年6月12日，袁隆平院士亲自来青和美的集团签署科研合作协议。双方额合作将从耐盐碱水稻"袁米"与美的高端品牌电饭煲"原生态煲"开始，并在未来延展到一系列的品牌、销售、研发、数据等多方面合作。这是87岁的袁隆平院士首次与家电类企业进行科研合作。

2）中华拓荒人计划：国家情怀

2017年5月28日，袁策生物旗下的袁米农业科技有限公司和青岛海水稻研究发展中心还启动了"中华拓荒人计划"，袁隆平也参加了启动仪式。该计划会在新疆喀什岳普湖、黑龙江大庆、山东东营军马场、青岛城阳区、浙江温州等中国五大主要盐碱地类型，以及陕西延安南泥湾次生盐碱和退化耕地，同时进行水稻插秧"拓荒"，或者说海水稻试种实验。在天猫618期间，袁策天猫店内还打出了一个口号：每购买一千克大米，可参与改造两平方米盐碱地。

我们相信，袁隆平品牌正年轻，未来还会有很多故事在发生。

（资料来源：农业行业观察，http://www.nyguancha.com/bencandy.php?fid=77&id=7853.）

案 例

苏宁易购与裂帛联合推广　　品牌的整合营销传播
《横冲直撞好莱坞》

学习任务二　品牌社会化媒体传播

案例导入

火热的"脑白金体"

"今年过节不收礼，收礼只收脑白金"，耳熟能详的广告语，如今听来，印象依旧。脑白金从上市至今，一直都保持着居高不下的热度。每年的换皮不换内核的广告内容，让脑白金的形象深入人心。

2013年，脑白金通过四大数字平台推广"脑白金体"整合营销活动。活动上线之初，便受到数十万粉丝的热切追捧，总曝光量逾千万人次，新媒体的传播效应峥嵘可见。

同时该话题量历经三日，曝光量持续高涨，并成功登上"热搜"。脑白金相关衍生话题也得到了极大的关注。

通过创意话题，利用新媒体活动，配合四大平台运作，打通线上与线下的壁垒，极大地提升了品牌影响力。

脑白金在上市之初，便是利用软文进行营销，为脑白金上市造势。随后一句"今年过节不收礼，收礼只收脑白金"，快速攻占保健品市场。史玉柱曾说过这样的一句话，让消费者留下印象的方式有两种：让他们喜欢和让他们讨厌。让人喜欢太难了，讨厌就简单很多。

此次高热度话题：一方面极大地提升了品牌形象；另一方面，也在潜移默化地改变消费者心中"调侃式"的品牌态度。

案例分析

（1）制造创意话题，通过网络传播，提升品牌影响力。

（2）提升品牌形象，神奇的网络下，宛如催化剂，让很多效果体现显得更加的快捷便利。

（3）通过活动，让更多的消费者认识并认可脑白金，让品牌变得更有"温度"。

（资料来源：老铁外链，http：//www.6cu.com/seoxuetang/2019/1102/24637.html.）

一、社会化媒体传播的概念

随着Web 2.0技术的发展，以及人们生活节奏的加快，社会化媒体（Social Media）的出现与兴起正剧烈地改变着现代企业的营销规则。社会化媒体凭借其独特的传播属性、低廉的构建成本、快速的反馈模式为广大企业所青睐。越来越多的企业参与到社会化媒体活动中，利用社会化媒体推广自己的品牌，使企业品牌的建设重点从产品、文化演变到如今的情感、客户的个性与参与上来。

社会化媒体又称社会媒体、社群媒体、社会化媒介，它是人们用来分享意见、经验和观点的工具和平台。社会化媒体和一般的社会大众媒体最显著的不同是：让用户享有更多的选择权利和编辑能力，自行集结成某种阅听社群。社会化媒体能够以多种不同的形式来呈现，包括文本、图像、音乐和视频。

社会化媒体传播就是利用社会化网络、在线社区、博客、百科或者其他互联网协作平台和媒体来传播和发布资讯，从而实现营销、销售、公共关系处理和客户关系服务维护等方面的品牌建设的一种方式。一般社会化媒体的传播工具包括论坛、微博、微信、博客、SNS社区等。某些网站也加上了类似功能，例如百度、雅虎、Answers、EHow、Ezine Articles等。

拓展阅读

社会化媒体营销

二、社会化媒体传播的特征

与传统媒体的传播相比，社会化媒体传播具有如下特点：

（1）**参与性**。社会化媒体可以使感兴趣的人主动地贡献和反馈信息，它模糊了媒体和受众之间的界限，受众可以主动地参与整个传播过程。

（2）**公开性**。大部分的社会化媒体传播活动都允许人们免费参与，并鼓励人们评论、反馈和分享信息。参与和利用社会化媒体中的内容几乎没有任何障碍，所有的内容和渠道对社会化媒体的使用者而言都是完全公开的。

（3）**交流性**。传统媒体采取的是"广播"的形式，内容由媒体向用户传播，单向流动。而社会化媒体的优势在于：内容在媒体和用户之间双向传播，使得媒体和用户之间可以形成对话，加强了媒体和用户、用户与用户之间的互动和反馈。与传统媒体相比，社会化媒体具有双向对话的特质。

（4）**社区化**。在社会化媒体中，人们可以很快地形成一个社区，并以共同感兴趣的内容为话题组成各种小团体，进行充分的交流。

（5）**连通性**。大部分的社会化媒体都具有强大的连通性，不仅体现在多种社会化媒体应用之间，也体现在社会化媒体与传统的网络媒体之间，多种媒体可以相互融合。

三、社会化媒体品牌传播的过程

社会化媒体品牌传播从信息源开始，只有经过引发关注、内容转载、参与互动、传统媒体介入四个阶段，品牌信息才能向更深和更广的层面迅速扩散。在这个过程中，品牌影响的人数会快速增加，影响面也会迅速扩大，最终品牌的影响力会逐步得到增强。

（一）引发关注

引发关注是指在这一阶段，信息源会在某些特定的载体中被发现继而引起关注。比如发布在猫扑或新浪微博上的一则信息，在网民自由选择之后，从众多的信息中脱颖而出，它的回复数量、阅读数量、点击数量都大幅增加，甚至有可能被作为精华帖放在网页比较显眼的位置，那么就能说这则信息引起了网民的广泛关注。一般情况下，与之相关的信息的人气也会迅速增加，成为猫扑或微博当日的焦点。

（二）内容转载

内容转载是指信息以转载的方式在互联网中的各个论坛、微博、社区迅速扩散的过程。由于这一阶段信息从某些特定的群体向更多的群体扩散开来，因此转载是信息横向传播最主要的方式。信息在不同的微博、论坛间转载的次数越多，说明它的影响范围越大，关注它的人群也越多，这是因为信息每转载到一个新的社区或论坛之后，又会引起该群体新的关注。

（三）参与互动

社会化媒体与传统媒体差别最大的一点就是它允许用户参与互动，其本质在于用户生成媒体（UGM）和用户生成内容（UGC）。用户参与、用户创造、用户分享是社会化媒体的内容特征，同时又具有用户作为消费者身份的平等的关系特征。例如，惠普的员工博客计划使得外界能够更好地了解惠普的内部状况；沃尔玛等公司甚至邀请客户撰写博客。在社会化媒体上，一方面，消费者可以基于自己的消费体验自由地发表关于产品、服务的方方面面的评价，也可以通过分享迅速地获得使自己信服的、与企业产品服务相关的疑问的回答；另一方面，企业发布的任何夸大其词或虚假的广告也都会迅速被揭穿，造成品牌危机。

（四）传统媒体介入

传统媒体介入是指传统媒体开始关注并报道信息，信息开始扩散出网络的虚拟世界，进入现实世界。虽然社会化媒体当下很流行，但是它的覆盖面相较于传统媒体还是较弱的。传统媒体的介入说明信息或事件的影响人群已经从网民向全民扩散。网络上发生的事情和信息通过传统媒体进入全民视野，这意味着社会媒体的影响力在该阶段达到了顶峰。

深入理解社会化媒体品牌传播的过程，能帮助企业更好地策划和执行自己的品牌传播活动，明确不同阶段的关注重点和工作重点。比如在引起关注阶段，企业要重点思考的是如何使自己品牌的传播更具创意、更易引起消费者的兴趣，要准确找出消费者的关注点；而在互动阶段，企业的工作重点是做好与消费者的互动，聆听并且重视消费者的声音。

拓展阅读

2018 年 10 大创新社交媒体公司

四、社会化媒体在品牌传播中的优势

品牌社会化媒体传播有传统网络媒体传播的大部分优势，比如传播内容具有多媒体特性，传播不受时空限制，传播信息可沉淀带来长尾效应，等等。

(一) 社会化媒体可以精准定向目标客户

社会化媒体掌握了用户大量的信息，抛开侵犯用户隐私的内容不讲，仅仅在用户公开的数据中，就有大量极具价值的信息。不只是年龄、工作等一些表层的东西，通过分析用户发布和分享的内容，社会化媒体可以有效地判断出用户的喜好、消费习惯及购买能力等。例如，随着移动互联网的发展，使用移动终端的用户比例越来越高，移动互联网基于地理位置的特性也给营销带来了极大的变革。如此一来，通过目标用户的精准人群定向以及地理位置定向，在移动互联网层面进行品牌传播，能收到比在传统网络媒体传播更好的效果。

拓展阅读

微信营销

2011年1月21日，腾讯推出即时通信应用微信，支持发送语音短信、视频、图片和文字，可以群聊。2012年3月29日，时隔一年多，马化腾通过腾讯微博宣布微信用户突破1亿大关，也就是新浪微博注册用户的三分之一。在腾讯QQ邮箱、各种户外广告和旗下产品的不断宣传和推广下，微信的用户也在逐月增加。

微信营销的优点：一是点对点精准营销，微信拥有庞大的用户群，借助于移动终端、天然的社交和位置定位等优势，每个信息都是可以推送的，每个个体都有机会接收到信息，继而帮助商家实现点对点精准化营销；二是形式灵活多样。常见的微信营销形式有以下几种：

(1) 漂流瓶：用户可以发布语音或者文字然后投入"大海"中，如果有其他用户"捞"到，则可以展开对话，如招商银行的"爱心漂流瓶"用户互动活动就是这类营销形式的典型案例。

(2) 用户签名档：商家可以利用"用户签名档"这个免费的广告位为自己做宣传，附近的微信用户能看到商家的信息，如饿的神、K5便利店等就采用了用户签名档的营销方式。

(3) 二维码：用户可以通过扫描识别二维码来添加朋友、关注企业账号；企业则可以设定自己品牌的二维码，用折扣和优惠来吸引用户关注，开拓O2O的营销模式。

(4) 开放平台：应用开发者可以通过微信开放平台接入第三方应用，还可以将应用的LOGO放入微信附件栏，使用户可以方便地在会话中调用第三方应用进行内容选择与分享。例如，美丽说的用户可以将自己在美丽说中的内容分享到微信中，可以使一件美丽说的商品得到不断的传播，进而实现口碑营销。

(5) 公众平台：在微信公众平台上，每个人都可以用一个QQ号码，申请自己的微信公众账号，并在微信平台上实现和特定群体的文字、图片、语音的全方位沟通和互动。

(资料来源：根据新浪财经网. 2015年中国十大社会化媒体公司 [EB/OL]. (2016 - 04 - 20) http://www.baike.com/wiki/Levi%27s.)

(二) 拉近企业跟用户的距离

在传统媒体中投放的广告根本无法看到用户的反馈，在官网或者博客上的反馈也是单向或者非即时的，互动的持续性差。而社会化网络使人们能看到企业的官方微博，能看到企业的人人网官方主页。在这些平台上,先天的平等性和社会化网络的沟通便利特性使得企业和顾客能更好地互动,有助于企业形成良好的品牌形象。此外,微博等社会化媒体是一个天然的客户关系管理系统,企业通过寻找用户对企业品牌或产品的讨论或者抱怨,迅速做出反馈,解决用户的问题。

(三)低成本进行舆论监控和市场调查

随着社会化网络的普及,社会化网络的大数据特性得到很好的体现。

(1)社会化媒体可以使企业以低成本进行舆论监控。在社会化网络出现以前,企业想对用户进行舆论监控是很难的。而现在,社会化媒体在企业危机公关时发挥的作用已经得到了广泛认可。任何负面消息都是从小范围开始扩散的,只要企业能随时进行舆论监控,就可以有效地降低企业品牌危机产生和扩散的可能性。

(2)对社会化平台的大量数据进行分析,或者进行市场调查,有助于企业挖掘出用户的需求,为产品的设计开发提供准确的市场依据。比如一个蛋糕供应商如果发现在社会化网站上有大量的用户寻找欧式蛋糕的信息,就可以加大欧式蛋糕设计开发的力度。在社会化网络出现以前,这几乎是不可能实现的,而现在,只要拿出些小礼品,在社会化媒体上做一个活动,就会收到海量的用户反馈。

(四)低成本组织力量

社会化网络可以使企业以很低的成本组织起一个庞大的"粉丝"宣传团队。例如,小米手机现在有着庞大的"粉丝"团队,数量庞大的"米粉"是小米手机崛起的重要因素,每当小米手机有活动或者出新品时,这些"粉丝"就会奔走相告、做足宣传,而这些几乎不需要成本。此外,社会化媒体的公开信息也可以使企业有效地寻找到意见领袖,对意见领袖的宣传可以收到很好的效果。

拓展知识

真正的社会化媒体营销的4个关键点

随着互联网时代的快速发展,社会化媒体营销越发受到欢迎,但是总是看不到效果,无法引起人们关注,那么如何能够"引爆"社会化媒体营销呢?主要有以下4个关键点:

一、极具吸引力的噱头

所谓噱头,也就是你推广的主题,是否不小心迈入了人云亦云的泥潭?是否能充分吊起普通消费者的胃口?这就需要我们在头脑风暴的时候,站在我们客户的角度去想问题,而非自己一拍脑门觉得这个主题太让人兴奋了,殊不知只有你兴奋,客户根本不感冒,甚至反感,那就得不偿失了。

二、完善的基础准备

所谓完善的基础设施准备,就是指精彩的内容+完善的运营准备。一方面,围绕主题,你的推广内容或者活动等素材必须足够精彩,不要给人虎头蛇尾的感觉;另一方面,立足于本次爆破营销,你应该做好充分的准备,包括你的产品设计、产品包装、最终落地页面、客服接单能力、后续持续营销能力等。

三、合适的推广频率和时间

真正的社会化媒体营销,是一套长期的持续的有逻辑的过程,只不过针对每个不同特点的阶段会有不同的小主题和引爆点。作为一个品牌来说，持续不断制造引爆点是必须的过程，这个层面可以好好学习一下娱乐圈明星经纪人的手法。

四、精准的媒介推广渠道

精准的媒介推广渠道，这一条，是整个营销过程中最核心关键的一环。怎么样才能少花钱办大事，就要求我们的企业擦亮自己眼睛，看清楚自己的品牌和产品适合哪些推广渠道。

在找精准投放渠道时一定要擦亮眼睛，用实实在在的数据来考核投入产出比，同时品牌主也应该有这样的意识：真正的社会化媒体精准营销，必须应该结合整合营销方案，进行整体推广。

五、品牌社会化媒体传播策略

（一）网上市场调研

无论是基于Web 1.0时代的传统网络营销，还是基于Web 2.0时代的社会化媒体营销，一直以来，营销活动的首要工作都是研究企业所处的环境，据此制定营销方案。与现实中的市场调研相比，网上市场调研具有更多的优势：可以不受时间和空间的限制；调研覆盖面广，调研周期短；调研费用少，可以花费较少的人力和物力；信息表达呈现多媒体化。企业可以通过搜索引擎检索法、专业网站检索法、发布式或是邮件式的问卷调查等方法来收集自己想要的资料，它可以方便地了解网络消费者的偏好，甚至是竞争对手的竞争策略。当然，由于网上市场调研是局限于网络的，因此网上市场调研在面对某些目标消费者时收效甚微。

（二）消费者行为分析

社会化媒体营销要针对网络市场，及时了解和把握网络市场的消费者特征和消费者行为模式的变化，为企业在网上市场进行营销活动提供可靠的数据分析和营销依据。网上消费者作为一个特殊的群体，有着与传统消费市场不同的特征，因此要开展有效的营销活动，就必须深入地了解这个群体的需求特征、购买动机和购买行为的模式。社会化媒体作为信息沟通的工具，正成为许多有共同爱好的群体聚集和交流的地方，了解这些群体的特征和偏好是分析网上消费者行为的关键。

（三）建立网络品牌

社会化媒体营销的一个重要特点是在网上建立和推广自己的品牌，以网络为基础的新经济，其本质就是注意力经济，拥有注意力的企业将拥有一切，网络品牌越来越重要。雅虎（Yahoo!）于1998年出价35.6亿美元并购网络社区服务企业GeoCities，就是为了那一大批注意力。在社会化媒体中，企业需要创造有用或者新奇的内容来吸引注意力，用真诚的互动与反馈来保持消费者的注意力。

（四）增加企业曝光率

企业网站是一个虚拟的商店，如果没有人知晓这个网站，那么即使里面的商品再好、服务再优秀，也没有用。而企业的社会化媒体账户是企业在网络中的虚拟形象，社会化媒体营销初期的大量工作就是推广企业网站、增加企业在社会化媒体上的曝光率。如：在行业网站或相关商业网站上添加友情链接和邮件列表、优化网页设计（便于搜索引擎检索到）、放置网络广告、许可 E-mail 经营；在社会化媒体上开展促销活动、慈善活动等。目前，有大量的网站访问量少、社会化媒体营销效果不显著，这与企业不善于推广有很大的关系。网站推广是网络营销的核心职能，也是社会化媒体营销的重要部分。

（五）信息发布

在社会化媒体上发布信息不仅是树立网络品牌、增加企业曝光率的方法，也是实施企业社会化媒体营销策略、扩大销售量的手段，它可以同时向多种受众发布信息，例如目标顾客、潜在顾客、公共媒体、合作伙伴等。社会化媒体提供了一个多样的信息载体，拥有诸多的优越性，如方便快捷、成本低廉、易于维护更新、容量大等。

（六）顾客服务

传统模式下的售前、售后服务大部分是靠职员接电话来完成的，而互联网提供了方便的在线服务手段，从 FAQ（常见问题解答）到聊天室、BBS，再到 Web 网页同步，各种信息服务工具，对改善社会化媒体营销效果具有重要的意义。例如：易趣网的客户服务队伍每天 24 小时监控网站上的新登物品、解答用户问题、记录用户建议，并跟踪成交情况，以保证交易顺利进行。

（七）客户关系管理

建立良好的客户关系是营销成功的必要条件，而社会化媒体易于沟通的特性也为维护良好的客户关系提供了便利的条件。企业可以及时得到消费者的反馈，对这些信息进行归纳，不断完善自己。

拓展阅读

客户关系管理系统

总之，在开放的社会化媒体传播环境中，消费者的身份已经从原来的受众（Audience）、顾客（Consumer），转变成了品牌建构全程的参与者（Participant），甚至消费者比品牌本身拥有更大的品牌建构权。只有通过开放的社会化媒体传播以及更加全面和完整的消费管理系统整合优势资源，不断积累和沉淀用户关系，提升用户体验，才能实现品牌的建设和传播。

　（1）　　　　　　　（2）　　　　　　　（3）

2016 年数字营销十大趋势

拓展阅读

自媒体

自媒体（We Media）又称"公民媒体"或"个人媒体"，是指私人化、平民化、普泛化、自主化的传播者，以现代化、电子化的手段，向不特定的大多数或者特定的个人传递规范性及非规范性信息的新媒体的总称。自媒体平台包括博客、微博、微信、百度官方贴吧、论坛/BBS 等网络社区。

论坛、博客、微博、微信以及新兴的视频网站构成了自媒体现存的主要表达渠道，然而随着个人用户对互联网的深度使用，以阔地网络为代表的个人门户类网站将成为自媒体的新兴载体。理由在于：

（1）除了传统博客的信息发布功能，个人门户的个性化聚合功能还能精准并及时地获取信息，从而构成一条双向的即时信息通道。这种通道有利于培养更多的信息受众，从而支撑起更加旺盛的信息表达诉求。

（2）个人门户能够将数据挖掘和智能推送结合在一起，从而通过一种用户乐于接受的方式推动自媒体的传播，例如阔地首创的阔地热闻模式会自动将每天推荐人数最多的、并且用户感兴趣的内容推送给用户。而传统的博客虽然也有排行榜显示信息的热度，但是无法达到信息推送的智能程度。

（3）个人门户建立的社区生态链加强了用户之间的联系，使信息的发布者与接收者们沟通更加顺畅，关系也更加稳固。我们都知道，每个成功的自媒体背后必然存在一拨支持群体，博客提供的简单的留言评论方式已不足以满足建立一个忠实"粉丝"圈的需求，传统的做法是再辅以论坛推广和即时通信手段，但是由于所有这些功能需求都已经被聚合到个人门户这种新兴载体中，因此个人门户将成为自媒体的最佳表达途径。

（资料来源：MBA 智库．自媒体［EB/OL］．（2017-04-20）http：//wiki. mbalib. com/wiki/．）

品牌社会化媒体传播

学习任务三　品牌跨文化传播

案例导入

做主东京奥运会！我们只给一个"圆"，其余你说了算

创意无国界，脑洞无边界。为了迎接 2020 年东京奥运会，可口可乐联合 Adobe 开启了一场创意界的巨型头脑风暴——"Coke × Adobe × You"，以"圆"为核心元素、红、白两色为主色调向全世界征集品牌视觉形象。

除了邀请了来自西班牙、德国、南非、日本等地的 15 名顶尖创意专业人士参与，本次活动也欢迎所有创意达人加入这场盛会中来，只要你将作品分享到社交网络并附上话题 #Coke×Adobe×You#，就能被收录到 Coke×Adobe×You 专属页面上进行集中展示。值得一提的是，可口可乐还将以此次参加活动的创意作者的名义向特奥会一次性捐赠 3.5 万美元。作为奥运会忠实的合作伙伴，可口可乐与国际奥委会的合作渊源可追溯至 1928 年。一直以来，可口可乐秉持着与奥运精神高度契合的品牌价值观，不断创新，创造出奥运历史上的不少经典案例。

　　1996 年是奥运会诞生 100 周年，并首次在可口可乐的故乡美国亚特兰大举办，该年也恰逢可口可乐诞生 110 周年。于是一场国际可口可乐奥运艺术瓶展览在这届意义非凡的奥运会期间同步上演，展出了以可口可乐弧形瓶为骨架、由来自 50 多个国家和地区的独特的材料制成的民间艺术瓶。

　　2008 年奥运会首次在中国举办，可口可乐在全球进行了一系列激动人心的预热活动，包括发布可口可乐奥运主题歌曲、推出"红遍全球""畅爽奥运"等主题广告片等，并通过火炬在线传递、可口可乐畅爽拼图等形式在互联网上联动 5 亿消费者，为广大民众打造非凡奥运体验。

　　（资料来源：可口可乐（中国）官网，https：//www.coca-cola.com.cn/stories/zzd-jayhwmzgygyqynsls.）

案例分析

　　奥运会是可口可乐进行品牌传播的一个契机，社交媒体的兴起为大众提供了越来越广阔的舞台来肆意挥洒创造力，通过奥运营销，可口可乐提高了三星品牌的知名度和美誉度。

　　当今世界随着经济全球化趋势的不断增强，跨国企业的商品、资本、服务和信息正在全球范围内加速流动。而随着各国企业的跨国经营越来越普遍，品牌的跨国传播日益重要。优秀企业进行跨国经营的实践表明，文化差异是影响品牌国际化的重要因素。在跨国经营中，取得成功的企业无一不是在跨文化管理中取得了成功，其中成功的品牌跨文化传播是一项重要内容。

一、跨文化传播及其相关概念

（一）文化

　　文化是相对于自然而言的、由人类的活动和意志影响、改造、创造的存在，是人类精神、意识、心灵本质外化和内化的历史运动的结果。确切地说，文化是凝结在物质之中又游离于物质之外的，能够被传承的国家或民族的历史、地理、风土人情、传统习俗、生活方式、文学艺术、行为规范、思维方式、价值观念等，是人类之间进行交流、被普遍认可的一种能够传承的意识形态。它是人类生存的样式，即以价值观念为核心的观念体系支配下的行为系统。不同的生存样式（如民族、地域的不同）造就了不同的文化样式。

（二）文化差异

　　文化是在同一个环境中的人所具有的"共同的心理程序"。因此，文化不是一种个体特征，而是具有相同社会经验、受过相同教育的许多人所共有的心理程序。不同群体、不同国家或地区的人们，这种共有的心理程序会有差异，这是因为他们一直受着不同的教育、有着不同的工作、处在不同的社会环境中，从而也就有了不同的思维方式。

（三）文化冲突

文化冲突是指两种组织文化在互动过程中因某种抵触或对立状态而产生的一种压力或者冲突。它包括企业内部因工种、背景不同而引发的冲突，也包括企业在跨国经营过程中因社会观念、民族区域的不同而产生的冲突。

文化的产生是以人的生命体验和生存经验为基础的。不同生存环境的刺激和作用，造成了人们对自身及自身以外的世界的不同感受与看法。而处在相同生存环境里的人，会形成许多共同的感受和经验。在封闭的生存环境里，这些共同的东西是产生部落或者村落文化的基础。随着历史的发展，封闭的状态逐渐会被打破。人们带着自己在所处环境里形成的认识、习惯等互相交往，必然会产生冲突和摩擦。所以，文化的冲突是由文化的先天性或者文化的本性决定的，是文化在不断发展过程中不可避免的一种必然现象。

跨文化传播，既是拥有不同文化背景的社会成员之间的人际交往与信息传播活动，也是各种文化要素在全球社会中迁移、扩散、变化的过程，对不同群体、文化、国家乃至人类共同体产生影响。

作为人类传播活动的重要组成部分，跨文化传播是人与人、族群与族群、国家与国家之间必不可少的活动，跨文化传播保持了社会结构和社会系统的动态平衡，把不同区域、族群、国家的人群联结在一起，推动了人类文化的发展和变迁。没有跨文化传播活动，就没有人类的进步和文明。

二、品牌跨文化传播中文化对品牌的影响

营销大师菲利普·科特勒认为品牌从本质来说是销售者向购买者长期提供的一组特定的特点、利益和服务的允诺。品牌由品牌的核心价值、支持体系、外界沟通三部分组成。由此可见，品牌包含了文化的成分和因素。品牌塑造的根本因素是文化，即品牌蕴含的文化传统和价值取向决定了品牌能否持久占据市场，也是能否增强品牌竞争力的关键。因此，文化对品牌的影响主要表现在以下几个方面：

（1）**文化是品牌塑造的内涵**。在很大程度上，品牌是文化传统经过沉淀而形成的。一个越传统、越民族化的品牌，知名度往往也越高。而知名品牌的塑造，其重心应源于成功的品牌名称。可以说，品牌中沉淀的文化传统成分，是品牌最宝贵的无形资产，是品牌塑造的内在原动力。

（2）**文化影响品牌的支持系统**。文化也是进行品牌管理和塑造的环境，品牌的系统管理依赖组织中的管理者。组织中的管理者也是受文化影响的个体，在做出品牌管理决策的时候，必然会受文化的潜在影响。因此，品牌的支持系统需要针对外界不同的文化对自身进行修正和完善，以期更好地塑造品牌。

（3）**文化是品牌的外在表现形式**。品牌一开始是用于区分产品的标记文字、图形和语言。文字和图形是最有代表性的文化象征，提起麦当劳，人们就会想起它的金色拱门；提起可口可乐，人们就会想起红底白字的"Coca–Cola"。这些都是品牌受文化影响的外在直接表现。

（4）**文化影响品牌与外界沟通和传播方法的选择**。品牌的沟通与传播直接面对消费者。

由于各个文化背景不同的消费者，都受到本身文化的制约，表现出不同的情感方式，因此在品牌与外界沟通和传播方法的选择上，需要考虑消费者所处的不同文化环境。同时，品牌的沟通和传播方法，如电视、报纸已经融入我们的生活，成为我们文化的一部分，是文化的一种体现。

三、品牌跨文化传播中文化差异的根源

一个品牌由国内市场走向国际市场，不是简单的区域上的延伸和扩展，而是与各国不同文化交汇融合的过程。品牌在跨文化传播中会遇到各种各样的阻碍，其中各国之间的文化差异给品牌传播带来的影响最深。不同地区的文化差异表现如下。

(1) 语言符号。众所周知，语言是文化的载体，每一种语言符号都蕴藏着约定俗成的意义，并与文化密切相关。

由于语言文字往往被不同的文化背景和文化经验赋予远超过其本身的更丰富的意义，使品牌的跨文化传播变得十分困难，因此，出现了一个普遍存在的现象：在相同或相似的文化背景下，双方通过理解语言文字本身的含义，非常容易达成共识；但是一旦置于一个多元的或者迥异的文化背景和国际市场中，品牌传播将面临语言文化差异，包括语言文字的种类、使用范围、使用习惯、语言多义等，极易产生理解的歧义与沟通的障碍。例如，美国通用汽车公司生产的"Nova"牌汽车，在美国很畅销，销往拉丁美洲却无人问津，原因是拉丁美洲许多国家都讲西班牙语，而"Nova"一词在西班牙语中被译为"不动"，试想一下，谁愿意买"不动"牌汽车呢？相反，"Benz"和"BMW"这两个汽车品牌在翻译成中文时恰到好处，"Benz"译为"奔驰"，"BMW"译为"宝马"，"奔驰"和"宝马"都给人一种快的感觉，这种品牌的汽车让人听起来就舒服。

(2) 风俗习惯。每个国家和民族都存在着文化忌讳和多年来形成的民族风俗习惯，品牌在跨文化传播中应对此给予足够的重视，只有了解与尊重当地特殊的风俗习惯，才能恰当地传递信息，使品牌传播行为奏效。如果仅仅立足于自身的文化去看待不同的文化与风俗习惯，那么做出的判断就极易触犯目标国的文化禁忌，这是因为不同的文化中，一些风俗习惯所代表的意义往往各不相同，有时甚至一些无意识使用的颜色、数字、形状、象征物等都可能潜在地冒犯某种特定的文化习俗。

(3) 价值观念。每个国家和民族都有自身的价值观，在企业品牌的跨国传播中，不同的价值取向，会使同一品牌传播行为异化，使传播效果有天壤之别。品牌传播作为商品信息与文化信息的载体，必然会融入民族文化特定的价值观念，尤其是当品牌传播本身从传递有形的产品信息转向传递无形的文化附加值之后，更是无形中反映着本民族文化的价值理念。因而，在品牌的跨文化传播中，对传播效果产生重要影响的一个因素就是如何理解、尊重和把握当地文化价值观。因为它所反映的思想观念、道德行为准则、世界观和人生观等价值判断，实质上就代表了社会的意志和广大消费者的意志，所以一旦品牌传播中传递的价值观得不到本土价值观的认同，甚至引起反感，传播行为和本牌本身就必然会受到排斥。

(4) 宗教与法律。在品牌的跨文化传播中，尊重目标国本土的宗教信仰和法律，是品牌传播行为得以进行和持续推进的基本保证。由于有很多西方跨国企业因为品牌传播内容触犯了中东地区的宗教信仰而被封杀的先例，因此，尊重目标国宗教文化和宗教信仰，避免品牌传播行为和传播内容触犯当地宗教禁忌而引发文化冲突，是做好本土化品牌传播的又一重要内容。此外，目前世界上很多国家对企业传播的内容、形式和传播渠道等都有各种形式的

限制或控制。例如，一些国家政府通过立法加强对品牌广告传播的限制，如对广告时长、广告信息、代言人物等的直接限制，不同国家的法律法规各异。因此，在品牌的跨文化传播中，必须注意了解目标国的本土法律以及人文环境，知晓并遵循当地政府制定的有关法律法规。

(5) 宗教节日。一般宗教节日是销售旺季，如圣诞节、春节、啤酒节、狂欢节等。欧美国家许多法定节日都与宗教有关，每年的圣诞节都是购物的高峰期；在中东，朝圣季节是企业推广产品的大好时机——朝圣者通常会在朝圣时购买大量的家庭用品。

案 例

百度魔图、魔漫相机：朋友圈营销的继承者

(6) 审美心理。由于不同国家和民族的文化背景不同，因此审美心理和审美期待也互不相同，在一种文化中被认为是美的或可以接受的事物，在另一种文化中可能被认为是丑的并被排斥。尤其是在东西方文化差异较大的国家和种族之间，这种审美差异和审美距离自古有之。因此，在品牌的跨国传播中，一定要充分认识和理解把握本土目标人群的审美规律、审美期待、思维方式以及情感表达习惯，要注意与其固有的审美文化心理结构相容，从而使品牌传播符合目标国本土人群的审美情趣和心理需求，通过"文化移情"产生情感联动以及审美联想与共鸣，提升人们对品牌的审美认同感，达到品牌传播的目的。例如：在法国，海尔产品的主要标志是一个棕色皮肤、一个白色皮肤的两个小男孩，许多在超市买空调的中年女顾客非常喜欢，把他们和西欧传统中的天使形象联系起来。在中东地区，这两个小孩就不能出现在产品及包装上，这是因为两个小孩没穿衣服。

由于长期的生活习惯和传统文化不同，因此人们的审美观点也各不相同。美学对市场营销的影响主要表现在企业设计产品、包装和广告时，要注意不同国家的审美差异。比如，传统上中国人喜爱荷花，认为其"出淤泥而不染"，将其视为纯洁的象征，但日本人认为荷花不吉利，代表祭奠；中国人忌讳乌龟，日本人却认为乌龟是长寿的象征；中国人视菊花为谦谦四君子之一，将中秋赏菊当作乐事，而欧洲人忌用菊花图案。外国人不太欢迎中国以动植物为主的一些商标，特别是"龙"。中国人觉得龙是很吉祥雄浑的，而许多西方人往往把龙与好莱坞灾难片中的恐龙联系起来，觉得龙是非常恐怖的、张牙舞爪的妖魔，会带来灾难，因此西方人唯恐避之不及。

(7) 消费文化心理。由于不同国家的经济发展水平及居民消费水平不同，人们的消费习惯、消费方式和消费心理以及消费文化也不同，因此，品牌在跨国传播中，应充分认识和把握目标国本土人群的消费文化心理结构，从而做到精准传播，实现品牌传播诉求。例如：不同国家的人们对于某些数字往往也有喜欢和忌讳之分，认为某些数字吉利或不吉利。从传统角度来说，我国和非洲许多国家的人喜欢双数；日本人喜欢将3或5作为一套；西方人习惯以"打"（Dozen）为计数单位；我国不少地区认为"8"是幸运的数字。特别值得注意的是，不同地区对某些数字的禁忌：在我国、日本、韩国等一些东方国家，不少人把"4"视为会带来厄运的数字；印度认为以"0"结尾是不祥之兆；在基督教徒较多的国家，"13"这个数字最让人们忌讳，很多宾馆、办公大厦没有第13层，12层上面就是14层。

四、文化差异对品牌跨文化传播的影响

（一）不同文化影响品牌名称或品牌图案的选择

每个国家都有自己的语言以及自身对语言的理解。品牌全球化要求企业有统一的标识，这就需要品牌在世界范围内有普遍的适应性，不能有不良联想，不能触犯禁忌，等等，这些都是文化差异对品牌国际化影响的表现。除了名称受影响，品牌标识的图形和颜色也同样受文化的影响。

（二）不同文化影响促销和广告的选择和使用

促销和广告语通常不是一句完整的话，或虽然是完整的一句话，但是正确理解它必须有相应的文化背景。中国有 5 000 年的文明史，文化传承度极高，但在国内十分有效的一句广告语，在国外可能毫无意义。如"愿君多采撷，此物最相思"，一般的欧美人士肯定不理解它在说什么。文化会影响品牌的传播内容。雅芳公司在将其生产的化妆品推向市场的时候，因方法不当而犯了一个错误：它试图雇用家庭主妇对邻居挨门挨户地进行推销。雅芳公司在西方使用的直销方式在日本没有收到效果，它没有认识到日本家庭主妇在向她们不认识的人推销产品时总是很犹豫。陌生人走进家门，在西方和东方是两个完全不同的概念。

（三）不同文化产生管理沟通上的障碍

在人与自然的关系、生活哲学、与他人的关系、时间、社会结构、协约等的看法上，各国文化都有明显的区别。如与他人的关系，美国文化认为人应该开放、率直地与他人相处；中国文化认为，为保持和谐及避免麻烦，使用间接和不明确的语言是有必要的，尤其应注重礼节。

（四）各国的文化消费和消费文化不同

品牌被认可和喜爱的关键在于品牌的文化。因此，品牌消费本质上是一种文化现象，是一种文化消费。在时尚类产品上，品牌的文化内涵尤其明显。如中国文化中"美就是更白、更细、更光泽"，在美国这个拥有多肤色人种的国家，这个表述就有问题。经济发展水平和文化渊源的差异性还会造成消费文化差异，这些差异对品牌的定位、包装和色彩的选择、展示和沟通策略的运用等都会产生巨大的影响。

五、品牌跨文化传播的策略

传播行为本身承载着文化，也渗透着文化。依据不同文化因素制定和实施跨文化传播策略，已经成为企业品牌跨国传播的关键要素。只有有策略地实施跨文化品牌传播，才能真正跨越不同文化障碍，规避文化冲突，克服先天文化差异形成的阻力，实现传播诉求，获得良好传播效果，彰显品牌的独特魅力和吸引力。

（一）重视不同地区文化差异

在企业利用各种资源与手段拓展国际市场、提升品牌价值的过程中，文化差异一直是制约企业国际化的关键因素。不同种族、不同背景的人们在品牌认同和选择方面，呈现出不同的兴趣和偏好。如何跨越文化障碍，回避文化冲突，寻求文化融合，使企业、产品和品牌获得东道国公众，特别是消费者的认可，是进行跨文化传播需要解决的问题，通常有以下几个常见的解决方法。

(1) **突破差异，给品牌起一个好名字**。中国有句古话——名不正则言不顺，拉丁语中

也有"名称预示着一切"的谚语。在国际、国内两个市场的竞争中，一些企业没有在产品和服务上打败仗，而是在名字和商标上栽了跟头。例如，南京长江机器厂生产的"蝙蝠"牌电扇，虽然在国内名气很大，但只因蝙蝠在许多国家被视为邪恶和不洁的同义词，所以在进入国际市场时，不得不将名称改为"美佳乐"。国内著名的"大象"牌电池，在欧美国家却受到了冷落，其原因并不在于产品本身的质量，而仅仅是因为欧美人认为大象代表着蠢笨。即使像"狗不理"这样在北方久负盛名的老字号，也因为习俗不同而没能被其他国家和地区的人所接受，所以只得忍痛将"狗不理"改成了"喜盈门"。所以，企业在进行国际化经营和跨文化的品牌传播时，要注意文化的差异。

（2）**改变习惯，以说服为主**。品牌传播要顺应当地消费者的习惯。对于不同文化背景下的消费者的消费习惯，企业在品牌传播过程中，千万不能用对抗的方式逆习惯而动。最好的办法是"疏导"。"疏导"的目的是给消费者一个消费本企业产品的全新的理由，这个理由是其他同类产品所不具备的。由于消费者不可能在对购买产品一无所知的情况下贸然行事，改变自己的习惯，因此企业要说服、劝导消费者，最常用的"武器"非广告莫属。

（3）**广告传播，为当地消费者找一个购买理由**。跨文化品牌传播的一个重要"武器"就是广告，广告传播担负着让当地消费者认知企业、说服消费者购买产品的重任。不同的国家和地区有不同的社会制度、不同的政策法令、不同的传统风俗与习惯、不同的自然环境、不同的宗教信仰，以及由此形成的不同的消费观念及市场，跨文化传播必须根据这些特点，做出不同的广告传播策略。雀巢公司的产品之所以畅销世界，就是因为雀巢公司在不同国家分别采用了不同的生产线和营销策略，以适应文化、地理、人口、经济差异导致的需求、购买力、产品偏好和购物方式的不同。

（二）借助于各种传播渠道传递品牌信息

（1）**官方网站**。官方网站是企业发布信息的"第一源头"。让东道国合作者通过官方网站了解产品和服务的提供者是非常重要的。例如，我国的新大陆集团在开拓市场时，有针对性地建立了官方网站，包括欧洲网站、北美网站等。网站分为公司简介、产品介绍、新闻等几个基本板块。

（2）**参加各种专业性国际展会**。除了专业性国际展会，全球性体育赛事也是企业开展跨文化传播可借助的重要平台。例如，新大陆集团与海外合作公司一起参加了很多展会，在展会上进行宣传与销售中，新大陆集团承担的更多的是辅助角色。尤其是在促成交易的过程中，虽然新大陆集团也参与其中，但为了克服文化差异、实现更好的沟通，一般是由海外合作公司与意向客户直接进行交流，这样更容易拉近双方的心理距离，使销售过程更为顺利。

（3）**参加国际性论坛**。高层管理者参加国际性论坛，不仅可以吸引海内外媒体的关注，还可以体现企业的实力和管理者的眼光。例如，2013年11月1日，罗马俱乐部秘书长伊恩·约翰逊携最新研究报告《2052：未来40年的中国与世界》来到中国，王晶出席了报告会；2014年11月下旬，王晶参加了在北京召开的亚太经合组织（APEC）会议等，这些事件都被媒体大量报道，为国外公众了解新大陆品牌提供了丰富的信息，提升了品牌的国际地位。

（三）借助于政府和行业协会力量

通过政府公关，借助于政府或行业协会的力量，为企业国际化经营疏通道路。一般而言，进入世界500强的跨国企业在不同国家大都设有政府公关部门（或政府事务部），专门了解东道国政策和法规的变化，以提升企业在东道国的适应性。

大数据

案 例

"多一些润滑，少一些摩擦"
——统一润滑油媒体传播策略

"多一些润滑，少一些摩擦"是人们所盼望的一种生活状态。人们都希望生活处处顺心，磕磕绊绊能少则少。所以这句广告语一进入大众的视野，就被广泛接受了。广告的目的当然是宣传自己的润滑油，机器是离不开润滑油的。生活要多一些润滑，少一些摩擦，对机器而言就更是如此了。"多一些润滑，少一些摩擦"这简单的几个字，既宣扬了一种理念，又推销了自己的产品。

2003年，伊拉克战争爆发后，统一润滑油第一时间推出这一广告语，巧妙地结合产品、时机，吸引了大量受众的眼球。"多一些润滑，少一些摩擦"是一句很成功的歧义广告语。

统一润滑油媒体传播策略如下：

2003年，统一润滑油获得了2003年中央电视台广告竞标的第二十名，年度广告投入预算近7 000万元，行内人士认为统一润滑油是在孤注一掷。

然而，统一润滑油在中央电视台的广告投放获得了极好的效果。在电视广告播出两个月之后，其销量增长了100%。其产品销售结构也开始从以中低端为主向以中高端为主转化。统一润滑油原来的市场空白地区，也有大量的新经销商加盟，从而完善了市场覆盖网络。

统一润滑油联手强势媒体、投入巨额广告费，只用了短短几个月时间，就迅速提升了品牌知名度，进入润滑油行业第一阵营。

润滑油并非大众产品，它的目标消费群主要是司机和汽车维修人员。按照经典营销理论，营销这类非大众产品，并不需要在大众媒体上投放广告，只要让目标消费群体知道产品品牌和性能就足够了。那么它为什么要在中央电视台，向普通大众进行宣传呢？

通过分析统一润滑油媒体传播策略发现，其成功之处在于其广告宣扬的理念能够很好地引起受众的共鸣；其后，统一润滑油转变媒体组合策略，牵手中央电视台，将这句颇为成功的广告语传播出去。"多一些润滑，少一些摩擦"宣扬的是一种理念，它能引起大众的普遍共鸣，使普通受众一提到润滑油就自然想到了"多一些润滑，少一些摩擦"的统一润滑油。既然身边的人都在这么说，那么司机和汽车维修人员当然也不例外，从而使"多一些润滑，少一些摩擦"这一广告语取得了很好的传播效果。

（资料来源：白羽．品牌突围——统一润滑油的市场传播策略和经验［J］．市场传播，2008．）

（四）产、学、研全球一体化

企业品牌在开展跨文化传播时，可引进优秀海内外人才，进行产、学、研全球一体化的尝试。优秀人才的引进，不但能够开阔视野、吸收先进的理念，而且不同背景的人才可以充分考虑文化差异问题，以提升产品的文化适应性。

总之，依据对不同文化因素的认真考量而制定和实施跨文化传播策略，已经成为品牌跨国传播和企业跨国经营的关键要素。只有高度重视和有策略地实施跨文化品牌传播，企业才能真正跨越不同文化障碍，规避文化冲突，克服先天文化差异形成的阻力，并在努力寻求文化融合中，实现传播诉求，获得良好传播效果，彰显品牌魅力，提升品牌形象和品牌价值，从而使品牌赢得不同种族和不同文化背景的人们的认同和喜爱，使企业更好地经营发展、走向世界，实现品牌的跨文化传播。

从网智天元服务案例看大数据时代的精准营销

拓展阅读

关系营销

品牌的跨文化传播

项目小结

本项目介绍了品牌传播的三种模式：品牌整合营销传播、品牌社会化媒体传播、品牌跨文化传播。

整合营销是对营销要素的整合，它要求企业的营销要素在达成企业营销目标的过程中必须协调一致，把单一的作用力凝聚在一起，形成营销合力，从而使企业营销效率最大化。在整合营销传播中，要对企业的资源进行合理的分配，并按照统一的目标和策略将营销的各种传播方式有机结合起来，表现同一个主题和统一的品牌形象，使企业的品牌形成强大的合力，从而推动企业品牌的发展。

社会化媒体传播就是利用社会化网络、在线社区、博客、百科或者其他互联网协作平台和媒体来传播和发布资讯，从而实现营销、销售、公共关系处理和客户关系服务维护等方面品牌建设的一种方式。社会化媒体品牌传播从信息源开始，只有经过引发关注、内容转载、参与互动、传统媒体介入四个阶段，才能使品牌信息向深度和广度迅速扩散。在这个过程中，品牌的影响人数会快速增加，影响面也会迅速扩大，最终品牌的影响力也会逐步增强。

一个品牌由国内市场走向国际市场，不是简单的区域上的延伸和扩展，而是与各国不同文化交汇融合的过程。品牌包含了文化的成分和因素。品牌塑造的根本是文化因素，即品牌蕴含的文化传统和价值取向决定了品牌能否持久占据市场，也是塑造品牌竞争力的关键。

【项目资源】

一、动画

1. 品牌传播定义及特点
2. 品牌传播之传统媒体
3. 品牌传播之社会化媒体
4. 品牌故事

品牌传播定义及特点

品牌传播之传统媒体

品牌传播之社会化媒体

品牌故事

二、视频

1. 品牌媒体
2. 品牌载体
3. 品牌整合营销传播
4. 品牌社会化媒体传播
5. 品牌自媒体传播
6. 品牌口碑传播
7. 品牌体验式传播
8. 品牌故事传播
9. 品牌故事素材挖掘

(见"品牌管理"在线开放课程)

【同步测试】

一、单项选择题

1. 品牌的整合营销传播是以（ ）为核心的传播方式。
   A. 产品　　　　　B. 市场　　　　　C. 消费者　　　　　D. 财务
2. （ ）是指把品牌等与企业的所有接触点作为信息传达渠道，运用各种手段进行有力传播的过程。
   A. 自媒体传播　　B. 口碑传播　　C. 短视频传播　　D. 整合营销传播
3. （ ）不是社会化媒体传播工具。
   A. 微博　　　　　B. 微信　　　　　C. 电视　　　　　D. 小红书
4. 传统的品牌传播媒体不包括（ ）。
   A. 报纸　　　　　B. 杂志　　　　　C. 广播　　　　　D. 网络
5. 文化是在同一个环境中人所具有的"共同的（ ）程序"。
   A. 生理　　　　　B. 心理　　　　　C. 行为　　　　　D. 感觉

二、多项选择题

1. 品牌整合营销传播的要素包括（ ）。
   A. 广告　　　　　B. 促销　　　　　C. 公共关系　　　　　D. 事件营销
   E. 企业文化
2. 社会化媒体在品牌传播中的具体过程包括（ ）。
   A. 引发关注　　　B. 内容转载　　　C. 参与互动　　　D. 传统媒体介入
3. 品牌的跨文化传播中文化差异的根源在于（ ）。
   A. 语言符号　　　B. 风俗习惯　　　C. 价值观念　　　D. 审美心理
   E. 消费文化心理

三、思考题

1. 品牌传播的概念是什么？
2. 什么是品牌整合营销传播？
3. 社会化媒体传播的策略有哪些？

复习与思考答案

四、案例分析

小米手机的整合营销

小米科技（全称北京小米科技有限责任公司）由前 Google、微软、金山等公司的顶尖高手创立，是一家专注于 iPhone、Android 等新一代智能手机软件开发与热点移动互联网业务运营的公司。自 2010 年 4 月正式成立以来，已经获得了知名天使投资人及风险投资公司 Morningside、启明的巨额投资。2010 年年底，小米公司推出手机实名社区米聊，在推出半年内注册用户突破 300 万。此外，小米公司还推出了基于 CM 定制的手机操作系统 MIUI、Android 双核小米手机等。米聊、MIUI、小米手机是小米科技的三大核心产品。

小米手机是小米公司研发的一款高性能发烧级智能手机，于 2011 年 8 月发布，售价为 1 999 元人民币，主要针对手机发烧友，采用线上销售模式。小米手机采取了个人品牌植入、在线预订、产品人格化和在线销售的营销传播策略。

（一）个人品牌植入

个人品牌植入的核心是将雷军作为小米手机的代言人。实际上，这和品牌厂商请明星做形象代言人在本质上没有区别。但雷军作为成功的互联网人士和天使投资人，他的奋斗史、职业经历和成功故事对年轻一代具有极大的感召力，他的个人魅力和影响力在无形之中便嫁接到了小米手机上。显然这与苹果的套路十分相似，iPhone 风靡全球手机市场数年，背后一定有很多杰出的人才，甚至天才。但除了乔布斯，普通消费者很难说出第二个苹果公司的人名。

（二）在线预订

在线预订即所谓的饥饿营销，如果以同等价位手机的销售情况作参照，那么小米手机的预订即使用"火爆"来形容也不为过，这是因为在中国，或许只有苹果才有这样的号召力。小米手机于 2011 年 9 月 5 日 13：00 开始接受网上预订，在接下来的 35 小时，预订数量达到了 30 万台，小米随即关闭了在线预订通道。

（三）产品人格化

产品人格化是指将小米手机打造得像一个有血有肉、有性格的人，从而建立与目标消费者的和谐关系。雷军在解释小米手机时说道："MI 除了是 Mobile Internet 的缩写，也是 Mission Impossible 的缩写。"而小米的中文名称显得尤为亲切——像一个人，更像发烧友的一个朋友。当然，这样的亲切感绝不是起个好名字就能从天而降的，而是来自小米通过互联网，特别是微博等社交网络实现与发烧友的持续沟通。

（四）在线销售

实际上，价格才是小米手机四个核心价值主张的最终承载，这是因为无论性能多么强大，高高在上的定价是无论如何也无法取悦手机发烧友的。如果定价在 3 000 元以上，小米就成了众多发烧友关注的高端手机中的一款，然而 1999 元的价格让发烧友惊喜，也让小米与其他竞争产品形成了明显的区隔,在高性能智能手机市场中格外耀眼。

思考题

小米手机的品牌整合营销传播策略是什么?

案例分析答案

【实践训练】品牌整合营销传播策划

任务1　整合营销传播媒介选择

任务描述:学生以小组(4~6人)为单位,沿用本小组在项目二中创建的品牌(或者使用老师指定的某个品牌),根据品牌及其产品的目标受众,运用整合营销传播的媒体知识和传播宗旨,选择恰当的媒介并陈述理由。请将研究成果制作成PPT讲解展示,并将要点填写在表5-1中。

表5-1　整合营销传播媒介选择

研究目标		研究结果
选择传播媒介	传统媒体	
	新媒体	
选择理由	传统媒体	
	新媒体	

任务 2　整合营销传播活动策划

任务描述：为品牌设计一份完整的整合营销传播活动策划方案。请将研究成果做成 word 文档，要求有封面、目录、正文、页码，并将要点填写在表 5-2 中。

表 5-2　整合营销传播活动策划

研究目标	研究结果
一、市场分析	（一）市场形势 （二）消费需求 （三）竞争状况 （四）企业自身资源
二、营销策略	（一）整体目标 （二）营销策略 （三）进度规划
三、营销方案	（一）活动目标 （二）活动主题 （三）活动受众 （四）活动形式与内容 （五）活动时间 （六）媒体策略 1. 媒体选择 2. 传播排期 （七）活动预算 （八）预期效果
四、管控要求	（一）确定管控负责人 （二）确定管控要点 （三）确定管控节点 （四）每日推进与数据跟踪 1. 项目执行进度表 2. 指标监控进度表 （五）考核通报与总结

任务 3　短视频脚本设计

任务描述：为品牌设计一则 15-30 秒的短视频，写出短视频脚本，符合品牌社会化媒体传播的要求，有条件的小组可以录制为成品。请将研究成果制作成 PPT 讲解展示，并将要点填写在表 5-3 和表 5-4 中。

表 5-3　短视频设计

研究目标	研究结果
短视频主题	
短视频内容梗概	

表 5-4　短视频脚本

镜号	景别	时长	画面内容	声音	字幕

【实践训练评价】

《技能评价表》使用说明：

按评价指标评价项目技能点成绩，满分为 100 分。其中，作品文案为 80 分，陈述展示为 20 分。教师评价占比为 40%，企业评价占比为 40%，学生互评占比为 20%。

	技能评价指标	分值	得分
作品文案	整合营销传播媒介选择的合理性	10	
	整合营销传播活动策划方案的完整性	20	
	整合营销传播活动策划方案的逻辑性	10	
	整合营销传播活动策划方案的创新性	10	
	短视频设计的吸引力与爆款可能性	10	
	短视频脚本的完整性与创造力	10	
	内容的原创性	10	
陈述展示	运用辅助工具的专业程度（如挂图、PPT、视频、音频等）	5	
	陈述展示的语言技巧和非语言技巧	5	
	团队分工与合作的配合程度	5	
	时间分配的合理性	5	
	总分	100	

《素质评价表》使用说明：

按评价指标评价项目素质点成绩，按优秀为 5 分、良好为 4 分、一般为 3 分、合格为 2 分、不合格为 1 分，五个等级。分为学生自评与小组成员互评。

	素质评价指标	得分
自评 （　　）	品牌传播意识与素养、爱国意识、工匠精神	
	自主学习和信息素养：善于搜集并借鉴有用资讯和好的思路想法	
	独立思考和创新思维：能提出新的想法、建议和策略	
	团队合作精神、人际沟通素养	
组员 1 （　　）	品牌传播意识与素养、爱国意识、工匠精神	
	自主学习和信息素养：善于搜集并借鉴有用资讯和好的思路想法	
	独立思考和创新思维：能提出新的想法、建议和策略	
	团队合作精神、人际沟通素养	
组员 2 （　　）	品牌传播意识与素养、爱国意识、工匠精神	
	自主学习和信息素养：善于搜集并借鉴有用资讯和好的思路想法	
	独立思考和创新思维：能提出新的想法、建议和策略	
	团队合作精神、人际沟通素养	

续表

	素质评价指标	得分
组员3 （　　）	品牌传播意识与素养、爱国意识、工匠精神	
	自主学习和信息素养：善于搜集并借鉴有用资讯和好的思路想法	
	独立思考和创新思维：能提出新的想法、建议和策略	
	团队合作精神、人际沟通素养	
组员4 （　　）	品牌传播意识与素养、爱国意识、工匠精神	
	自主学习和信息素养：善于搜集并借鉴有用资讯和好的思路想法	
	独立思考和创新思维：能提出新的想法、建议和策略	
	团队合作精神、人际沟通素养	

项目六

品牌维护

学习目标

知识目标：
- 了解品牌保护的内涵；
- 掌握实施品牌保护的途径；
- 了解品牌危机的特征与类型；
- 掌握品牌危机管理的防范与处理。

能力目标：
- 能够举例说明实施品牌保护的意义；
- 能够判断品牌危机的类型；
- 能够具体分析品牌产生危机的原因；
- 能够结合具体案例进行品牌危机处理。

素质目标：
- 培育学生的法律意识与品牌保护素养；
- 培养学生的危机管理意识；
- 培养学生辨别是非的能力，潜移默化加强学生爱国意识。

项目导学

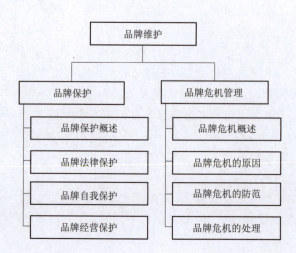

品牌故事

三株帝国的倾覆

三株集团创始于1992年,是从事药品、保健品、化妆品生产和销售的民营企业,是科技部认定的高新技术企业,是山东省最大的民营企业之一,注册资金达2.5亿元,固定资产为25亿元。1994—1996年的短短三年间,三株销售额从1亿多元跃升至80亿元;从1993年年底30万元的注册资金到1997年年底公司净资产增加到48亿元。三株在全国所有大城市、省会城市和绝大部分地级市注册了600个子公司,在县、乡、镇有2 000个办事处,吸纳了15万销售人员。迅速崛起的三株不仅到达了自身发展的顶峰,更创造了中国保健品行业的销售纪录,其年销售额80亿的业绩至今在业内仍然无人可及。

三株集团网站的三株大事记里面有两条记录:

1998年3月,常德事件发生,三株口服液销售受到重大影响。

1999年3月,湖南省高级人民法院终审判决,常德事件三株集团胜诉。

但是这两条轻描淡写的记录,怎么能淡化三株集团心头致命之痛呢?

1996年6月,湖南常德市陈伯顺购买了10瓶三株口服液,服用后引起高蛋白过敏反应,两个月后死亡。第二年,其子陈然之状告三株集团,要求其赔偿经济损失和精神损失费共300万元。1998年3月31日,湖南常德市中级人民法院一审判决,责成三株集团向死者家属赔偿29.8万元,并没收三株非法收入1 000万元。

三株几乎被常德一审败诉及其引发的媒体炒作打垮了。在四面楚歌的情况下,三株产品的社会形象可谓一落千丈。在这种情况下,还有谁敢再服用三株呢?更重要的是,当时不仅没人敢买三株,也没人想卖三株。没过多久,三株就积压了7亿多的退货,而且经销商在这时开始拒绝回款,这对三株可谓是雪上加霜。这次事件使三株的销售额从80多亿元一下就跌到了10多亿元,给三株造成的直接损失达40亿元,损失了近7亿的银行存款。至于间接损失,在几百亿以上。此前三株有15万职工,主要是分布在各地的销售人员。一审败诉后,各地退货单像雪片般飞来,事件共造成13万人下岗,在总部的1 000多人中也有900多人离开了三株,所有工厂都停产了。

继而三株提出上诉,最终由湖南省高级人民法院做出终审判决。1999年3月25日,持续了一年的官司以三株胜诉告终。官司打赢了,三株人却笑不起来了。短短两年,这个年销售额达80亿元、号称中国最大的保健品企业的公司已陷入全面瘫痪,损失数十亿元、10多万人下岗。官司赢了,三株董事长吴炳新本寄全部希望于新闻媒体进行反炒作,企图用这种方式告诉社会"三株无罪"。然而此时,三株已无力回天,销售业绩依然一跌再跌。官司赢了,这颗中国营销界的耀眼明星也从此陨落了。吴炳新仰天长叹:一个小官司毁掉了三株!谁也不会想到,耗资3亿多元、半年收购17家国有药材公司、梦想建立"中药帝国"的三株,却于2001年11月在和讯网上,贴出了转让下辖公司股权的帖子。

三株集团在危机爆发时违背了以下品牌危机处理原则:

1. 违背承担责任原则

既然消费者已经受了误导,三株公司不应该采取回避的态度,而应该从负责任的角度,主动停止三株口服液的销售,配合司法机关的调查。

2. 违背真诚沟通的原则

在事件发生后，三株公司对内瞒骗员工，对外视媒体为敌人，导致公众无法了解事实真相，谣言四起。

3. 违背速度第一原则

在危机发生后，企业既没有立即派出得力人员调查事故起因、安抚受害者、尽力缩小事态范围，也没有主动与政府部门和新闻媒体进行沟通、说明事实真相。

4. 违背系统运行原则

公司仅凭一时之勇去对簿公堂，而没有采取其他相应的措施，致使事态扩大。

5. 违背权威证实原则

虽然三株公司反复强调自己的产品好，却没有主动邀请权威机构对其进行检测，消费者当然宁可信其有，不可信其无。如果当时三株公司能在北京召开新闻发布会，并由卫生部相关专家对三株口服液的功效进行论证，那么可能就不会是这样的结局了。

故事启示

曾经显赫一时、创造神话的"三株帝国"，为什么就这样轰然坍塌了呢？原因恐怕并不那么简单，但公关不当确是其失败的直接因素。其实在此之前，已有大大小小危机出现，只是没有引起三株足够的重视。在"成都事件"中，三株成都市场部人员在编写宣传材料时，未经患者同意，就把其作为典型病例进行大范围宣传，结果导致纠纷，并经媒体曝光，中央电视台焦点访谈节目也介入了报道，事件由成都波及全国，产生了极大的负面影响。在几次夸大功效的事件出现后，三株的品牌形象严重受损。直到"三株喝死人"的事件发生后，品牌危机彻底引爆，这样一个庞大的"三株帝国"迅速陷入了风雨飘摇当中。面对如此的品牌危机，三株却一直束手无策，任由事态发展下去，直到上下游合作商反目，企业经营全面陷入危机，最后从营销大舞台上消逝。

任何品牌，特别是名牌，离开有力的管理和维护都会停滞不前，甚至会很快陷入危机，不能做到可持续发展。

（资料来源：韦桂华. 三株为何枯萎——由三株官司看品牌的危机管理［J］. 中国乡镇企业，1999（8）.）

任务背景

H公司是一家总部位于东部沿海地区的家电企业，持有多个与消费者生活息息相关的品牌，产品销往全球多个国家和地区。小王进入该公司至今已经有十年了，现在是公司公关部的一名经理。近期，在市场上出现了一些仿似公司产品的一些商品，需要公司公关部对该情况提出及时且有效的应对策略。

任务分析

一个品牌的建立一般是需要消耗很多的资源和长期的努力，但是因为外部的环境发生转变或企业在经营中出现了错误，这些都将会让企业辛辛苦苦创建的品牌毁于一旦。

因此在品牌整个维护推广的过程中,品牌维护与突发事件处理是十分重要的,是需要企业给予足够的重视,工作人员应建立品牌的维护观念并采用各种各样的策略来维护企业形象,维护品牌在市场的影响力,从而提升品牌的名气和品牌效应。

学习任务一　品牌保护

案例导入

"采蝶轩"蛋糕谁是正宗

在食品市场上,广东和安徽两地都存在数百家"采蝶轩"糕点房,其店面名称虽类似,经营主体却无关系,而两地企业在市场上的不期而遇,在2012年引发了一场商标权之争(图6-1)。

图6-1　"采蝶轩"商标权之争

来自广东中山市采蝶轩食品有限公司的法人代表以侵犯"采蝶轩文字及图"和"蝴蝶"注册商标专用权为由,一纸诉状将安徽采蝶轩蛋糕集团有限公司、合肥采蝶轩企业管理服务有限公司和安徽巴莉甜甜食品有限公司诉至安徽省合肥市中级人民法院,请求法院判令上述3家公司立即停止侵犯"采蝶轩文字及图、蝴蝶"注册商标专用权的行为,不得在企业名称中使用"采蝶轩",并在相关媒体上刊登致歉声明并赔偿其经济损失1 500余万元等。合肥"采蝶轩"和中山"采蝶轩"的商标之争由来已久。虽然双方都注册了与"采蝶轩"类似的商标,但因注册类别不同,所以存在一定争议。

(资料来源:百度文库.2012年十大商标经典案例[EB/OL].https://wenku.baidu.com/view/70188105f12d2af90242e6f4.html.)

案例分析

商标是企业的载体,承载着企业所有的内涵,包括技术含量、产品质量、市场占有率、服务和管理水平、诚信度、企业文化等诸多元素。因此企业自身应强化商标意识,做到"商品未动、商标先行",及时进行商标注册,防止因被抢注而出现尴尬局面,加强对注册商标的管理。另外,两家"采蝶轩"是否能进行品牌共享、达成合作共赢,这场官司或许还可以有其他答案。

一、品牌保护概述

(一) 品牌保护的内涵

品牌保护就是对品牌的所有人、合法使用人的资格采取保护措施,以防范来自各方面的侵害和侵权行为。品牌保护的实质是对品牌包含的知识产权进行保护,即对品牌的商标、专利、商业机密、域名等知识产权进行保护。维护品牌,就必须追加品牌成本、实施品牌推广战略。品牌的市场竞争力、影响力以及发展潜力是决定品牌价值的标准。

案例

> **华西都市报的品牌维护策略**
>
> 华西都市报为了维护品牌形象和品牌权威,加大二级市场的投入成本,增设分印点,增加彩色印张,提高出版时效,强化发行营销,不断开展市场攻势。同时,建立严格的广告价格制度,进一步规范广告市场和广告营销行为,制定稳定高效的价格体系;对所有广告客户一视同仁,没有亲疏远近之分;进一步严格执行广告代理制,确保广告市场公平、透明。
>
> (资料来源:向进. 华西都市报品牌策略研究 [D]. 成都:西南财经大学, 2007.)

(二) 品牌保护的必要性

品牌作为企业的重要资产,其市场竞争力和品牌的价值来之不易。但是,市场不是一成不变的,因此需要企业不断地对品牌进行维护。

1. 缺乏品牌保护的不良现象

(1) 在当今经济生活中,造假和仿冒现象在全世界迅速蔓延。假冒现象被一些经济学家喻为"黑色经济"。这夜幕般的黑色,笼罩的已不仅是某个国家或者某个区域,而是整个产品世界。像国际贩毒网一样,假冒商品已在世界某些地方形成了生产、运输、走私、批发、销售的严密网络,有人估计,假冒商品的贸易额约占世界贸易额的百分之二,甚至更多。据不完全统计,全球制药厂因假药而蒙受的损失达几十亿美元,在非洲每年有成千上万的人因服用假药而死亡,假冒伪劣产品使广大消费者蒙受了经济上、精神上和肉体上的多重伤害;在法国,假冒商品导致各大名牌公司每年损失 50 亿法郎,约有 2 万人失去就业机会;在东南亚和中东出售的汽车零配件中,近一半是假货;在假冒汽车零件的冲击下,美国汽车工业每年损失 30 亿美元。假冒商品是仅次于贩毒的世界第二大"公害"。

(2) 假冒商品近年来日益泛滥,已成为我国经济生活中的一大恶疾。假冒商品品种多、数量大,从生活日用品到生产资料,从一般商品到高档耐用消费品,从普通商品到高科技产品,从内销商品到外贸出口商品,假冒商品几乎无所不在、无所不有。其中,制作容易、利润丰厚、销售快捷的假冒名烟、名酒和药品的问题最为严重,而且假冒商品有向大商品和高科技产品方向发展的趋势。

(3) 恶意抢注已成为目前国际商战中的一种新趋势。"商标恶意抢注已成为目前世界市场上商战中的一种新趋势,值得国内企业高度警惕",北京大学知识产权专家张平说,"恶意抢注"指的是以获利等为目的、用不正当手段抢先注册他人在该领域或相关领域中已经使用并有一定影响的商标、域名或商号等的行为。"恶意抢注"多发生在以"申请在先"为授权原则、能带来一定经济利益或精神利益的权利领域,故多发生于商标、域名及商号。

关于"恶意抢注商标",《中华人民共和国商标法》(以下简称《商标法》)第三十二条规定:"不得以不正当手段抢先注册他人已经使用并有一定影响的商标。"因此,"恶意抢注"就是申请人利用不合理或不合法的方式,将他人已经使用但尚未注册的商标以自己的名义向商标局申请注册的行为。

百度域名遭抢注案例

案 例

海信与西门子的商标抢注纠纷

1992年,海信集团创设了"海信/HiSense"商业标志并在中国提出注册申请,该商标于1993年12月14日获得注册,同年开始正式作为商标和商号使用。自1993年以来,海信集团一直是中国电子百强的上榜企业。自1998年以来,排名进入前十位,其电视机、空调机、电脑、手机等产品,一直是国家名牌产品,集团及其所属子公司的英文商号和产品的商标都是"HiSense"。1999年1月5日,海信集团的"HiSense""海信"商标被国家工商总局商标局正式认定为驰名商标。

1999年1月11日,德国博世—西门子家用电器集团(博西家电)在德国抢先注册了"HiSense"商标,指定商品为第7、9、11类。两个商标完全一致,连字母大小写都一样。注册之后,德国博世—西门子家用电器集团又于当年申请了马德里国际商标注册和欧共体商标注册,并且要求了优先权。这令海信在欧洲的商标注册全面受阻,最先是在法国,然后是在保加利亚、西班牙等国。2004年9月,海信在欧洲被迫启用新的商标"HSense"。

2004年10月20日,德国博世—西门子家用电器集团派江苏博西家用电器销售有限公司(以下简称博西)副总裁Weber Bernhard与海信谈判。来自海信的消息称,博西最初曾同意将其注册在"蓝色电器"的"HiSense"第7、9、11类注册商标权转让给海信,但是索价4 000万欧元。不久后,海信收到博西在德国法院起诉的诉状。海信当即要求博西撤诉,而博西的态度十分强硬,表示"不会撤销诉讼",双方不欢而散。2004年10月28日,博西表示愿意谈判解决商标争议。但是因为海信坚持谈判的前提是博西撤诉,所以双方的谈判陷入了僵局。随后,海信启动法律程序,起诉德国商标局,要求依法撤销博世—西门子公司注册的"HiSense"商标。

2005年2月,博世—西门子家用电器集团终于在海信来德国应诉的前夕表示,愿意再次商谈。

2005年3月6日,中国海信集团与德国博世—西门子家用电器集团在北京达成和解协议。

(资料来源:崔载.从西门子海外抢注海信商标一案看企业如何应对商标抢注行为[J].金卡工程,2011(15).)

2. 缺乏品牌保护的严重后果

据估计,假冒商品的销售额约占世界贸易总额的2%,甚至更多。假冒伪劣商品使广大消费者蒙受了经济上、精神上和肉体上的多重伤害。

恶意抢注是我国企业走向国际市场的一大阻碍,恶意抢注成为一些国外企业对我国企业实行反倾销的一种手段。

可见，品牌保护是品牌运行的一个关键环节，不可忽视。

二、品牌法律保护

(一) 品牌法律保护的含义

品牌法律保护是指运用法律、法规对企业经营者的品牌资产进行保护，保障其合法权益。

品牌的法律维护包括商标权的及时获得、驰名商标的法律保护、证明商标与原产地名称的法律保护，以及品牌受窘时的反保护。

> **拓展阅读**
>
> 小知识：1904年，清政府颁布了我国第一部商标法——《商标注册试办章程》。1949年后，我国的商标保护逐步走向正轨，1982年我国颁布了新的《商标法》。2001年10月27日，第九届全国人大常委会第二十四次会议对《商标法》进行了第二次修正，使得我国的商标保护更趋于公平，加大了商标专用权的保护力度，并强调诚实信用，以遏制抢注商标行为。

(二) 品牌法律保护的途径

1. 品牌的法律保护

(1) 立法保护：指通过制定和颁布有利于品牌保护的法律来实施对品牌的保护。

(2) 司法保护：指依据现有的法律对品牌进行保护、打击假冒商品的实际司法行为。

> **拓展阅读**
>
> 小知识：美国于1933年颁布并至今执行的《购买美国产品法》，要求政府机构在政府采购等业务中要购买本国的货物和服务。

2. 品牌商标权的保护

商标是商品的生产者、经营者在其生产、制造、加工、拣选或经销的商品上或者服务的提供者在其提供的服务上采用的，用于区别商品或服务来源的，由文字、图形、字母、数字、三维标志、声音、颜色组合，或上述要素的组合，具有显著特征的标志，是现代经济的产物。从商业领域来讲，文字、图形、字母、数字、三维标志和颜色组合，以及上述要素的组合，都可作为商标申请注册。经国家核准注册的商标为"注册商标"，受法律保护，即通过确保商标注册人享有用商标标明商品或服务，或者许可他人使用商标以获取报酬的专用权，从而保护商标注册人权益。

商标权保护是品牌保护中的重要内容之一，指的是对品牌包含的知识产权，即商标、专利、商业秘密等进行保护。品牌保护最重要的武器是法律，品牌保护的核心是商标权保护，即对商标专用权（已经过注册）的法律保护。品牌保护的范围要大于商标权保护的范围。企业对其品牌的自我保护，既有商标权保护的内容，也有非商标权保护的内容。

(1) 注册在先。树立一个牢固的品牌，商标保护至关重要。如果驰名商标不进行品牌保护，那么同样会面临从公众心中消失的危险。可口可乐能够经历上百年仍然长盛不衰，正是因为它的配方、商标、外观设计、包装技术、广告宣传的版权无一不依赖法律保护。然而，即使是非常重视品牌保护的可口可乐，也百密一疏，于是便有了著名的诉百事可乐侵权案，也有了"非常可乐事件"。由此可见，品牌保护是不容忽视的问题，要想保护自己的商标权益，首先要取得商标的专用权，其次要注意商标的类别组合注册，通过科学的组合注册，编织一张严密的保护网，从而确保他人难以搭便车获取利益。

商标权的取得并不是毫无限制的，我国在 2011 年修订《商标法》之前，采取的是严格的注册制度，即只有向工商局注册，才可以取得商标的专用权。在《商标法》修订之后，我国转为以注册为主，兼顾"使用在先"的原则。这一原则的转变在某种程度上制止了猖獗一时的恶意抢注现象。但这种保护毕竟是一种救急手段，不是所有的注册商标都可以获得这样的保护，一旦出现商标权使用纠纷，商标使用人就需要花大量精力来举证证明"使用在先"以及商标驰名程度，并且需经过法院的认定。所以，为了防患于未然，商标要及时进行注册，以防止他人的侵权行为，这才是明智之举。

（2）制止混淆。制止混淆也是保护品牌的另一重要方面。《商标法》规定，无论是在相同或者类似商品上复制、模仿还是翻译别人未在中国注册的驰名商标，都是一种误导公众的行为。

案例

> 知名的杂志《读者》就曾遭遇过被人假冒商标的情况。海南出版社曾印刷《美文奇文妙文》和《红玫瑰》各一万套，销售额为 18.36 万元。海南出版社在这两套书的封面上重点突出"读者精华"四个字，而且极力模仿《读者》的装帧、版式风格，使购买者误认为这两套书是《读者》杂志的精华本。《读者》杂志依据当时的法律，诉诸行政部门以求保护自己的利益。后来海南省工商局认定："读者"商标系《读者》杂志社在杂志上注册的商标，注册号为第 704750 号，其商标专用权受法律保护，海南出版社违反了《商标法》的规定，属商标侵权行为。
> （资料来源：百度百科. 品牌保护［EB/OL］. http：//baike.baidu.com/link? url = L7ZzJlSKqDLW8QBX－I5DevSTasxPj9TJWgkGuJ3g_ lOhAoVw76PF7A8kchJc2VWE0PIar0bjkD9dFciJCxY2K9yNukm－Bprng1IP84euvOUMe8Kx6AqS0cIEVILWoFNs.）

在实践中，因假冒、类似而被侵权的几乎都是驰名商标，新的《商标法》特别规定，驰名商标的保护范围已经不局限于一般的相同或类似商品，只要是可能造成对驰名商标的误认从而误导消费者的商标，驰名商标所有人都可以拿起法律的武器进行防御。

对于混淆的认定，随着社会的发展也越来越细化，介于侵权与非侵权之间的企业行为也越来越多。

品牌除商标外，另外一个重要组成部分是商号。由于商标和商号都有区分商品的功能，因此在某些情况下，商号（尤其是有名的字号）就难免发生与另一个企业的商标"撞车"的现象，造成消费者的混淆。特别是我国的企业注册实行的是分级注册制度，由于各个行政区独立注册，并通过企业名称的行政区划来识别，因此字号间也会出现相同或近似情况。一些不法分子利用这种状况来打擦边球，非法牟利。

案 例

1999年,广东花都将他人具有相当知名度的商标作为企业名称并注册的情况被各大媒体曝光,这些商标包括先科、万利达、金正、步步高、新科等。其中,万利达和新科已经被认定为驰名商标。注册的企业名称为"花都市万利达电子厂""花都市新科电子有限公司"等,使消费者普遍出现误认、误购情况。对于这类商标和商号的冲突,一般是本着"保护在先"的原则,对不法者进行查处。

(资料来源:百度百科. 品牌保护 [EB/OL] . http://baike. baidu. com/link? url = L7ZzJlSKqDLW8QBX – I5DevSTasxPj9TJWgkGuJ3g_ lOhAoVw76PF7A8kchJc2VWE0PIar0bjkD9dFciJCxY2K9yNukm – Bprng1IP84euvOUMe8Kx6AqS0cIEVILWoFNs.)

(3) 反向假冒。除了商标、商号的混淆外,品牌保护还有一种值得注意的商标侵权形式——反向假冒。我国从1994年首例商标反向假冒案——"枫叶"诉"鳄鱼"一案出现以后,就引进了"反向假冒"这一概念,反向假冒由此成为知识产权领域争论的热点。

案 例

1994年4月,取得新加坡鳄鱼公司在中国内地销售资格的北京同益公司在百盛购物中心设立专柜,与百盛购物中心联合销售鳄鱼牌及卡帝乐牌商品。同益公司工作人员用"卡帝乐"商标替换了原本由北京市服装一厂生产的西裤商标,并以高于原价198%的价格出售。

北京市服装一厂认为该行为侵犯其合法权益,遂以百盛购物中心、同益公司、鳄鱼公司及同益公司主管部门开发促进会为被告,向北京市第一中级人民法院提起诉讼,要求赔礼道歉、赔偿损失。此案案情新奇,法律适用困难,尽管法学界对此发表了诸多观点,但此案历经多年都未解决。1998年6月10日,北京市第一中级人民法院终于做出判决,依照《中华人民共和国民法通则》第四条,第一百三十四条第一款的第七、九、十项,以及《中华人民共和国反不正当竞争法》第二条的规定,判决被告开发促进会代表原下属企业同益公司赔礼道歉(同益公司已被注销),并赔偿原告损失。

从上述案例也可以看出,反向假冒也成为新《商标法》规范的重要内容。根据最新规定:未经注册商标人同意,更换其注册商标并将更换商标的商品又投入市场的,属于侵犯注册商标专用权的行为。这一立法堵住了有商业不良企图的人获得非正当利益的通路,对推动我国的品牌建设起到了至关重要的作用。

(资料来源:百度百科. 品牌保护 [EB/OL] . http://baike. baidu. com/link? url = L7ZzJlSKqDLW8QBX – I5DevSTasxPj9TJWgkGuJ3g_ lOhAoVw76PF7A8kchJc2VWE0PIar0bjkD9dFciJCxY2K9yNukm – Bprng1IP84euvOUMe8Kx6AqS0cIEVILWoFNs.)

如何保护品牌

3. 品牌专利权的保护

(1) 企业要加强专利申请意识。

(2) 明确授予专利的实质条件,即确定申请专利的科技成果有无专利性,包括:新颖性、创造性和实用性。

(3) 明确授予专利的形式条件,即指国务院专利行政管理部门对专利申请进行初步审查、实质审查以及授予专利权所必需的文件格式和履行的必要手续。

2014 年商标十大典型案例　　　　**娃哈哈遭遇达能强行并购事件**

三、品牌自我保护

（一）品牌自我保护的含义

所谓品牌的自我保护，就是品牌的所有人、合法使用人主动对品牌实行资格保护措施。

企业品牌的经营者们不能完全依靠法律提供保护，而应该主动出击，做好防范工作，保护自身品牌。企业经营者们一直致力于塑造高知名度品牌，品牌知名度越高，假冒者就越多，技术失窃的可能性就越大，品牌之间竞争的激烈程度也就越高。因此，品牌经营者为使品牌健康成长，必须注意品牌的自我保护。

（二）品牌自我保护的途径

1. 应用防伪技术，积极打假

（1）积极采用防伪技术。有些品牌和包装的技术含量低，使制假者能够轻易伪冒，这是有些品牌的假冒伪劣产品屡禁不止的一个重要原因，所以必须采用高技术含量的防伪技术，从而有效保护企业品牌。

防伪技术的主要类型：一是物理学防伪技术，也就是应用物理学中结构、光、热、电、磁、声以及计算机辅助识别系统建立的防伪技术；二是化学防伪技术，即在防伪标志中加入在一定条件下可引起化学反应的物质；三是生物学防伪技术，是指以生物本身固有的特异性、标志性为防伪措施的技术；四是多学科防伪技术，也就是利用两种或两种以上学科方法防伪；五是综合防伪技术。

不论哪种防伪方法，只要行之有效就可采用，或者结合采用。采用现代高科技含量的防伪技术是有效保护品牌的重要手段，这要求企业品牌经营者们能够有清晰的认识、保持高度的警惕，综合运用多种高科技尖端技术，使一般人难以仿制本企业产品。如娃哈哈纯净水就采用了电子印码、激光防伪、图案暗纹等多种防伪技术，事实上，世界上大部分的知名品牌都采用了多种防伪标志，对保护品牌起到了一定的积极作用。

（2）积极打假。假冒伪劣作为一种社会公害，是长期存在的。我国许多知名企业都吸取了被假冒的经验教训，成立了专门打假机构，配备专职打假人员，积极参与打假活动，取得了显著成效。如杭州娃哈哈集团公司为维护公司的商标权益和名誉、保护自己的名牌产品，于 1993 年 5 月成立了打假办公室，积极配合政府执法机关的打假工作，为公司追回直接经济损失 320 万元；广东健力宝集团有限公司为了有效地做好反假、防假工作，专门成立了缉查假冒产品办公室，公司副经理兼任办公室主任，另外还有 5 名专职人员，有效地打击了假冒健力宝产品的违法行为。

企业必须加强对知名品牌商标的管理，制定专门的商标管理制度，把商标管理纳入全面质量管理之中。对商标的使用、标志的印刷、标志的出入库、废弃标志的销毁等，都要进行严格管理。为了加强企业内部的商标管理，企业应设立科学、完善的商标档案，设立专门的商标管理机构,配备熟悉商标知识和商标法规的管理人员,使他们成为品牌的捍卫者。

此外,企业还可以向消费者普及品牌的商品知识,以便消费者了解正宗品牌的产品;与消费者结成联盟,协助有关部门打假,从而组成强大的社会监督和防护体系。

2. 保护品牌机密

当今世界是信息的世界,谁掌握信息,谁就把握了主动权。信息技术是当今经济竞争和全球发展的关键,谁能掌握它,谁就能在竞争中取胜。品牌经营者必须树立信息观念、高度重视信息资源,保护自己品牌的秘密,防止丢失。

(1) 要有保密意识。当今社会,由于各种间谍技术高超、信息手段发达,因此品牌秘密很难保住,稍不留神,就会给品牌造成不可估量的损失。随着信息技术和其他技术的迅猛发展,商业间谍的窃密手段也多种多样,使人防不胜防。一些窃听、盗摄装备的使用威胁着企业重要信息的安全。商业间谍入侵企业内部网络和企业高管的个人邮箱,盗取企业机密的事件也越来越多。因此,企业应该加强对保密工作的重视,避免机密外泄,给品牌造成无法挽回的损失。

(2) 避免技术参观和考察。调查显示:世界上,在每项新技术、新发明中,有40%左右的内容是通过各种情报手段获得的,而许多经济间谍正是打着参观的幌子来盗取情报的。所以,品牌经营者有必要谢绝技术性参观和考察。对于无法谢绝的参观,企业需要专人陪同,进行监视,防止技术秘密外泄。一次,一批日本客人到法国一家著名的照相器材厂参观,在观看一种新的显影溶液时,一位客人俯身靠近盛溶液的器皿。精明的陪同人员发现,这个日本人的长领带已沾到了溶液,马上向一位服务员吩咐了一番,当那个日本人走出实验室门口时,服务员马上走到他跟前说:"先生,您的领带脏了,请换条新的。"随后递上一条崭新的领带,保住了新型显影液配方。

(3) 防止内部人员泄密。正所谓"明枪易躲,暗箭难防",品牌的失密常常是自家人所为。内部人员泄密有两种途径:一种是被竞争对手派来卧底的人员盗取机密;另一种则是原来本企业的技术人员,为了更高待遇而跳槽到竞争对手那里,带走了机术机密。针对这两种情况,必须严格限制接触品牌秘密的人员范围。

四、品牌经营保护

(一) 品牌经营保护的含义

品牌发展进入成熟期后,不仅要通过自我维护不断更新产品,以维持顾客对品牌的忠诚度,采取法律维护手段,以确保著名品牌不受任何形式的侵犯,更应该采用经营维护手段,使著名品牌作为一种资源能得到充分利用,使品牌价值不断提升。

品牌的经营保护就是企业在具体的营销活动中所采取的一系列维护品牌形象、保护品牌市场地位的行动,主要包括顺应市场变化、迎合消费者需求、保护产品质量、维护品牌形象,以及品牌的再定位。

消费者心理的变化、社会经济发展、技术变革或者竞争对手的转变,会引起消费行为、竞争策略、政府政策等方面的变化,从而影响品牌的命运。另外,企业本身在战略或经营方向上采取的各种行动或做出的各种改变,也有可能导致企业对品牌推向市场的方式进行或大或小的调整。因此,有效的品牌经营维护活动就更加重要了。品牌经营保护是品牌资产得以维持和增值的源泉。

（二）品牌经营保护的途径

1. 以市场为中心，全面满足消费者需求

消费者是企业品牌经营的核心，以市场为中心，也就是以组合消费者需求为中心。品牌的经营保护是与消费者的兴趣、偏好密切相关的，消费者的需求是不断变化的，这就要求品牌内容也要随之做出相应的调整，否则，品牌就会被市场无情地淘汰。

每个知名品牌都在不断地变化着，以满足消费者的需求与偏好。可口可乐的口味、海尔的空调品种、李维斯牛仔裤的式样都在随着市场趋势而变化。就连曾说"福特汽车只有一种颜色，那就是黑色"的福特汽车也推出了不同颜色的汽车，以适应市场趋势的变化。以宝洁公司的"碧浪"洗衣粉为例，该品牌在过去的几年时间里，已多次改变新产品标志。从"碧浪"到"碧浪漂渍"，再到"碧浪第二代"，可谓是花样不断，以至于现在的"碧浪"早已与原来的"碧浪"大相径庭了。

抱着知名品牌不肯改变，对市场变化无动于衷，其实质是扼杀品牌，最终必将被市场所淘汰。这就是中国品牌大都是"各领风骚三五年"的原因，像"大前门""恒大""凤凰"香烟，已被人们遗忘；曾经红极一时的"康巴丝"石英钟惨遭市场淘汰。

案例

> 市场是无情的，不管是中国品牌还是世界品牌，只要违反了市场变化的规律，就必会导致企业经营的失败。李维斯是大家十分熟悉的牛仔服装品牌，在20世纪80年代中期，随着美国摒弃正装、崇尚休闲时装时代的来临，以及美国西部影片的全球热映，李维斯公司的股票在一年的时间内狂升100多倍，市值由每股2.53美元上涨到每股262美元，创造了举世闻名的"李维斯神话"。然而，市场上没有永远的赢家，由于李维斯品牌没有抓住其主要消费者，即14～19岁年轻人的心理，依然故步自封、我行我素，想当然地闭门造车，因此风光不再。20世纪90年代，李维斯开始走向没落。到1997年，李维斯公司被迫关闭了设在欧美地区的29家工厂，裁员1.6万人。1998年，李维斯公司的销售额又下降了13%。李维斯品牌的没落多半是忽视了年轻顾客的心理变化、忽视了流行时尚、忽视了消费者偏好的变化导致的。
>
> （资料来源：MBA智库百科．品牌保护［EB/OL］．http：//wiki.mbalib.com/wiki/品牌保护．）

以市场为中心，满足消费者需求，就是要求品牌经营者们建立完善的市场监察系统，随时了解市场上消费者的需求变化，及时地调整自己的品牌，使品牌在市场竞争当中获胜，顺利完成品牌保护的工作。

2. 苦练内功，维持高质量的品牌形象

质量是品牌的灵魂，高质量的品牌往往拥有较高的市场份额。反之，即使一个品牌的知名度很高，但如果它的产品质量出了问题，也会大大降低品牌形象，使品牌受损。比如：豪门啤酒在20世纪90年代初曾经风靡一时，然而，其与河北、山东等省份某些酒厂合作生产后，没能控制好产品质量，严重影响了其高档啤酒的形象，导致充斥市场的大量劣质产品仅仅数日就令豪门啤酒风光不再。

对品牌经营者而言，可以通过以下几方面维护高质量的品牌形象：

（1）评估产品目前的质量。是否严格按照本企业的生产质量管理体系进行产品生产？

在品牌组合中，目前被消费者认为质量低的是哪些品牌？是全部品牌还是个别品牌？企业的销售人员是否完全具备与产品品牌有关的业务知识？品牌经营者应该从内部挖潜，即全力贯彻实施内部质量管理体系，从根本上了解消费者对品牌产品的意见和建议。

（2）产品设计要考虑顾客的实际需要。海尔集团针对不同地区、不同国家推出了小小神童洗衣机和在部分地区才用得着的可以洗红薯的洗衣机，正是由于海尔人从顾客的实际需求出发，因此它推出的每款新产品都颇受消费者的欢迎。

案 例

> 某公司决定改进电动咖啡壶，以适应人性化需要。在设计时，负责设计的技术人员问了一大堆问题，诸如壶是大一点好还是小一点好。后来，经过讨论，大家一致认为咖啡爱好者普遍对味道香醇的咖啡感兴趣。该公司负责人大先研一先生问设计人员："哪些因素会影响咖啡的味道？"设计小组研究的结果表明，有很多因素会影响咖啡的味道：咖啡豆的品质和新鲜度、研磨方式、加水方式和水质等。其中，水质是决定性的因素。所以，该品牌产品设计了一个去除水中氯化物的装置。另外，新产品还附有一个研磨装置，消费者要做的，只是加水和放咖啡豆。改进后的电动咖啡壶受到了广大顾客的欢迎。
>
> （资料来源：MBA 智库百科. 品牌保护［EB/OL］. http：//wiki.mbalib.com/wiki/品牌保护.）

（3）从品牌广告、营销、公关、策划等多种角度，建立独特的高质量形象。虽然"品位高雅""质量可靠""设计入时"等内在因素对知名品牌起主导作用，但品牌也要善于包装自己，也就是通过各种有效手段把自己宣传出去。国美电器在这方面是相当成功的，它所经营的产品价格并非最低，质量也并非最好，但它通过媒介向消费者宣传自己，进行自我炒作，用彩电等几个家电品牌价格的低廉换取了消费者认为"国美的东西都便宜"的印象，从而扩大了企业的知名度，使国美成为销售终端大户的杰出代表。

（4）随时掌握消费者对质量要求的变化趋势。在1994年上半年德国新批准使用的轿车中，每三辆就有一辆是汽缸排量低于1.4升的小型车。越来越多的汽车出厂时都装上了豪华设备。标致汽车的一位经理说："如今没有人想要空荡荡的汽车。"进口商和德国生产厂家合力向这一趋势靠拢。红色的安全带、光线柔和的刹车灯、电子系统控制的升降窗、昂贵的立体声音响设备、设计合理的车内电话和空调、高级真皮包裹的座椅以及制作精致的方向盘、换挡杆、仪表盘等充分体现了西欧消费者讲求舒适、豪华的趋势。在标致汽车公司售出的106系列车中，64%的汽车名称为"棕榈海滩"（配有玻璃箱盖）或"男孩"（用牛仔布做软垫）。一位标致公司的经理说："这种海滩与青春的组合，被证明是非常成功的促销手段。"

（5）让产品便于使用。如今人们似乎变得越来越懒了，什么都追求方便轻松。方便食品大行其道，技术产品一律"傻瓜"，一次性的日用产品满天飞舞。商务通电脑是恒基伟业公司推出的新型全能手写掌上电脑，自上市以来就颇受白领阶层欢迎，其成功的秘诀就在于商务通电脑轻便灵活，便于顾客随时使用，难怪该公司会打出"商务通，科技让你更轻松"的广告语来招揽顾客。

3. 严格管理，锻造强势品牌

经营保护企业品牌的最强势要素就是对企业品牌进行全方位的严格管理，以便保持和提升品牌竞争力，使品牌更具活力和生命力，锻造出市场上的强势品牌。

（1）**坚持全面质量管理和全员质量管理**。"以质取胜，价格公道"是巧手产品的广告语，相信大家都已经很熟悉了。为什么呢？因为"以质取胜"是永不过时的真理，所以要牢固树立"质量是企业的生命"的观念，并把它贯彻到企业的一切活动和全部过程之中。企业要制定切实可行的质量发展目标，积极采用国际标准，形成一批高质量、高档次的名优产品，以提高产品的市场占有率。要深入开展全面质量管理、质量改进或降废减损活动，认真贯彻质量管理和质量保证系列国家标准，积极推进质量认证工作，并借鉴国外企业科学的质量管理新法，推行"零缺陷"和可靠性管理，从而提高企业的质量管理水平。

反之，忽视质量控制，降低品牌产品质量，对企业品牌来讲就是一种自杀行为。有的企业一看到产品在市场上紧俏、供不应求，就降低质量管理，结果很快就被市场抛弃，被淘汰出局。

案例

> 荣事达公司自20世纪90年代初就引入了ISO 9000质量管理体系和推行"零缺陷"管理，荣事达公司将"用户是上帝""下一道工序是用户""换位思考""100%合格"等质量意识转变为员工的自觉行动，创建了属于荣事达自己的"零缺陷生产"模式。与此相关的一系列制度纷纷出台，从而实现分散与集中、全员自控与专门控制、内在质量控制与系统信息反馈相组合的"零缺陷生产"质量管理体系。
>
> "零缺陷供应"是"零缺陷生产"的前提和保证，"零缺陷服务"则是"零缺陷生产"的后延。荣事达的售后服务"红地毯"于1997年推出，迅速在服务技术方面，按照"零缺陷目标"严格执行服务承诺，"视顾客为上帝，尊用户为贵宾"，使用户毫无后顾之忧，充分体验到"上帝"的感受。
>
> "零缺陷员工"则是根本保证，是企业贯彻全员管理的主体。荣事达以员工群体化为企业发展的根本，注重员工主体意识的培育，从而保证了整个企业推行"零缺陷"的良性循环。
>
> （资料来源：MBA智库百科．品牌保护［EB/OL］．http：//wiki.mbalib.com/wiki/品牌保护．）

（2）**坚持成本控制和成本管理**。最低成本优势是企业品牌保护的一大法宝。优势品牌必须实施成本最低领先战略，采用先进技术，提高劳动生产率。格兰仕企业品牌就是推行成本控制的最好例子，格兰仕通过规模扩张和成本控制成为微波炉行业的领导者，在我国占有60%以上的市场份额，占有的欧洲市场份额也在60%左右。在坚持成本控制的基础上，要加强企业的资金管理、费用管理、财务管理、劳动管理、设备管理、原材料管理和其他管理，把成本降到最低。

4. 实施"差异化"策略，进行品牌再定位

不论一个品牌最初在市场上的定位如何，到后来往往因消费趋势的变化、消费者的兴趣变化、偏好转移以及市场占有率的变化而不得不对它进行再定位或者实行差异化策略。

国内饮料市场被"国际两乐"占领了大半空间，达能在国内的连续收购更让人惊心动魄，众多民族品牌遭受毁灭性打击。在这种情况下，椰树集团凭借其独一无二的椰子汁，在国内饮料市场逐渐发展起来。在其进入市场之前，该类产品在市场上是一块空白，这使椰树集团具备完全差异化优势，并成功跻身全国十大饮料企业之列。如果说椰树是依靠产品本身

差异化取得成功的，那农夫山泉便是在产品本身差异不大的情况下，利用概念差异化取胜的案例。起先农夫山泉在瓶装水市场上毫无竞争优势，上有娃哈哈和乐百氏两大品牌的压制，下有各区域品牌的蚕食，在这样恶劣的环境下，农夫山泉利用人们一直以来对纯净水是否有益于身体健康的担心，提出了"天然健康"的概念，通过一系列外在表现手段，打造出"天然水"概念，大力宣传"千岛湖水下 80 米的天然水"，正是由于实施了差异化策略，进行了品牌再定位，农夫山泉在短时间内就崛起成为国内瓶装水市场的三强之一。

5. 不断创新，锻造企业活力

创新是企业品牌的灵魂，是企业活力之源，只有不断创新，才能让企业品牌具有无穷的生命力和永不枯竭的内在动力，发展和壮大企业品牌。创新是企业经营保护当中最为有效的策略。

创新是一个系统工程，包括许多方面的内容，主要有观念创新、技术创新、质量创新、管理创新、服务创新、市场创新、组织创新、制度创新等。

> **案 例**
>
> 2016 年，长虹品牌价值达 1 208.96 亿元人民币，继续稳居中国电子百强品牌第六位，在中国企业 500 强中排名 152 位，居中国制造业 500 强的第 64 位。
>
> 长虹成功的秘诀在哪里呢？就在于长虹不断地进行产品创新和技术创新。新产品开发和技术创新是长虹的发展之魂。长虹人紧紧抓住"科技兴企业"这条命脉，不断向高科技领域进军。仅"七五"期间就投入 2 亿多元技术改造资金，"八五"期间投入的资金超过 5 亿元，10 年间进行过三次重大的技术改造。长虹按照年销售收入的 3%～6% 加大新产品、新技术开发的投入。长虹在公司本部，已与东芝、三洋、飞利浦等国外著名企业建立了多家联合实验室。长虹在技术开发和新产品开发上实施"生产一代，研制一代，预研一代，储备一代"的方针，正是有了如此强大的科技实力，该公司才能不断地推陈出新，不断地为消费者奉献精品产品，从而拥有今日的成就。
>
> （资料来源：MBA 智库百科．品牌保护 [EB/OL]．http://wiki.mbalib.com/wiki/品牌保护．）

6. 保持品牌的独立性

品牌的独立性是指品牌占有权的排他性、使用权的自主性以及转让权的合理性等。

由于品牌是企业的无形资产，因此企业要保持品牌的独立性。在市场上享有较高知名度和美誉度的品牌能给企业带来巨大的经济效益，而只有保持品牌独立性，才能保持品牌形象，使品牌不断发展壮大。

企业要保持品牌的独立性，实施有效的品牌保护策略，其根本的办法和出路归纳起来有两条：一是"强身壮骨"；二是"联合抗衡"。"强身壮骨"就是千方百计发展自己、强壮自己：首先，要扩大规模，走规模经济之路；其次，要从产品质量、规模品种、生产成本、价格和销售渠道上下功夫，开拓市场、占领市场，提高品牌的知名度和美誉度。"联合抗衡"就是国内企业联合起来，以知名企业为中心，以名牌产品为依托，携手跨地区、跨行业的大企业集团，共同捍卫国家民族品牌的最后一块阵地。

7. 运用品牌延伸策略，主动进攻，捍卫品牌阵地

21 世纪是品牌纵横的时代，品牌已成为企业最有力的竞争武器。品牌不仅涵盖了产品

概念，它更是一种人格化的东西，是消费者心中认可的一种印象。品牌要寻求更大发展，往往是通过品牌延伸和品牌扩张来进行的，这是因为实施品牌延伸和开发多元化经营有很多优点，如能够节省宣传推广费用，吸引原有品牌忠诚者，使新产品迅速进入市场以及可以在较大范围内调动企业人力、物力资源进行大规模建设，等等。

学习任务一
品牌保护

学习任务二　品牌危机管理

案例导入

农夫山泉"标准门"

2013年3月15日，某南方网站报道农夫山泉水中现黑色不明物。对此，农夫山泉回应称，含有天然矿物元素的瓶装水在运输储存过程中，有时会因温差而析出矿物盐，并不影响饮用。

3月22日，中国广播网报道，有消费者投诉农夫山泉瓶中有不少棕红色的漂浮物。经销商在未取走问题样品的情况下回复表示，自己是从湖北丹江口工厂进的货，经过厂家检测得出的结果是，棕红色的不明物质是矿物质析出所产生的，水可以正常饮用。农夫山泉总裁办主任钟晓晓在接受采访时也坚称，农夫山泉生产工艺肯定没有问题。

3月25日，某南方网站再次报道农夫山泉的丹江口水源地被污染。报道称，在农夫山泉取水点周边水域岸上，全是各种各样的生活垃圾，其中不乏大量疑似医用废弃药瓶，大有"垃圾围城"之势。对此，农夫山泉回应称，媒体所报道的不整洁区域距离其公司取水口下游约1.4千米，对取水质量并无影响。此外，农夫山泉取水口水源符合《瓶装饮用天然水》（DB 33/383—2005）中规定的天然水源水质量标准。

4月9日，《国际金融报》报道，农夫山泉的广东万绿湖水源地、浙江千岛湖水源地和湖北丹江口水源地采用的都是"DB 33/383—2005"标准，而该标准是浙江的地方标准。令人奇怪的是，广东也有本省的饮用天然水标准，但广东万绿湖水源地的产品未采用该标准，仍采用对水质要求较低的浙江标准。

4月9日，华润怡宝在钓鱼台国宾馆发起"2013中国瓶装水企业社会责任倡议书"，向国内瓶装饮用水企业发起全面承担企业社会责任的倡议，旨在倡导做有责任的企业，做有责任的品牌。

陷入"标准门"之后，农夫山泉一直保持沉默，4月11日，农夫山泉终于在其官方微博做出郑重声明：农夫山泉饮用天然水的产品品质始终高于国家现有的任何饮用水标准，远远优于现行的自来水标准。农夫山泉产品的砷、镉含量低于检测限值，含量低至无法检出。霉菌和酵母菌也都未被检出。

此外，农夫山泉还将矛头指向了华润怡宝。农夫山泉在声明中指出，近期针对农夫山泉的一系列报道是蓄意策划的，隐藏在幕后的就是国有控股饮用水企业——华润怡宝。

农夫山泉罗列了一系列华润怡宝的"罪证"，并表示："作为国有控股的饮用水企业，将民众对食品安全和环境污染的恐慌心理作为行销手段，以达到打击竞争对手、扩大市场份额的目的，这一做法令人遗憾。"

农夫山泉所列证据包括已被删除的华润怡宝此前推出的"中国饮用水之殇"网页和广告截图，以及华润怡宝用"大自然搬运过来的水，你还敢喝吗？"这一语言，将矛头直指农夫山泉公司广告语"大自然的搬运工"等。

农夫山泉引用21世纪网的调查新闻标题，暗示21世纪网参与其所谓的"策划"，对此，21世纪网已发表严正声明予以驳斥。

农夫山泉还邀请电视、报纸和网络媒体以及消费者对农夫山泉水源、生产过程和产品品质进行全面的实地访问和监督。

4月11日晚，华润怡宝发表声明称："我公司从未以任何方式对农夫山泉声明中所提到的做法予以任何形式的参与；作为一家有社会责任感的企业，我公司一贯反对企业不正视自身问题、推卸自身责任、利用媒体转移公众视线将自身危机转嫁给竞争对手的行为；我公司保留对农夫山泉采取法律行动的一切权利。"

4月16日，华润怡宝声明称，为维护自身合法权益，已向深圳市南山区人民法院对农夫山泉提起诉讼，该诉讼已于2013年4月15日被该院正式受理。

同时，农夫山泉也将矛头对准了曝光媒体。《京华时报》等媒体报道农夫山泉水质标准低于国家标准，4月14日，农夫山泉进行回应，称《京华时报》所谓的"相对于农夫山泉从未从严修订标准的是，其从宽修订标准却显得非常积极"完全是置事实于不顾，颠倒黑白，并称《京华时报》无知。甚至在15日的微博中放出狠话："你跑不掉，也别想跑。"

对此，《京华时报》官方微博于4月16日上午发博回应："标准面前，你跑不掉，也别想跑。"

4月15日，农夫山泉发表声明，自称其标准中甲苯、亚硝酸盐指标限值是严于自来水标准的，并称"就一两项指标就判定整个标准谁高谁低是毫无法律依据的"。对此，中国民族卫生协会健康饮水专业委员会马锦亚表示："我们看一个标准的高与低，更重要的是关注其中对人体有害的指标，哪怕你只有一项低于国家标准，你的标准就是不如国标。"

4月18日，中华民族卫生协会健康饮水专业委员会秘书长马锦亚表示，农夫山泉不仅没有正视自己的问题，还公开指责该协会是"莫名其妙的协会""信口雌黄"，决定将农夫山泉从协会中除名。

4月19日，《京华时报》发表声明称："对于本社指出的农夫山泉执行的地方标准在部分指标上低于国家标准一事，农夫山泉不正视自身存在的问题，反而反复通过强调'产品品质高于国家标准'来混淆视听，转移视线，并通过言语恐吓、制造舆论影响等手段，打压媒体责任，挑战新闻媒体的舆论监督职责，严重侵犯了本社名誉权。本社保留对农夫山泉股份有限公司的上述行为采取法律行动的一切权利。"

从4月10日开始，《京华时报》连发多篇文章，报道农夫山泉的"标准门"。与此同时，农夫山泉也连续四次回应。

在此过程中，北京市桶装饮用水销售行业协会下发《关于建议北京市桶装饮用水行业销售企业对"农夫山泉"品牌桶装水进行下架处理的通知》，要求北京市桶装饮用水行业各销售企业即刻对农夫山泉桶装饮用水产品做下架处理。

5月2日，农夫山泉官网上更是发出了题为《〈京华时报〉＆农夫山泉到底谁在说谎》的文章，指责《京华时报》在发难前，从未就自来水问题采访过农夫山泉方面。

5月6日，农夫山泉发布消息称，已经向法院提起诉讼，向《京华时报》索赔6 000万元。

当天，农夫山泉在北京召开了长达3小时的新闻发布会。在会场上，农夫山泉与《京华时报》正面交锋对质，现场辩论激烈，场面一度混乱。其间，曾有现场工作人员对《京华时报》记者喊"滚出去"。

在发布会上，农夫山泉一方表示，指责其产品水质不如自来水是无稽之谈，阐述其执行的 DB 33/383—2005 浙江标准是科学可靠的地方标准，表示其虽未在产品包装上标示 GB 19298—2003 卫生（安全）标准，却并不代表农夫山泉未执行此强制标准；公司更列出早前在美国所做的水质监测报告，以证其清白。而《京华时报》一方认为，农夫山泉所执行的浙江地方标准中有多项指标低于国家标准，且不认同农夫山泉关于国家卫生（安全）标准和质量标准的解释。在现场，双方就"标准"一事，各执一词。

农夫山泉CEO钟睒睒还在发布会现场宣布，将关闭农夫山泉位于北京的工厂。对于这样的结果，钟睒睒在会上表示，很遗憾仅仅因为一个行业协会的决定导致农夫山泉的产品在北京下架。钟睒睒认为，对于这样的市场环境，农夫山泉只能选择退出，公司关闭北京工厂是为"维护其品牌尊严"。

从4月10日到5月7日，连续28天，74个版面，《京华时报》对农夫山泉的追踪报道"锲而不舍"、一步未停。对此，钟睒睒直指《京华时报》"开辟了一家媒体批评一个企业的新闻纪录"。

5月7日，《京华时报》再次投入包括头版在内的7个整版，继续猛烈抨击农夫山泉。《京华时报》在报道中称，农夫山泉在京停产是因其质量不符合标准，北京质监局已经介入调查；需要明确的是北京质监部门依法监管市场，而不是农夫山泉主动"退出"。报道还针锋相对地提出，农夫山泉在16个省市的媒体上曾刊登公告"谩骂《京华时报》"。"从2013年4月16日到2013年5月6日，农夫山泉在全国10多个省市数十个渠道刊登含有谩骂《京华时报》内容的公告，1个月内超过120个版面。这些公告明显针对《京华时报》依法依规的舆论监督横加指责，其刊登范围之广，时间跨度之长，史所罕见，中外罕见。"

（资料来源：2013十大品牌危机公关案例。）

案例分析

危机出现后，农夫山泉始终没有正视自身问题，面对媒体和公众质疑，将问题归咎于竞争对手的栽赃陷害、行业协会的指责、媒体的负面报道。农夫山泉最大的问题，是用初进入者的心态，来解决今日之问题。今日农夫山泉已是行业领先者，作为行业领先者，理应有领先者风范，除做大做强自己外，亦负有行业和谐发展之责。在危机处理中，农夫山泉虽然对消费者进行了回应，与媒体进行了沟通，并不断发表相关声明，但其回应却是否定问题，将责任归于竞争对手或者媒体，可见其没有解决问题的诚意。与同行恶性竞争，得罪协会，"死磕"媒体，逐渐失去背书的平台，最终失去的是市场和消费者。

> 攻城为下，攻心为上，强硬虽能逞一时之勇，但却非长远之道。
>
> 　　最初面对消费者的投诉，农夫山泉并未高度重视，以诚恳的态度去解决问题，从而引发媒体报道。4月10日，在《京华时报》发布首篇报道后，引发网络媒体大量转载，此时农夫山泉也没有采取相应措施，建立与媒体良好的关系，避免危机扩大。总之，农夫山泉在危机处理中一步步错失良机，导致危机愈演愈烈。
>
> 　　从农夫山泉应对危机的表现看，由于没有争取行业协会及主管部门的支持，因此企业一直处于近似孤立的状态。农夫山泉也没有正视公众关注的核心问题，而是不断针对竞争对手、媒体等外在因素，缺乏应对危机的系统策略。

一、品牌危机概述

（一）品牌危机的含义

品牌危机是指因组织内外部因素造成的突发性的损害品牌形象和降低品牌价值的事件，以及由此导致组织陷入困难和危险的状态。

史蒂文·芬克最早在《危机管理——为不可预见危机做计划》中对危机管理进行了系统的阐述。对企业进行危机管理已经是相当一部分企业的共识，海尔、华为等一些企业就很重视危机管理。品牌危机在我国是一个普遍现象。品牌作为企业的一项无形资产，如何不让危机波及企业的品牌？这就涉及危机中的品牌管理。品牌是企业的一项重要资产，品牌资产来源于品牌联想。品牌危机由品牌事件演化而成，是品牌联想朝着不利于品牌的方向变化的状态。品牌事件演化为品牌危机，是由于企业与公众的认知不一致，从而导致企业行为与公众期望产生冲突。如果品牌事件得到很好的处理，品牌事件就不会演化为品牌危机，对品牌事件的处理总是影响品牌事件的走向。

（二）品牌危机的特点

1. 突发性

突发性是品牌危机的首要特征。事件的发生一般都难以预料，媒体的传播更是难以预料，虽然从理论上说任何品牌都存在发生危机的可能性，但具体何时爆发、爆发的形式、爆发的规模、爆发的强度等仍难以预料，一切都在动态的变化过程中，非人力所能左右。

2. 危害性

品牌危机具有极大的危害性，甚至会给企业带来颠覆性、毁灭性的打击。品牌危机一旦发生，就会立刻动摇消费者对企业的信心，产品销售也会立即受到影响。2011年，央视"3·15"特别节目中曝光的"'健美猪'真相"，将我国最大的肉制品加工企业双汇集团卷入"瘦肉精"的旋涡之中。报道称，河南孟州等地用"瘦肉精"饲养的有毒猪，流入了双汇集团下属的济源双汇公司。因为卷入"瘦肉精"丑闻，所以处于风暴中心的济源双汇公司于3月16日即停产整顿。随后，双汇产品在一些城市的超市大规模撤柜，并做出一系列补救措施，然而品牌信誉度却难以挽回，双汇产品在全国的销量遭遇前所未有的"滑铁卢"。

3. 关注性

一旦出现危机，品牌就很容易成为众矢之的，这不仅是因为这些品牌与消费者的生活息息相关，而且媒体的转载、消费者的口传也会加速品牌负面新闻的传播，使得品牌危机成为一时的热门话题。因为如今中国网民数量庞大，社会化媒体已步入发展繁荣期，所以网络成为最重要的危机策源地，从自媒体揭发到微博、微信传播，从市场企业到公益组织，危机事件呈现出"自媒体曝光—微博、微信扩散—行业牵连—社会联动"的新形态。

案 例

快递小哥被打，霸道总裁追究到底

2016年4月17日，有网友在微博爆料，在北京一小区内，一位顺丰的快递小哥不小心与某私家车发生剐蹭，该车主随后对快递小哥进行了长时间的辱骂，并不断动手打人。在1分42秒的视频中，这位车主对快递小哥进行了7次打脸，且连续爆粗口十余次。而快递小哥除了说"对不起"之外，没有还手，一直在躲闪。

事件被曝光之后，顺丰当晚就被顶上微博热搜第一，针对员工受辱这一情况，顺丰官方在第一时间挺身而出，企业形象瞬间高大不少。

同时，平时一向低调的顺丰总裁王卫化身为"霸道总裁"，誓要为被打快递员讨回公道。

经过24小时的公关连环招，最终，顺丰通过"最官方"的途径，实现了总裁王卫"最私人"的表态。在这之后，打人者被警方拘留处罚，正义得以伸张。

（资料来源：骏小宝. 2016十大危机公关事件，几家欢喜几家愁？［EB/OL］. http：//www. chinapr. com. cn/templates/T_ Second/index. aspx？nodeid = 3&page = ContentPage &contentid = 13810.）

（三）品牌危机的种类

美国危机管理专家诺曼·R·奥古斯丁说："危机就像是普通的感冒病毒一样，种类繁多，无法一一列举。"由此可见，品牌危机多种多样，要对品牌危机进行一个准确全面的归类其实是不可能的。为了研究和分析的方便，我们按以下内容对品牌危机进行分类。

1. 按危机的程度分类

（1）难以挽救的品牌危机。难以挽救的品牌危机是指以下三种品牌危机：①因缺乏诚信或欺诈消费者而引发的品牌危机；②因企业经营不善或经营中出现重大失误而引发的品牌危机；③因危及消费者生命安全的重大质量问题而引发的品牌危机。这三类品牌危机带给品牌的打击是致命的，也是难以挽回的，巴林银行倒闭案、安然公司财务造假丑闻、欧典地板欺诈消费者案、南京冠生园"黑心月饼"案等都属于此列。

（2）可以挽救的品牌危机。可以挽救的品牌危机是指以下三种品牌危机：①因文化冲突而引发的品牌危机；②因非危及消费者生命与健康安全的质量问题而引发的品牌危机；③因不十分严重的道德问题和法律问题而引发的品牌危机。由于这些危机发生的根源不是致命的，因此企业可以通过科学的危机管理手段来迅速化解这些危机。

2. 按危机的性质分类

（1）品牌经营危机。经营危机是指由于企业经营管理者在生产经营方面的战略决策失误及管理不善而给品牌带来的危机。比如一向走高端路线的"派克"笔为了争夺市场，把"派克"品牌用于每支售价仅3元的低档产品，这一错误的决策不但没有帮品牌打入低端市场，反而失去了一部分高端客户，其市场占有率大幅度下降。

（2）品牌形象危机。品牌形象危机是因反宣传事件而引发的有损品牌、企业形象的品牌危机。反宣传一般有两种：一种是对企业发生的有损品牌形象的实情的曝光，如企业在产品的生产、销售、服务各环节与消费者产生纠纷，产品生产条件恶劣，企业偷税漏税、财务混乱、贪污舞弊等；另一种是对品牌的歪曲失实的报道，如"高露洁牙膏含致癌物质"等。这些报道和传闻会严重损害品牌形象和企业信誉。

（3）品牌信誉危机。品牌信誉危机是指企业管理不善或操作不当导致品牌在市场中、社会上的信誉下降，对企业的经营造成不良影响，使企业处于可能发生危险和损失的状态中。

案 例

宜家"夺命抽屉柜"，区别对待使信誉崩塌

2016年6月29日，宜家宣布在美国和加拿大召回3 600多万个"夺命抽屉柜"。自1989年以来，这些问题抽屉柜已造成6名儿童死亡，36名儿童受伤，宜家因此接到的事故报告也达到82份。

最终，宜家宣布召回相关产品，主要涉及马尔姆系列抽屉柜以及其他款式的儿童或成人抽屉柜。而中国市场不在此次召回范围内。宜家中国在接受采访时回应称："因为这个产品是符合中国的国家规定的，这个产品如果固定在墙上就是安全的。但在北美，他们有一个特殊的标准，不是强制性的，要求（柜体）即使不固定在墙上也必须不能倾倒，只是基于这样的标准（在美国和加拿大实行了召回）。"

宜家仅仅在官网和微博上提醒中国消费者将柜体固定在墙上。在中国消费者的强烈抗议下，虽然宜家中国宣布允许消费者"有条件退货"，但依然不全面召回。半个月后，在消费者的强烈不满之下，加之国家质检总局的约谈，宜家最终妥协，决定召回中国的166万余件抽屉柜。这种"打一下动一动"的处理方法，让不少消费者对宜家的好感度大幅下滑，宜家的傲慢以及双重标准，也让不少网友表示，已经不再信赖宜家。

（资料来源：骏小宝.2016十大危机公关事件，几家欢喜几家愁？［EB/OL］. http://www.chinapr.com.cn/templates/T_Second/index.aspx?nodeid=3&page=ContentPage&contentid=13810.）

（4）品牌质量危机。品牌质量危机是指在企业发展过程中，企业内部管理工作的缺陷、失误，或是设计、制造技术方面的因素，导致产品存在质量问题，严重损害消费者利益，从而引发的品牌危机。如：中美史克"康泰克"PPA风波，三鹿奶粉"三聚氰胺"超标等事件。这类危机的直接后果是公众的不信任感增加、企业销售量急剧下降、品牌美誉度遭受严重打击。

案 例

波音空难危机

2019年3月10日，埃塞俄比亚航空一架波音737MAX飞机发生坠机空难，这是继2018年10月29日印度尼西亚狮航空难事故之后，波音737MAX飞机发生的第二起空难。

4月4日,埃塞俄比亚方面发布了埃航空难的初步调查报告后,波音公司首席执行官当天发表视频声明称在这两起事故中,波音737MAX飞机的飞行控制系统与空难有关,飞机制造商主动承认缺陷,非常罕见,坠机事件对波音股价和品牌影响是巨大的,但346条鲜活的生命的代价未免也太大。波音要想挽回市场,一定是艰难的。

(资料来源:根据网络资料改编。)

案例

"锦湖轮胎质量门"事件

(5)品牌服务危机。品牌服务危机是指企业在向消费者提供产品或服务的过程中,因其内部管理失误、外部条件限制等而造成消费者不满并引发的品牌危机。如"日航风波""砸'大奔'事件"等。企业存在的促销陷阱、宣传承诺不兑现、售后服务不规范等都容易引发此类危机。

案例

京东服务危机

2015年7月11日,知名作家六六在微博上称,自己在京东上购买的200多元的山竹,送到家后发现已经烂得不成样子。而且反复与客服沟通不给退款后,实在忍无可忍将自己悲催的经历发到了网上,之后,京东和卖家天天果园的售后态度也有了180°的大转弯。他们相继联系六六,协商退款事宜,但是六六并没有接受京东和天天果园的道歉和退款。7月13日,六六再次在微博中发表了一篇题为《我要的是公平》的文章。7月18日中午12点左右王思聪转发六六的微博时称:京东泄露他个人隐私。不到一天时间,即19日清晨7时左右,京东官方微博向王思聪公开道歉。然而京东的道歉引来了更多网友质疑:怎么没见为那些被侵权的普通人公开道歉?被消费者质疑看人下菜碟。

(资料来源:根据网络资料改编。)

2014年十大危机公关案例

二、品牌危机的成因

从表面看,品牌危机起源于某件突发事件。但事实上,品牌危机的发生绝不是偶然的,要有效防范品牌危机,就必须探究其发生的根源。从品牌危机的表现形态可以看出,大多数品牌危机看似是企业外部因素所致,但其根源还是在企业内部。

按照品牌与外部环境的关系,品牌危机成因可以分为品牌自身、品牌管理环境跟品牌外部环境。从哲学的内外因结构分析法看，品牌危机成因可以细分为内因层、中因层、外因层。内因层指的是诱发品牌危机的品牌自身素质缺陷和品牌定位问题。外因层指的是品牌外部环境，既包括同行恶性竞争、公众因素等，又包括自然灾害、宏观经济环境、政治法律环境等不可抗力因素，这些因素在品牌危机中充当了导火索，构成了危机爆发的外因层。造成品牌危机的品牌管理环境主要包括品牌战略制定和品牌策略选择失误，失误相对于内因层来说，它是诱发品牌危机的外部因素，但是相对于品牌外部环境，又可以将其看作内因的一部分，所以在整个危机形成体系中成了中因层。这三层成因最终形成了一个完整的结构，如图6-2所示。

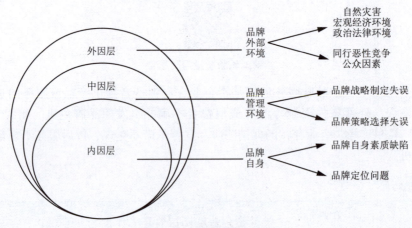

图6-2 危机成因结构图

（一）品牌的外部环境

1. 自然灾害

这里所说的自然灾害是一个狭义的概念，往往是不以人的意志为转移的，包括水灾、旱灾、雪灾、地震、海啸、龙卷风等，这些灾害一旦发生就会对品牌的运转产生意想不到的影响，如质量变化、供货断档和服务延误等，从而引发品牌危机。如2011年3月11日日本大地震引发的巨大海啸冲毁了至少2 300部正准备运往美国的日产和英菲尼迪品牌汽车。被称作"120年一遇"的日本9级大地震，让当地社会的生活、生产及交通陷入混乱，当地三大汽车企业——丰田、本田、日产陆续宣布全面停工，部分工厂已无法正常生产。

2. 宏观经济环境

宏观经济环境是指一个国家的经济制度、经济结构、产业布局、资源状况、经济发展水平以及未来的经济走势等。通常因宏观经济波动而产生的企业品牌危机，是企业的系统外风险。2006年春季，美国的"次贷危机"席卷美国、欧盟国家和日本等世界主要金融市场，最终引发经济危机。美国金融危机的爆发，使美国通用汽车公司、福特汽车公司、克莱斯勒汽车公司等经济实体受到很大的冲击，实体产业危在旦夕。美国第十大抵押贷款服务提供商之一美国住宅抵押贷款投资公司，华尔街备受推崇的四大投资公司之一雷曼兄弟控股公司，美国最大的储蓄和贷款银行，全美第六大银行华盛顿互助银行等纷纷申请破产保护。美国金融海啸也涉及全球，影响了全世界。

3. 政治法律环境

政治法律环境是指一个国家或地区的政治制度、体制、方针政策、法律法规等方面，这些因素常常制约、影响企业的经营行为，尤其是影响企业较长期的投资行为。政治环境对企业具有直接性、难以预测性和不可逆转性等影响。1994年，中国政府颁布了一系列关于传销非法的法律文件，一时间，已成功沿用这种经营模式的安利、仙妮蕾德、玫琳凯等品牌集体陷入了"冬天"。

4. 同行恶性竞争

市场经济就是竞争经济，竞争能使消费者获得物美价廉的商品，也促使企业持续发展。竞争的手段多种多样，虽然有的企业通过"修炼内功"来增强竞争力，但也有些企业通过卑劣手法展开恶性竞争，从而打击同行企业、夺取市场份额。如果某些行为卑劣的企业故意向社会散布不准确消息，蓄意争夺人才、窃取商业机密，甚至做出挑衅市场的违法行为，那么会给同行业的其他品牌带来危害。

金华火腿事件追踪："千年活文物"出路何在

5. 公众因素

公众因素是企业外环境系统中的重要因素。随着经济的迅速发展，公众对产品和服务的维权意识也在提高。公众群体意识、社会责任感、民族意识不断增强，不再一味崇拜知名品牌，一旦发现产品有问题，就毫不留情。

（二）品牌管理环境

1. 品牌战略制定失误

从广义来讲，品牌战略应包括品牌战略展望的提出、目标体系的建立和品牌战略的制定。品牌战略展望提出的失误，主要是指企业的高层管理者未能清楚地认识到品牌的长期发展趋势和方向，品牌战略展望不能准确地传递企业目标和充分地规划企业未来，品牌的核心价值理念不能为员工及社会公众所认同，企业不能建立一种健康、积极的品牌文化；目标体系建立的失误，包括各类目标不一致、各层目标不一致等，前者是指长期目标与短期目标不协调、品牌目标与财务目标及其他目标不协调；战略制定的失误，包括企业外部环境分析的失误、企业内部资源分析的失误等。

2. 品牌策略选择失误

（1）品牌延伸策略的失误。品牌延伸得当不仅能使新产品迅速进入市场，取得事半功倍的效果，而且可以利用品牌优势扩大产品线，壮大品牌队伍。但是企业一定要注意品牌延伸安全，否则就会进入品牌延伸的误区，出现品牌危机。这主要有四种情况：一是品牌本身还未被广泛认知就急躁冒进地推出该品牌的新产品，结果可能是新老产品一起死亡；二是品牌延伸后出现的新产品品牌形象与原产品的品牌形象定位互相矛盾，使消费者产生心理冲突和障碍，从而导致品牌危机；三是品牌延伸速度太快，延伸链太长，超过了品牌的支撑极限；四是不顾现有技术、资金、管理力量等的局限，进行跨行业的无关联品牌延伸，从而造成巨大的损失。

（2）品牌扩张策略的失误。品牌扩张策略主要有两种：一是通过收购品牌进行扩张的策略；二是通过自创品牌进行扩张的策略。两种方式实质上都是通过收购、兼并、控股等资产重组的方式实现品牌的规模扩张。此外，还可以通过授权经营、共享品牌以及联盟等方式扩大品牌的控制规模。品牌扩张的风险来自很多方面，如品牌扩张策略本身的失误、消费者需求重心的转移，或者国家及地方政策的影响等。因此，要保证品牌扩张策略的安全，就应该在策略制定的过程中充分考虑企业的自身实力、市场需求状况以及政策方面的影响等。

（3）品牌营销策略的失误。品牌营销是指品牌通过营销手段在消费者心目中建立品牌的目标形象、定位及相应的品牌资产的行为。品牌营销手段包括产品、价格、渠道和促销。不论品牌营销手段哪个部分出现危机，都会给品牌带来极大的损害。例如，在开发新产品时，没有找准市场，造成品牌定位不清楚，影响产品的销售；过度的价格战导致品牌价值受损，消费者对产品的质量产生怀疑，对品牌的忠诚度下降；在产品促销时，过度投入广告费，造成企业的财务危机。

（三）品牌自身

1. 品牌自身素质缺陷

品牌自身素质缺陷包括两个方面：一是品牌的硬素质缺陷，即品牌产品自身的缺陷，以及品牌符号结构的设计缺陷，如品牌名称、标志、象征色等存在缺陷；二是品牌的软素质缺陷，主要是指品牌内涵的缺陷，如品牌理念、品牌文化、品牌个性方面的问题等。

思政之窗

祖国利益高于一切

著名奢侈品牌杜嘉班纳发布了一场名为"用筷子吃饭"的广告活动。然而，这则广告引起了中国网民的不满。一些网民指出，电影中叙述者的"汉语发音"和语调，以及"中国模特"用筷子吃比萨饼和意大利甜面包卷，都涉嫌歧视中国传统文化。随后杜嘉班纳的创始人之一又发表了辱华言论。

事件发生当天，2018年11月21日，Dolce & Gabbana将在上海世博会中心举办第一届大型时装秀"The Great Show"，许多明星都受邀参加。事件一出，陈坤就第一个发声，宣布不会参加这次在上海举行的大秀，接着李冰冰、王俊凯、章子怡等人也先后发声，当晚的华人模特全部罢工。迪丽热巴工作室更是发声明称将终止与杜嘉班纳的合作，还删除了所有与杜嘉班纳有关的微博。事件发生第二天，包括天猫、京东、淘宝等电商平台均下架杜嘉班纳的相关商品，自此无论杜嘉班纳怎样道歉，都不能挽回市场。

在国家尊严面前，很多人选择牺牲了个人利益。我们欢迎外国企业来华投资兴业，同时在华经营的外国企业也应该尊重中国，尊重中国人民。在大是大非面前，维护祖国的尊严与利益也是每一位中国人的责任。

（资料来源：根据网络资料改编。）

（1）产品自身缺陷。产品自身缺陷一般来源于以下两方面：其一，企业在生产经营中，产品的结构、质量、品种、包装等方面与市场需求脱节，使企业产品缺乏竞争力，产品大量积压，从而导致企业生产经营的运转发生困难；其二，企业在内部定价策略方面，低估了竞争对手的能力或高估了目标顾客的接受能力，如竞争对手采取低价策略，而企业受自身生产条件、技术、规模的限制，无法压低产品的价格，使企业产品销售困难。

案 例

三星遭遇史上最严重信任危机

品牌保护不足。我国市场经济体制建立较晚，部分企业品牌意识淡薄，由于不懂得对自己的品牌进行保护或者保护能力不足，因此给企业造成了巨大的损失，主要表现在以下两个方面：品牌保护不足和假冒伪劣产品泛滥成灾。

（2）品牌内涵缺陷。品牌是有内涵的，内涵是能延续产品、企业生命的。品牌内涵主要包括品牌理念、品牌文化、品牌个性等方面的内容。品牌理念既是企业经营思想的集中反映，又是企业战略思维的高度概括，对企业的经营发展起着导向作用。品牌文化是决定品牌外在形式的基本原则，是品牌的核心。品牌个性就是品牌特征，品牌既要脱颖而出，又要与企业形象吻合，不能有冲突。例如，苏泊尔的品牌标志，它的英文"Supor"是对"超越"（Super）的引申，那是在特殊时代背景下形成的独特的企业文化理念，这种理念一直支撑着苏泊尔的企业行为，使苏泊尔始终不甘落后。此外，苏泊尔的第一个炊具（压力锅）广告中所宣传的"安全到家"，使苏泊尔成了"安全压力锅"的代名词，并形成了品牌优势。品牌如故事片一样，能够流传的都是有内涵、易于被人记住的内容，因此成为消费者的首选。

2. 品牌定位问题

品牌定位是指建立或重塑一个与目标市场有关的品牌形象的过程与结果。定位的关键是选择品牌的竞争优势——差别化利益。定位失误包括：定位不够或定位模糊。一些公司发现顾客对品牌只有一个模糊的概念，顾客并不真正知道它的任何特殊之处，或者顾客可能会对品牌有一个混乱的印象，这一混乱可能是说明太多或时常改变品牌定位造成的。定位过分：这会让顾客对产品产生一个非常狭窄的印象。定位疑虑：顾客很难从产品特征、价格或制造商的角度相信品牌的定位。

品牌生存在复杂的市场环境中，与市场中的诸多因素进行互动，诱发品牌危机的原因是多方面的，因此对一个事件进行分析时一定要全面客观。

三、品牌危机的防范

不管哪种品牌危机，一旦爆发就必然会给企业造成不同程度的危害，轻则破坏正常的经营秩序，重则破坏持续发展的基础，甚至导致品牌大厦轰然倒塌。因此，如何有效预防品牌危机的发生是品牌危机管理的根本。结合品牌危机发生的深层原因，品牌危机防范应该采取如下策略：

（一）唤起全员危机意识，制定并严格实施品牌日常管理制度

意识决定行动，品牌危机意识是有效进行品牌危机管理的前提条件。只有企业全体员工真正意识到市场竞争的残酷性，感觉到危机时刻在他们身边，才能防微杜渐，防患于未然。为此，企业管理者应该注重给员工灌输危机意识，并制定和实施严格的品牌管理制度；在生产中严把质量关，确保投入市场的都是高品质的产品和服务；加强产品核心技术的保护管理；做好商标注册维护工作，及时处理假冒伪劣等侵害自身商标权益的产品。

（二）建立有效的品牌危机预警系统，实施品牌自我诊断制度

信息是品牌危机防范的生命线。为了及时发现企业经营过程中潜伏的危机，疏通信息交流的渠道，企业必须建立有效的危机预警系统。第一，建立完善的信息监控系统，及时准确地收集和分析与企业有关的国家政策、市场、竞争者等多方面的信息，甄别危机因子；第二，建立品牌自我诊断制度，定期从不同层面、不同角度对品牌进行检查监控，尽早发现薄弱环节，及时采取措施，减少乃至消除危机诱因；第三，组建品牌危机管理小组，对各种危

机情况进行预测分析，制定危机应对策略，为企业品牌危机修筑第二道防线。

（三）改善企业管理，优化品牌管理体制

品牌危机的发生不是一个孤立事件，而是企业内部管理恶化的结果，因此，改善企业管理有利于预防品牌危机。品牌管理是品牌保值、增值的基础性工作。品牌管理体制就是品牌管理的组织形式，它是企业在分析、计划、组织和协调与品牌管理相关的各项活动时的制度安排。科学的品牌管理体制能合理协调品牌管理活动中企业内部各部门的权力与责任及其相互关系，有利于品牌策略和战略的优化调整、培育品牌危机抗体，从而有效预防品牌危机。目前，全球企业品牌管理的组织形式主要有职能管理制、品牌经理制、品牌事业部制和品牌公司制四种。我国有条件的企业应向着建立品牌经理制的方向发展，而大部分的中小企业应采用职能管理制，并在实践中不断完善这种制度。

（四）加强品牌全方位管理，制定品牌战略规划

品牌建设是一个任重而道远的过程，切忌急功近利。但凡成功的国际品牌，绝对不是依靠广告炒作一夜催熟的，而是对品牌经营有长久的、执着的追求，广告和形象识别系统只是其外在表现形式。加强品牌的全方位管理意味着要在品牌创立之初就对品牌进行战略规划，将品牌个性定位、品牌核心价值确定、品牌形象塑造、品牌注册与保护、品牌延伸与扩张、品牌创新、品牌传播等一系列环节的决策规范化，并提高到企业战略的高度，使之成为企业常规化的工作。

（五）科学实施品牌延伸策略，适当开发子品牌

品牌延伸作为企业品牌经营战略最主要的一种方式，在现代企业发展中发挥着越来越重要的作用。现在的国际知名品牌，大多数源于品牌延伸。但是品牌延伸一定要遵循品牌的成长规律，不能任意而为（如品牌跨行业延伸、高档品牌向低档产品延伸等），否则不仅无助于新产品的推出，还会对品牌形象造成严重的损害。不过，如果品牌延伸的策略得当，不仅可以有效回避品牌风险，还可以使品牌的价值得到进一步的提升。特别是用子品牌策略进行品牌延伸时，由于子品牌针对的是一类或一种产品，具有很强的针对性和高度统一性，因此能有效地避免株连风险。比如：宝洁、欧莱雅等公司拥有多个品牌，其风险抵御能力相对较强，即使其中一个品牌发生危机，通常也不会影响公司其他品牌；相反，因为"三鹿"既是奶粉品牌，又是集团公司品牌，所以一荣俱荣、一损俱损。

（六）树立良好的品牌形象，培养顾客忠诚度

良好的品牌形象和顾客忠诚度是企业防范品牌危机的重要条件。如果企业形象和信誉很差，消费者对企业无忠诚度可言，那么品牌危机发生的概率就会大大增加。所以，要更好地防范品牌危机、保证品牌健康稳定地成长，企业就必须综合运用技术、产品、服务、创新等方式来提升品牌竞争力，避免过度的价格竞争。要采用消费者至上的经营理念，使顾客获得最大程度的满足感，从而树立良好的品牌形象，培养顾客忠诚度，提升品牌价值。这是企业打造品牌最基础的工作和核心内容，也是企业防范品牌危机的良方。例如，2014年7月20日，麦当劳、肯德基等洋快餐供应商上海福喜食品公司被媒体报道使用过期劣质肉，上海食药监部门要求上海所有肯德基、麦当劳问题产品全部下架。事件爆发后，涉事企业都受到了一定程度的影响，但是这次品牌危机仍然在短短的两周时间内就平息了，这在很大的程度上应归功于肯德基、麦当劳在中国市场环境中以品质树立其品牌形象并引领消费者，从而形成的无可比拟的品牌忠诚度。

总之，品牌已经成为企业参与竞争的利器，在现代市场竞争中，谁拥有成功的品牌，谁就拥有市场。因此，企业只有强化危机意识，不断更新观念，深刻认识品牌危机的成因，采取有效的品牌危机防范策略，才能有效预防品牌危机，保证企业品牌的长远健康发展。

四、品牌危机的处理

品牌危机的处理应着眼于对已发生的危机进行处理，力求减少或扭转危机对品牌的冲击和给企业带来的危害。

（一）危机处理的一般措施

在处理危机时，主要采取以下三项措施：

1. 迅速组成处理危机的应变总部

在危机爆发后，最重要的是应该冷静地辨别危机的性质，有计划、有组织地应对危机，因此，迅速成立处理危机的应变总部，担负起协调和指挥工作是十分必要的。一般来讲，这类机构应该包括以下各种小组：调查组、联络组、处理组、报道组等。每个小组的职责要划分清楚。一旦危机事件发生，调查组就要立即对事件进行详细的调查，并尽快做出初步报告。调查内容包括：突发事件的基本情况、事态现状及具体情况、事态造成的影响、是否已被控制、控制的措施是什么、企业与有关人员应负的责任等。联络组要马上投入各方面的联络工作，如接待外部人员、要约见何人、需要哪方面的力量协助等，这些事情都需要联络组统筹安排。如果是灾难性事故，还要及时向事故伤亡人员的家属通报事故最新进展。处理组要马上投入抢救、现场保护、死亡人员的善后和伤员的治疗、出现次货时商品的回收和处理、环境污染时的治理工作等任务中。报道组要马上组织对外传播的工作。一般由公关部门负责组建这种以传播信息、报道新闻为主要责任的机构。

当品牌遭遇危机时，应变总部是处理危机的核心机构，而公关人员扮演着主宰成败的角色。应变总部应该迅速判断是否需要聘请外部公关专家和其他有关专家来协助指导工作。危机处理不是无经验者的训练场，在困难和压力面前，只有专业的、经验丰富的专家才能帮助公司控制灾难。另一方面，负责危机公关的人应该是决策成员，至少要拥有接近企业最高领导人的途径。只有这样，公关人员才有可能及时、果断地处理危机，不会因贻误时机而造成更大的损失。处理危机的人与经营管理过程、各职能部门的绝缘是不可想象的。

2. 迅速启动"产品召回"制度

产品质量问题导致的危机是最常见的危机。一旦出现这类危机，企业就要迅速启动产品召回制度，不顾一切代价收回所有在市场上的不合格产品，并利用大众媒体告知社会公众如何退回这些产品。1982年9月30日早晨，有消息报道说芝加哥地区有7人因使用强生公司的一个子公司生产的泰诺解毒胶囊而死于氰中毒，据说还有250人生病或死亡，这一消息顷刻间引起了全美1亿使用泰诺解毒胶囊的消费者的巨大恐慌，该公司的形象一落千丈。在这种情况发生后，强生公司做出的第一个决定就是以高达1亿美元的代价，撤回了市场上所有的泰诺解毒胶囊药品。美国第二大舆论调查公司的负责人伦纳德斯标德博士指出："对药品的全部回收是一个深谋远虑的营销决策，当今盛行的市场营销做法，是把利润和消费者的利益联系在一起，而不是过去的把利润仅仅看成销售的结果。"强生在危机中获得了新生，美国公关协会为其颁发了银钻奖。

企业启动产品召回制度、回收不合格产品表现了企业对消费者负责的态度，表明企业始终将消费者的利益放在第一位，为此不惜承担任何损失。这首先就从心理上打动了公众。如果放任不合格产品继续流通,则有可能使危机涉及的范围进一步扩大、公众和媒体群起而攻之,最终达到不可收拾的地步。

3. 进行积极、真诚的内、外部沟通

(1) **搞好内部公关,取得内部公众理解**。面对各种突发性的品牌危机,企业要处变不惊、沉着冷静,只有正确把握危机事态的发展,有条不紊地开展危机公关工作,才能处理好内部公众关系,避免因人心涣散而出现各奔前程的局面。企业要迅速组建由首席执行官领导的危机公关小组,小组成员由企业相关部门人员组成,有必要时可以根据情况聘请社会专业公关人员作为顾问进行协助,制定公关方案,统一口径,对外公布消息。向企业内部成员通报与危机有关的真相和处理进展,号召大家团结一致、共渡难关。同时向经销商、供应商及所在社区等利益相关组织或群体通报消息,使他们第一时间得到消息而不是被动地从媒体上接收信息,争取他们的协作和理解,避免一连串的危机连锁反应;努力使公司继续正常地开展工作,使危机公关小组的工作和经营管理人员的工作不发生干扰;设立24小时开通的危机处理信息中心热线电话,接受媒体和公众的访问。

(2) **外部沟通**。外部沟通包括消费者和公众公关两个方面。品牌是一种承诺,生存于消费者心中。品牌企业要关注消费者的利益和感情,当重大责任事故导致消费者和公众利益受损时,要以最快的速度直接和受害者进行坦诚的深层沟通,尽量满足他们的要求,给予一定的精神和物质补偿,取得消费者的谅解,使危机朝有利于企业的方向发展。

另外,要通过媒体向所有受影响的消费者及公众致以诚挚的歉意,公布处理和改正措施,承担应有的责任,最大限度地争取公众的谅解。即使责任不在企业,也要给消费者以人道主义的关怀,为受害者提供应有的帮助,以免消费者因不满而将关注点转移到事件之外,使危机升级。总之,品牌只有表现出诚恳和对公众负责的态度,才能在公众心目中树立良好的社会形象,甚至抓住契机,把危机转化为宣传自己的机遇。尤其要强调的是,无论哪种危机,企业都不能为了短期利益,而一味地为自己辩解、推脱责任,这只能使品牌丧失信誉,毁坏企业原有形象。

案 例

B站新番收费,董事长真情感动用户

2016年5月24日,一直宣传"不会有视频贴片广告"的B站,却在几部新番中首次出现了贴片广告。这一变化让不少B站用户对B站的价值观产生了怀疑。

当天晚上,B站董事长陈睿亲自在知乎上回答了用户的质疑。陈睿在短短几百字的回答中,三次用"抱歉""对不起""道歉"等字眼表达了对用户的歉意,并说明了这个事情的来龙去脉,以及B站方面做的努力。继而提出5点解决办法,包括可以手动跳过广告、返还承包金额等,诚意满满。

最后,陈睿用一句热血满满的承诺,挽回了B站用户的信任——B站未来有可能会倒闭,但绝不会变质。

(资料来源:骏小宝.2016十大危机公关事件,几家欢喜几家愁? [EB/OL]. http://www.chinapr.com.cn/templates/T_Second/index.aspx? nodeid = 3&page = ContentPage&contentid = 13810.)

媒体是舆论的工具。 从某种程度上讲，品牌危机常常是由新闻媒体的报道引起的。**媒体又是企业和公众沟通的渠道，是解决危机的重要外部力量。** 因此，要做好危机发生后的传播沟通工作，就要坦诚对待媒体，积极主动地让媒体了解真相，争取新闻界的理解与合作，引导其客观公正地报道和评价事件。危机一旦发生，企业就要在最短时间内通过媒体发表坦诚的说明，并通过新闻发布会等形式向媒体通报全部事实真相和处理危机采取的具体行动。千万不能向媒体提供虚假信息，这是因为媒体一旦通过其他渠道了解事实真相，就会增加危机的杀伤力，使品牌在危机中越陷越深。

此外，面对危机，企业不能采取鸵鸟政策，保持沉默状态，用"无可奉告"回避媒体的采访和报道。沉默不仅会延误缓解事态的最佳时机，而且辜负了公众期盼真相、期盼解释的热情，进而导致小道消息和谣言盛行，使企业陷入被动、危机不断升级，加大企业损失及后期解决的难度。

（二）品牌危机的处理策略

1. 承担责任

当品牌危机发生后，特别是出现重大责任事故、导致消费者和社会公众利益受损时，企业应该勇于承担其应该承担的责任，而不是到处推诿。企业应主动向媒体提供有关的信息，向公众表示出企业的诚意，必要时还应在媒体上刊登公告，公开向消费者和社会公众表达企业的歉意，并承担相应责任。只有拿出实际行动表明企业解决危机的诚意，才可能维护品牌的形象和长期利益。因此，承担责任是品牌危机管理的一条不二法则。

> **案 例**
>
> **"毒胶囊"事件**
>
> 2012年4月15日，央视《每周质量报告》播出节目《胶囊里的秘密》，对河北一些企业用生石灰处理皮革废料（进行脱色漂白和清洗），随后熬制成工业明胶，卖给浙江新昌县药用胶囊生产企业，最终流向药品企业，进入消费者腹中的事件进行了曝光。据央视报道，记者分别在北京、江西、吉林、青海等地，对药店销售的一些制药厂生产的胶囊药品进行买样送检，检测项目主要针对药品所用胶囊的重金属铬含量。经过中国检验检疫科学研究院综合检测中心多次的检测，9家药厂生产的13个批次的药品，所用胶囊的重金属铬含量均超过国家标准规定2mg/kg的限量值，其中超标最多的达90多倍。
>
> 在节目播出后，修正药业、通化金马、蜀中制药等一大批企业采用毒胶囊制药的行为被曝光，行业内人人自危。修正药业等涉事企业对媒体表示自己也是受害者，仅2家企业宣布召回产品，所有曝光企业无一致歉。
>
> "良心药，放心药"这句宣传语用了很多年，已深入人心，但是药企的行为再一次违背了企业的"良心"。除了监管失位之类的指责以外，涉事企业在应对事件时表现出的冷漠和不负责任，是企业本身更应该反思的地方。
>
> （资料来源：慧聪.2012年度企业危机事件盘点及危机管理案例分析［EB/OL］. http：//www.docin.com/p-1471119908.html.）

2. 真诚沟通

发生品牌危机后，一定要在第一时间通过有效的渠道保持和消费者以及社会大众的及时、有效的沟通，说明事情真相。如果事件比较复杂，一时无法弄清楚，那么企业可以先提供一些背景资料及正在采取的措施，及时占领媒体的版面，防止雪崩效应的发生。如果企业把一些对企业可能产生不利影响的信息掩盖，并当成是对自己品牌的一种保护措施，那么注定会"搬起石头砸自己的脚"。事实表明，这种畸形的"保护"正是给品牌带来毁灭性打击的根本动因——任何媒体或专家的"爆料"都会给某些品牌带来致命的打击，都会"毁掉"一些品牌。

案 例

> **摩托罗拉中国裁员风波**
>
> 2012年8月13日，摩托罗拉发表声明，全球裁员20%，涉及4 000个岗位，并关闭或合并全球90家运营机构的三分之一，中国区是裁员的重点区域。据媒体报道，中国裁员人数超过1 000人，涉及北京、上海、南京、杭州、天津等地，而北京裁员人数占绝大多数，约700人。
>
> 在裁员过程中，摩托罗拉态度强硬，引起多地员工的强烈抗议，北京、南京两地员工都在公司门口拉横幅表示抗议，引起媒体强烈关注。后经多次协商，裁员工作得以完成，但摩托罗拉在此次的风波中形象大跌，同时，谷歌收购摩托罗拉以后的改造计划也备受质疑。
>
> 摩托罗拉此次裁员，缺乏与员工的沟通，手段简单粗暴，因此引发了"暴力裁员"的声讨，招致员工的强烈不满。在风波扩大后，迫于媒体压力才加入协商环节，整个裁员过程不管是与员工的沟通，还是与媒体的沟通，都严重缺失，导致最后酝酿成了一场舆论风波，不仅摩托罗拉自身形象严重受损，背上了"不够人性化"的恶名，其母公司谷歌也被牵连，被谴责没有遵循其"不作恶"的普世价值观，企业对这场风波的应对比较失败。
>
> （资料来源：慧聪.2012年度企业危机事件盘点及危机管理案例分析［EB/OL］. http://www.docin.com/p-1471119908.html.）

3. 速度第一

由于品牌危机的发生具有不可预测性，即突发性，事先极难防范，因此，知名企业和强势品牌面对危机的反应速度十分重要。迅速采取行动会使消费者对企业产生更多的信任，迅速采取行动能在媒体和消费者处于兴奋和关注的状态下，不断报道和传播企业积极的态度和真诚的行动，让消费者更多地感知到品牌（产品）的价值。任何拖延都会引起消费者的怀疑，动摇消费者的信心。2000年年底，国家药品监督管理局发布暂停使用和销售含有PPA的感冒药，其中包括"中美史克"公司在华的当家药品"康泰克"。在危机出现后，中美史克公司迅速采取行动，宣布停止生产含PPA的"康泰克"，同时召开新闻发布会，抓紧时间推出了不含PPA的"新康泰克"。企业不仅保住了市场，还得到了消费者巨大的信任。

案 例

南山奶粉"致癌门"

2012年7月，广州市工商局公布了2012年第二季度第二次流通环节乳制品及含乳食品抽样检验的情况，南山倍慧幼儿配方奶粉（2011年8月8日生产）等5批次产品被检出黄曲霉毒素M1超标。黄曲霉毒素M1属于真菌毒素，具有剧毒性和强致癌性。长沙市质监部门于7月23日下午对南山倍慧幼儿配方奶粉的生产企业湖南长沙亚华乳业有限公司下达责令停产通知书，要求其停业整顿。

湖南长沙亚华乳业有限公司也于2012年7月23日公开发表致歉声明，表示从即日起召回全部问题产品，全面接受消费者及销售商对问题批次产品的退货，同时暂停生产，并将现有库存产品封存检测。2012年10月，湖南长沙亚华乳业有限公司的幼儿配方奶粉生产许可证被注销。

在此次事件中，企业第一时间做出回应，积极地承认错误并召回问题产品，虽然要消除消费者心中的阴影、重塑品牌形象，还有漫长的路要走，但也为品牌挽救了一部分形象。

（资料来源：慧聪.2012年度企业危机事件盘点及危机管理案例分析［EB/OL］.http://www.docin.com/p-1471119908.html.）

4. 系统运作

危机处理必须冷静、有序、协调统一地开展有层次的、系统的公关活动，宣传解释统一、行动步骤统一，不可失序、失控，否则只能造成更大的混乱，使局势恶化。

案 例

马航MH370失联

2014年3月8日凌晨1时20分，由马来西亚飞往北京的马来西亚航空公司（下文简称马航）MH370航班与地面失去联系。在飞机失联后，马航及马来西亚政府多次召开新闻发布会、乘客家属沟通会与媒体和乘客家属进行沟通，然而其沟通并未取得预期效果。马航在依次否定飞机失联的各种可能性后，于3月24日晚突然召开发布会，在没有飞机碎片和黑匣子等证据的情况下，仅凭卫星数据就断定飞机终结于南印度洋，无人生还。

在整个事件过程中，马航自始至终缺乏系统的危机应对策略，尤其对于信息的发布，马航除了"No Idea"，就是不断地否认、否认、再否认，拖延、隐瞒事件真相，导致危机急剧蔓延，将马航以及马来西亚政府的形象拉入谷底。随后马航MH-17被击落事件，更让试图通过"马航之路"计划复兴的马航再次受挫。2014年12月4日，马航宣布于2014年12月15日8时正式停牌，退出交易。

（资料来源：百度文库.马航MH370失联后［EB/OL］.https://wenku.baidu.com/view/c5b23f4343323968011c92b2.html.）

5. 权威证实

邀请公信力高的、值得公众信赖的权威机构参与检测、评估，是取得消费者和社会公众信任的法宝。当发生品牌危机时，本企业存在着一定的信任危机，所发布的信息往往不能起到很好的说服作用，而权威机构的权威性会让消费者产生信赖。权威机构都十分客观、公正，如果检测结果符合相应的标准，再加上媒体的宣传报道，那么一般都会收到很好的效果。

案 例

张裕公司"农残门"

2012年8月9日晚，《证券市场周刊》在其官方微博发布预告出刊的封面报道《张裕"农残"》中称，该刊记者将3家国内葡萄酒上市公司的十款葡萄酒，送国家食品质量监督检验中心检测，均检出了残留的多菌灵或甲霜灵农药，张裕公司葡萄酒的残留值超过另两家，并指出多菌灵有导致肝癌的风险。据相关专家介绍，多菌灵为美国禁用的农药，有导致肝癌的风险。消息一出，张裕A股股价暴跌9.83%。

在消息发出后，张裕公司董事会秘书曲为民出面表示公司将出台措施打消市场疑虑，同时表示美国多种葡萄酒都含有微量多菌灵，并且微量的多菌灵不会致癌，目前，中国对此的含量标准不会高于欧盟标准。8月10日，张裕公司发布公告称，经过检测，未发现国家明令禁止的高毒性农药，同时，检出的农药含量未超标，并称公司无法确认检出多菌灵和甲霜灵残留的葡萄酒为张裕公司产品，疑有幕后黑手。随后，事件出现戏剧性的转变，首曝媒体《证券市场周刊》称没说张裕公司产品农药含量超标，卫生部也做出回应，称酒类农残只要达标就不影响健康。农残风波得以缓解，但是对张裕公司的市场表现以及消费者信心造成了一定打击。

张裕公司陷入"农残门"事件后，企业的应对比较及时，高层迅速出面稳定市场信心，并及时公布检验结果、质疑送检酒品真实性，试图澄清谣言，但公告内容的专业性无法完全消除消费者的心理阴影，甚至一度被拿来与三聚氰胺相比较，过多的食品安全事件已经令消费者变得极为敏感。因此，虽然其后张裕公司有行业专家力挺，关于产品超标的报道也被证实是乌龙事件，但是企业的品牌形象仍然受到了较大冲击，企业仍需要进行大量宣传才能挽回消费者的信心。

（资料来源：慧聪.2012年度企业危机事件盘点及危机管理案例分析[EB/OL].http://www.docin.com/p-1471119908.html.）

6. 适时转化

"危机"意味着"危险"和"机遇"并存，当品牌遭遇危机时，应尽可能把危险转化为机遇。危机的危险性不言而喻。危机的机遇性在于：首先，危机可以暴露企业的弊端，使企业能够对症下药，为进一步发展清除障碍；其次，企业在危机中往往成为公众关注的焦点，如果危机处理得当，则可以比常态下更有效地提高企业的知名度和美誉度，是提升企业公众形象的一次机遇。危机的危险性是固有的，而危机的机遇性必须基于企业成功的危机处理。

2012年度企业危机事件盘点及
危机管理案例分析

案例

万科"毒地板"事件

一、事件回放

2012年2月16日,网友"李晓燕"在凯迪社区实名报料称:中国房地产行业龙头企业万科企业股份有限公司,近年来在10多个城市的上万套精装修房项目中,大量使用甲醛严重超标、劣质的安信牌地板,有的批次甲醛释放量超过合同约定标准5倍,且这些劣质地板面层厚度严重不足,使用寿命仅为合格产品的2成。

新闻曝光后,万科当天做出回应,当即启动紧急调查程序,并对已采购尚未安装施工的该品牌地板进行封存,同时暂停采购。王石也在微博表示,将公开透明地披露相关信息,只要发现问题,万科就全权负责。3月1日,万科公布调查结果,承认部分楼盘地板甲醛超标,系工人经验不够、操作不当所致,并就此事致歉。

二、危机传播影响力分析

"毒地板"事件对万科造成了较大的负面影响,事件的影响力可以从几个方面呈现出来:

首先,从传播方面来看,慧聪研究分析数据显示,"毒地板"事件的全年危机指数高达2 532.1分,在全年危机事件中排名第9;自事件发生起,全年事件相关网络新闻报道达2 828篇,主流网络门户媒体及新闻媒体都有大量报道及专题等;事件从出现到平息持续了一个月多,在2月16日至3月初的半个多月时间内受到媒体的持续跟踪关注,而整个事件相关的信息延续到年底,被反复提及,与之相关的后续事件也都能引起较高关注。

其次,从市场表现来讲,一方面,"毒地板"事件曾一度给万科的股价带来震荡,出现过单日大幅下跌的情况;另一方面,"毒地板"事件导致消费者的信心受到一定程度的影响,万科近年来坚持的精装房路线受到一定程度的质疑,以至于万科专门声明其精装房路线不会因"毒地板"事件而改变。

最后,从企业的品牌形象来讲,万科的品牌形象因为此次事件而受到一定程度的冲击,根据10月份公布的一份品牌价值测评结果,万科"毒地板"事件导致品牌价值缩水,在房地产企业中的排名有所滑落。

三、万科危机管理策略分析

虽然"毒地板"事件给万科带来了较大的影响,令企业一度陷入了重大危机当中,但万科通过积极合理的应对以及一系列措施,最大限度地化解了本次危机,降低了危机的破坏程度。万科在危机管理中采用的一些策略,值得借鉴。

策略一:迅速反应,直面问题,不回避,不否认

事情被媒体曝光后,在大规模的舆论还未形成之前,万科迅速做出回应,体现企业对问题的重视程度;同时,不急于回避或者否认被曝光的问题,展现企业负责任的姿态,尽量避免了制造更多舆论攻击点,使自身陷于被动。

策略二:高层联动,不断做出负责到底的承诺,显示企业诚意

事件发生后,企业官方及多名高层反复做出承诺:如有问题,负责到底。从久未露面的王石,到总裁郁亮,以及官方多次的声明中,都在反复承诺负责到底,不断地向外界传达企业负责任的态度以及解决问题的诚意,尤其是在事情还未调查落实之前就先表明态度,不断地向外界传达了企业直面问题和解决问题的诚意,为企业在公众心目中提升了不少印象分。

策略三:积极核查问题,加强沟通,信息公开透明

万科积极主动地公布涉事楼盘信息,展开内部自查及产品送检工作,对每个环节的结果都及时公布,做到了信息的公开透明,包括发现了问题产品以后也不隐瞒遮掩,没有像一些企业那样被媒体揭露出来才被迫公开信息。同时,万科主动加强了与媒体和消费者的沟通,多次发表声明、召开新闻发布会、与业主沟通等,掌握了舆论的主动权。

(资料来源:慧聪.2012年度企业危机事件盘点及危机管理案例分析[EB/OL].http://www.docin.com/p-1471119908.html.)

2016年度十大危机公关事件案例

(三)品牌危机管理的善后处理

企业在平息品牌危机事件后,企业管理者就要着手进行企业品牌的恢复与重振工作,该工作包括对内和对外两个部分。

1. 对企业内部的恢复和调整

(1)教育员工,并修正、补充危机管理的内容。危机事件的正确处理能使企业绝处逢生、化险为夷,但危机中暴露出来的企业管理、员工素质、公共状态等方面的问题却不容忽视,企业应以此为典型、生动的教材,深入对员工进行一次公共关系教育和培训,使每个员工都能从中找到差距和存在的问题,自觉将自己的行为、形象与企业的命运、形象连在一起,让"我是企业形象的代表"的观念深入人心并化作指导行为的指南。

(2)吸取教训,制订危机管理计划。危机是任何企业都不愿遭遇的,无论是处理危机还是重新获得公众好感、恢复形象,都需要投入大量时间和精力,花费巨大。特别是对于那些临阵磨枪、仓促上阵的企业,必须吸取深刻的教训,危机过后应立即着手制订企业危机管理计划,必要时请专家和公共关系公司进行指导和帮助,只有这样才不至于再犯同样的错误。

2. 对企业外部的恢复和重振的具体要求

企业外部的恢复与重振工作,要根据不同对象、程度,进行具体分析,但比较常见的有以下两种方式:

(1)实事求是地兑现企业在危机中对公众做出的承诺。企业在渡过危机后实事求是地兑现在危机中的各种承诺,体现了企业对诚信原则的恪守,反映了企业对完美品牌形象和企业信誉的一贯追求。承诺意味着信心和决心,企业通过品牌承诺,将企业的信心和决心展现给顾客及社会公众,表示企业将以更大的努力和诚意换取顾客及社会公众对品牌、企业的信任,是企业坚决维护品牌形象与企业信誉的表示;承诺也意味着责任,品牌承诺使人们对品牌的未来有了更大、更高的期待。若企业在危机后不能兑现承诺或者不能足额兑现承诺,那么企业必将面临顾客及社会公众的信任危机。公众会因企业言行不一而感到失望,进而淡化对品牌及企业的感情,降低对品牌及企业的忠诚与信任。由此,企业不仅容易失去较多的忠诚顾客,而且也将为再度出现危机留下隐患。鉴于此,要想危机过后重振企业品牌形象,企业就必须认真履行危机中的承诺。

（2）要继续传播企业信息，举办有影响力的公关活动，提高企业美誉度，制造良好的公关氛围。企业与公众之间的信息交流和沟通是企业获得公众了解和信任、争取公众支持与合作的有力手段。

拓展阅读

企业危机管理"七宗罪"

企业在经营过程中，不可避免地会遇到各种各样的危机，危机管理工作是否得当，直接影响着企业的发展，甚至生死存亡。

"七宗罪"之一：缺乏重视，反应消极迟钝

这个问题多出现在危机发生初期，当危机突然爆发或者出现爆发的趋势时，企业对危机缺乏敏感度以及足够的重视，反应消极迟钝，敷衍了事，不但错过了化解危机的黄金时期，而且容易激起媒体和消费者更大的关注，导致危机扩大甚至演变成舆论风暴。例如，在摩托罗拉裁员事件中，初期媒体上开始出现负面声音的时候，摩托罗拉没有及时反应，加强与员工和媒体的沟通，最后演变成大规模的舆论话题，迫于舆论压力才开始重视与各方面的沟通；在"毒胶囊"事件中，涉事的药企无一致歉，仅有少数企业采取措施，药企本身不是毒胶囊事件的主要责任方，企业的忽视导致药企成了媒体报道的主角，企业的责任心等也都受到了猛烈抨击。

"七宗罪"之二：面对质疑，急于否认

当舆论中出现负面或者质疑的信息时，企业急于撇清自己的责任，在没有调查之前就矢口否认，不管最后问题是否属实，急于否认都会给舆论留下话柄，容易成为新的危机引爆点；而且，一旦最后问题被证明属实，企业就会十分被动。例如，在可口可乐"含氯门"事件中，媒体曝光后，可口可乐公司第一时间否认，事后却被证明问题属实，令自己陷于极大的被动当中；在酒鬼酒"塑化剂超标"事件中，起初企业也是未经调查就急于反驳、撇清自己，随后事实被确认，丧失了回旋的余地。

"七宗罪"之三：态度傲慢，缺乏诚意

危机出现以后，企业在与媒体或者消费者沟通、解决问题的过程中，态度傲慢、刻板、程式化，容易激怒媒体或者消费者，使大众认为企业缺乏解决问题的诚意，企业的诚信等容易被质疑。例如可口可乐"含氯门"事件，由于问题被确认属实十多天以后企业才道歉，而且流于形式，因此遭到媒体痛批。

"七宗罪"之四：隐瞒信息，消极沟通

企业在危机管理工作中，面对问题或者处理问题时，试图隐瞒信息、瞒天过海，与媒体缺乏有效沟通，反而会招致媒体对事件的猜测和炒作，一旦最后被动地被媒体曝光，就完全失去了危机处理的先机。例如汾酒"召回门"事件，本身是一次正常的企业召回事件，如果公开透明地进行，那么对企业的危害程度有限。但是被媒体发现并曝光以后，企业陷入公关危机，企业虽然做出解释，但仍然招致各种猜测。

"七宗罪"之五：不当回应，制造新危机

企业出现危机情况，在对问题做出回应时，如果回应内容或者方式、方向等不合理，不但不能缓解危机,而且容易造成更严重的情况。例如在归真堂上市遭抵制的事件中,本来其产品生产方式是备受质疑的焦点,却出现了"熊很舒服"的回应,制造了更多话题;在苏泊尔锰超标事件中,官方回应称产品符合意大利标准,不但没有释疑,反而招致更多的批评,陷入另一场标准之争。

"七宗罪"之六:转移话题,推卸责任

企业在危机处理的过程中,不直面问题,或转移话题,或互相推卸责任,试图转移舆论焦点,不成功的舆论转移不仅减轻不了自身危机程度,而且会雪上加霜。例如,在东风日产"买排名"事件中,官方回应称花钱买排名是专营店的自发行为,非但未让公众信服,还留下了不负责任的印象;在中青宝"爆乳雅典娜"事件中,企业声称这次事件属于Showgirl的自发行为,与Showgirl解约了事,却没能摆脱其"低俗营销"的负面口碑。

"七宗罪"之七:拖延、回避解决问题

出现危机事件以后,即使企业前期能够承认问题并道歉,但是如果在问题解决环节采用回避、拖延、推诿等策略,招致媒体追踪批评,也会导致前期的公关工作毁于一旦,损害前期苦心维持的形象。这类案例不胜枚举,例如可口可乐"含氯门"事件,企业道歉后却拒绝退货,招致媒体暴批,迫于压力又改变赔偿策略,得不偿失;在蒙牛改生产日期事件中,蒙牛坦诚地承认了问题,却闭口不谈赔偿或者召回问题,积极认错带来的好形象毁于一旦。

企业在日常危机管理工作当中,制定危机管理策略、进行危机公关时,应尽量避免以上问题,只有面对危机不回避、不害怕、不拖延,及时、真诚、透明、专业地回应与解决问题,才能在危机管理中立于不败之地,做到力挽狂澜。

学习任务二
品牌危机管理

(资料来源:慧聪.2012年度企业危机事件盘点及危机管理案例分析[EB/OL].http://www.docin.com/p-1471119908.html.)

项目小结

本项目介绍了品牌保护的内涵:品牌保护就是对品牌的所有人、合法使用人的品牌实行资格保护措施,以防范来自各方面的侵害和侵权行为。品牌保护的实质是对品牌包含的知识产权进行保护,即对品牌的商标、专利、商业机密、域名等知识产权进行保护。通过品牌法律保护、品牌自我保护、品牌经营保护等途径进行品牌保护。

品牌危机是指因组织内外部因素造成的突发性的损害品牌形象和降低品牌价值的事件,以及由此导致组织陷入困难和危险的状态。品牌危机具有突发性、危害性、关注性等特点。按危机的程度,可将品牌危机分为难以挽救的品牌危机和可以挽救的品牌危机;按危机的性质,可将品牌危机分为品牌经营危机、品牌形象危机、品牌信誉危机、品牌质量危机、品牌服务危机。品牌危机受品牌自身、品牌管理环境跟品牌外部环境影响。

品牌危机管理中要注意品牌危机的防范,进行品牌危机的处理。品牌危机的处理应着眼于对已发生危机的处理,力求减少或是扭转危机对品牌的冲击和给企业带来的危害。在处理危机时,主要采取以下三项措施:迅速组成处理危机的应变总部;迅速启动"产品召回"制度;进行积极、真诚的内、外部沟通。品牌危机的处理策略包括承担责任、真诚沟通、速度第一、系统运作、权威证实、适时转化。

【项目资源】

一、动画

1. 品牌危机的防范
2. 品牌危机管理的善后处理
3. 三星品牌危机的成因
4. 万科品牌危机处理策略
5. 携程品牌危机的类型

品牌危机的防范

品牌危机管理的善后处理

三星品牌危机的成因

万科品牌危机处理策略

携程品牌危机的类型

二、视频

1. 按危机的程度进行品牌危机分类
2. 按危机的性质进行品牌危机分类
3. 引发品牌危机的外部因素
4. 引发品牌危机的内部因素
5. 承担责任、真诚沟通与速度第一
6. 系统运作、权威证实与适时转化
7. "三株"与"万科"的品牌危机处理

（见"品牌管理"在线开放课程）

【同步测试】

一、单项选择题

1. 2014年有消息称高露洁全效牙膏含有致癌物三氯生。事实证明该产品是安全的，但这些报道和传闻也会严重损害品牌形象和企业信誉。这类品牌危机属于（   ）。

　　A. 品牌经营危机　　B. 品牌形象危机　　C. 品牌信誉危机　　D. 品牌质量危机

2. 2016年宜家宣布在美国和加拿大召回"夺命抽屉柜"，而中国市场不在此次召回范围。宜家夺命抽屉柜，区别对待使其品牌在市场中、社会上的威信下降。这类品牌危机属于（   ）。

　　A. 品牌经营危机　　B. 品牌形象危机　　C. 品牌信誉危机　　D. 品牌质量危机

3. 研发出了世界上第一台数码相机的柯达，由于担心胶卷销量受到影响，却没有推出数码相机，由于经营不善最终导致了品牌的衰亡。这类品牌危机属于（   ）。

　　A. 品牌经营危机　　B. 品牌形象危机　　C. 品牌信誉危机　　D. 品牌质量危机

4. 2006年春季美国的"次贷危机"最终引发全球经济危机，使美国包括通用汽车、福特汽车、克莱斯勒三大汽车公司等实体经济受到很大的冲击，实体产业危在旦夕。引发这些品牌危机的原因是（   ）。

　　A. 媒介导向因素　　　　　　　　B. 政治法律环境因素

C. 宏观经济环境因素　　　　　　　D. 社会文化因素

5. 2012 年摩托罗拉移动"暴力裁员"，自身形象严重受损，其母公司谷歌也被牵连其中。引发这次品牌危机的原因是（　　）。

　　A. 组织内部因素　　　　　　　　B. 产品质量因素
　　C. 行业竞争因素　　　　　　　　D. 社会文化因素

二、多项选择题

1. 引发品牌危机的内部因素主要包括（　　）。

　　A. 媒介导向因素　　　　　　　　B. 产品质量因素
　　C. 组织内部因素　　　　　　　　D. 品牌策略因素

2. 引发品牌危机的外部因素主要包括（　　）。

　　A. 自然灾害因素　　　　　　　　B. 政治法律环境因素
　　C. 宏观经济环境因素　　　　　　D. 社会文化因素
　　E. 媒介导向因素　　　　　　　　F. 行业竞争因素

3. 按照危机的程度，品牌危机可以分为（　　）。

　　A. 品牌经营危机　　　　　　　　B. 难以挽救的品牌危机
　　C. 可以挽救的品牌危机　　　　　D. 品牌形象危机

三、思考题

1. 简述品牌法律保护的途径。
2. 简述品牌自我保护的途径。
3. 简述品牌经营保护的途径。
4. 品牌危机的产生原因有哪些？
5. 如何进行品牌危机的防范？
6. 简述品牌危机的处理策略。

同步测试答案

四、案例分析

暴风影音"漂亮的"危机公关

2009 年 5 月 19 日，南方六省互联网络在当天集体瘫痪，还有 10 多个省市的网络都受到不同程度的影响，事件源于一家 DNS 域名解析服务器受到不明攻击而宕机，包括暴风影音在内多家网络公司的用户在发送域名解析请求的过程中导致网络大面积堵塞和瘫痪。由于暴风影音用户量巨大，因此网络瘫痪的流量中有近五成来自暴风影音的用户。当天，暴风影音与中国电信、电信研究院、公安部有关部门一起参加了工信部组织的紧急会议。在事件发生的第二天，暴风影音即通过媒体向暴风影音的用户表示，将采取紧急措施减少网民的损失，并建立临时服务器，积极配合公安部门捉拿攻击服务器的案犯，同时对因使用暴风影音而无法上网的用户表示歉意。

"5·19"断网事件范围之广、影响之严重，为近年来所罕见，新华社、中央电视台、人民网、凤凰卫视等国内外众多媒体给予高度关注，网络媒体和网民更是议论纷纷。在这次事件中，虽然暴风也是受害者，但由于暴风影音用户量太大，因此其用户联网申请产生的流量是网络瘫痪的主要原因，一些网友和媒体开始将焦点集中在暴风影音身上，于是"5·19"断网事件被称为"暴风门事件"，对暴风的指责越来越多地见诸媒体和网络。其中有正常的批评、建议和探讨，也有些非议是由于许多人对客户端软件需要联网这一特性不理解，认为"暴风影音有问题"，还有许多指责和抨击是为了商业利益：一家知名的门户网站出于重振其新闻门户之名的目的，无端攻击暴风影音，并利用其网站新闻大肆鼓动网民要本为受害者的暴风影音为断网事件"负责"；一家竞争对手突然大做广告，利用这一事件打击暴风影音，以抬高自己的产品；网络和某些媒体上也出现了有组织的流言与攻击，甚至有文章鼓动网民向暴风影音"索赔"……舆论不利，形象受损，用户开始逐步流失，而作为有国际风险资金投入的企业，暴风影音还面临着更多更艰难的困境。如果照此形势发展，那么暴风影音前途未卜。

为此，暴风影音成立了以CEO冯鑫为首的"5·19"事件处理小组，精心策划，周密布置，迅速落实，展开了一系列危机处理步骤：

（1）反应迅速。事发第二天即向媒体说明情况，通报暴风影音将采取的紧急步骤，并向网民表达歉意。同时，暴风影音也在新服务器的建立、软件设置、广告内容展现等方面做出重大调整。

（2）态度诚恳。面对来自各方的议论与指责，暴风影音没有选择大多数案例中惯用的"躲避、沉默"的方式，更没有推卸责任，而是勇敢站出来。在事发第二天，即5月20日向用户表达歉意之后，5月25日暴风影音向媒体发出公开信，就"暴风影音联网的某些特性，在特定情况下成为网络瘫痪原因之一"向网民再次道歉。

（3）摆正自己的位置。强调暴风影音也是此次事件的受害者，网络瘫痪真正的原因是黑客对服务器的非法攻击，暴风影音已经向公安机关报案，要求及早缉拿案犯。

（4）勇于承担社会责任。暴风影音于6月1日召开盛大的新闻发布会，《人民日报》、新华社、央视等100多家主流媒体参加。暴风影音宣布了中国软件史上第一例召回案例，暴风影音将召回其1.2亿用户的暴风影音播放软件，用户可立即删除现有版本的暴风影音，暴风影音将在6月15日向所有用户提供更安全、更适合国内网络现状的新版本"暴风影音'5·19'特别版"。新版本修改了联网机制，将选择权完全交给用户自己。同时，暴风影音号召所有的互联网软件企业都行动起来，承担社会责任，为中国互联网"减负"，树立起了一个有社会责任感的企业形象。

（5）积极采取真正有效和务实的措施。除了第一时间建立新的服务器之外，暴风影音还采取召回措施，设立24小时热线解答用户所有问题并提供紧急帮助，为所有需要新版本暴风影音的用户提供全部免费的软件光盘及快递服务，在几大城市与当地媒体合作开展部分用户咨询和光盘发放活动，在一些媒体、网站以及暴风影音自己的内容平台上设立专栏，展开用户调查，建立与用户的多方面沟通渠道。

（6）积极配合政府和行业主管部门。从第一天起，暴风影音就积极参与到行业主管部门对此事的处理之中，并及时汇报公司处理方案和结果。暴风影音积极、务实的态度赢得了政府部门的肯定，政府部门也为暴风影音解决问题提供了指导与帮助。

（7）积极与媒体保持正常的沟通，通过媒体向社会表明暴风影音的态度与做法。暴风影音向媒体和社会开诚布公，不推卸责任，不隐瞒真相（包括自身软件存在的弱点），同时也表明暴风影音拥有1.2亿用户，是国内最有影响的互联网软件企业之一。同时，有计划、有步骤地实施媒体沟通计划，例如首先道歉，表明没有置身事外；然后通过媒体积极呼吁有关部门迅速缉拿案犯，给暴风影音和广大网民一个说法。在攻击服务器的黑客终于被捉拿归案以后，暴风影音又通过媒体表示将起诉黑客并索赔。由于媒体巨大的宣传效应，因此"暴风门"较长时间占据百度热门词搜索排行前十位，"召回"也成为当时网络最流行的词语，暴风公司和暴风影音由此成为中国普通老百姓家喻户晓的品牌。

（8）优秀的策划能力发挥效力。在一系列策划当中，"召回"是其中的核心点，也是解决这一事件的转折点。"中国软件史上首例召回案例"的概念与执行召回，有效吸引了媒体对这一事件的关注与报道，国内外上百家报纸、电视台以及大量的网站对召回举动拍手叫好，给予大篇幅的正面报道。这一举动也得到政府、社会和用户的一致称赞与肯定，树立了企业的正面形象，也使暴风公司即将推出的新版本受万众瞩目。召回以及与此配套的一系列措施，包括要求用户删除现有版本、开通24小时热线、免费发放新软件光盘、开设专栏及调查等，一举扭转了此前一段时间暴风影音的不利局面。

暴风影音坦诚的态度、勇于承担责任的做法和超强的策划能力，最终取得了良好的效果。经过一系列的努力，6月16日，中央电视台《经济半小时》对"5·19"事件做了全面报道和分析，认为："'5·19'断网事件中，暴风影音也是黑客攻击的受害者，作为受害者，暴风影音能够在最短的时间内直面媒体和公众，并且通过软件召回、提供24小时服务热线、免费邮寄新版软件等一系列举措维护网民的权益，这样的做法值得肯定。""这是一个负责任的企业的做法。"央视的报道为这一事件做了总结。形象与效益双丰收，在获得社会各方肯定的同时，新版本推出后，暴风影音的用户量不仅没有减少，而且有了较大的增长。

（资料来源：中证网．暴风影音获"年度最佳品牌危机管理案例奖"［EB/OL］．http：//www.newhua.com/2010/0118/83894.shtml．）

思考题
1. 暴风影音面对危机采取了哪些危机管理措施？
2. 暴风影音在危机处理的过程中运用了哪些处理策略？

案例分析答案

【实践训练】开展品牌危机公关防御

任务1　辨识品牌公关危机事件

任务描述：学生以小组（4～6人）为单位，各小组认真阅读、倾听其他小组在项目五【实践训练】中设计的《整合营销传播活动策划方案》，采取小组配对方式（或其他交叉方式），互相提出一个或几个可能发生的不良事件，设计形成品牌公关危机。请将研究成果制作成PPT讲解展示，并将要点填写在表6-1中。

表6-1　辨识品牌公关危机事件

研究目标	研究结果
目标小组组号	
目标小组的整合营销传播活动	

续表

研究目标	研究结果
设计品牌公关危机	

任务 2　解决品牌公关危机

任务描述：针对自己小组接收到的品牌公关危机事件，根据品牌危机公关的相关原则，设计处理该品牌公关危机的方式和步骤。请将研究成果制作成 PPT 讲解展示，并将要点填写在表 6－2 中。

表 6－2　品牌公关危机事件处理

研究目标	研究结果
本小组接收到的品牌公关危机事件	
处理方式和步骤	

【实践训练评价】

《技能评价表》使用说明：

按评价指标评价项目技能点成绩，满分为 100 分。其中，作品文案为 80 分，陈述展示为 20 分。教师评价占比为 80%，学生互评占比为 20%。

技能评价指标		分值	得分
作品文案	整合营销传播活动策划方案的安全性	10	
	品牌公关危机的预防和发现能力	10	
	品牌公关危机事件的分类	10	
	品牌公关危机处理的合理性	10	
	品牌公关危机处理策略的完整性	10	
	品牌公关危机处理措施的可行性	10	
	品牌公关危机的善后处理	10	
	内容的原创性	10	
陈述展示	运用辅助工具的专业程度（如挂图、PPT、视频、音频等）	5	
	陈述展示的语言技巧和非语言技巧	5	
	团队分工与合作的配合程度	5	
	时间分配的合理性	5	
总分		100	

《素质评价表》使用说明：

按评价指标评价项目素质点成绩，按优秀为 5 分、良好为 4 分、一般为 3 分、合格为 2 分、不合格为 1 分，五个等级。分为学生自评与小组成员互评。

素质评价指标		得分
自评 （　　）	法律意识意识、品牌保护素养、危机管理意识、爱国意识	
	自主学习和信息素养：善于搜集并借鉴有用资讯和好的思路想法	
	独立思考和创新思维：能提出新的想法、建议和策略	
	团队合作精神、人际沟通素养	
组员1 （　　）	法律意识意识、品牌保护素养、危机管理意识、爱国意识	
	自主学习和信息素养：善于搜集并借鉴有用资讯和好的思路想法	
	独立思考和创新思维：能提出新的想法、建议和策略	
	团队合作精神、人际沟通素养	
组员2 （　　）	法律意识意识、品牌保护素养、危机管理意识、爱国意识	
	自主学习和信息素养：善于搜集并借鉴有用资讯和好的思路想法	
	独立思考和创新思维：能提出新的想法、建议和策略	
	团队合作精神、人际沟通素养	

续表

	素质评价指标	得分
组员3 ( )	法律意识意识、品牌保护素养、危机管理意识、爱国意识	
	自主学习和信息素养：善于搜集并借鉴有用资讯和好的思路想法	
	独立思考和创新思维：能提出新的想法、建议和策略	
	团队合作精神、人际沟通素养	
组员4 ( )	法律意识意识、品牌保护素养、危机管理意识、爱国意识	
	自主学习和信息素养：善于搜集并借鉴有用资讯和好的思路想法	
	独立思考和创新思维：能提出新的想法、建议和策略	
	团队合作精神、人际沟通素养	

项目七

品牌资产评估

学习目标

知识目标：
- 了解品牌资产的概念；
- 理解品牌资产的内涵；
- 掌握品牌资产评估方法的基本内容和程序。

能力目标：
- 能够运用自己的语言清楚地表达品牌资产的内涵；
- 能够针对不同情况选择合适的品牌资产评估方法；
- 能够熟练运用品牌资产评估方法对相关品牌价值进行评估。

素质目标：
- 培育学生的品牌资产意识与素养；
- 激发学生的爱国热情，培养学生的爱国意识；
- 培养学生"敬业、精益、专注、创新"的工匠精神。

项目导学

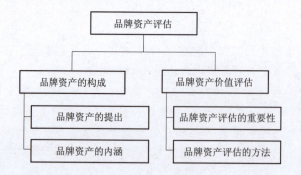

中国品牌故事

"王老吉"品牌之争

"王老吉"创建于清朝道光年间，被公认为凉茶鼻祖，有"药茶王"之称。1995年，羊城药业（广药集团前身）把"王老吉"品牌的使用权租借给加多宝的母公司鸿道（集团）有限公司，并允许其生产经营红色罐装和红色瓶装王老吉凉茶。2001年，鸿道（集团）有限公司按照"王老吉"品牌当时的市场价值，每年支付给广药集团500万元，将"红罐王老吉"的生产经营权延续到2020年。

2007年，中国品牌研究院对老字号品牌价值进行评估，"王老吉"的品牌价值达21.25亿元，位居中华老字号品牌价值榜的第11位。

2010年11月，经北京名牌资产评估有限公司评估，"王老吉"的品牌价值为1 080.15亿元，成为当时全中国评估价值最高的品牌。

2011年4月，广药集团向中国国际经济贸易仲裁委员会提出仲裁申请，广药集团与加多宝母公司的"王老吉"品牌之争正式打响。

2012年7月，中国国际经济贸易仲裁委员会裁决，广药集团与加多宝母公司鸿道集团签订的《"王老吉"商标许可补充协议》和《关于"王老吉"商标使用许可合同的补充协议》无效，鸿道集团停止使用"王老吉"商标。持续16个月之久的"王老吉"品牌争夺案以广药集团胜利而暂时画上句号。但"王老吉"和"加多宝"的凉茶战争仍在继续。

广药集团在夺回"王老吉"商标的同时，开始全方位经营"王老吉"，并将品牌向保健品、食品、药酒、药妆等多个领域扩展。但效果却遭到了股东的质疑："这样的多元化发展模式会不会导致消费者认知上的模糊？为何不将王老吉这一品牌做成单一产品？"投资者表示："让王老吉成为凉茶的代名词，人们想喝凉茶就选王老吉，而不是把地位让给加多宝。难道不好吗？"

此外，为了维护"王老吉"品牌，广药集团也投入了不少资金。广药集团2012年年报显示，2011年公司的销售费用为13.59亿元，同比增长91%；管理费用为5.93亿元，同比增长23%；财务费用为471万元，同比增长154%。三项费用总计超过19亿元。

在2013年发布的胡润品牌榜中，此前一年在总榜单中排行第61名的"王老吉"直接落榜，而"加多宝"却登上了胡润品牌榜单。实际经营者的变化给"王老吉"品牌的发展带来了不确定性，广药集团对"王老吉"的经营导致"王老吉"品牌价值缩水，跌出了胡润品牌榜。

故事启示

品牌资产是一个多维度的东西，包括品牌知名度、品牌认知度、品牌忠诚度、产品销量等，胡润品牌榜还将消费者对品牌的看法列入考量范围。

王老吉最辉煌的阶段还是与加多宝"分手"前。从一定程度来说，广药集团持有的"王老吉"也是一个新品牌，这是因为它要在原本零生产的广药集团重新开始。所以，王老吉面临更大的风险，包括要从零建立起相应的产能、渠道支撑、物流支持等硬实力，而在营销经验等软实力上，经验又不如"加多宝"。同时，配方问题暧昧不明、消费者向其"口味维权"、凉茶系列官司缠身的影响，都在消耗"王老吉"品牌。加之快消品都是打快战，时间越长，这些劣势就越明显。而且广药集团背负着千亿元品牌价值的"包袱"，在开拓市场时顾忌会更多，发展前景并不明朗，甚至有让品牌资产持续缩水的风险，这明显与当初广药集团以保证国有资产保值、增值之名，收回"王老吉"商标的初衷相违背。

（资料来源：王老吉被指价值缩水　加多宝取代上榜胡润品牌榜［J］．商务时报，2013（29）．）

任务背景

H公司是一家总部位于东部沿海地区的家电企业,持有多个与消费者生活息息相关的品牌,开发了多条产品线,产品销往全球多个国家和地区。近期,公司计划上市,需要对公司品牌的资产进行评估。

任务分析

品牌资产作为企业的一项重要无形资产,在市场竞争中发挥着越来越大的作用。因此对企业自身所具有的品牌资产做出公允可信的评估,对企业而言,具有重大意义。这要求工作人员了解品牌资产的内涵和评估的方法,结合企业实际进行品牌资产评估,形成资产意识与素养。

学习任务一 品牌资产的构成

案例导入

可口可乐的成功秘诀

可口可乐公司创始人艾萨·坎德勒曾称:"假如可口可乐的所有公司、所有财产在今天突然化为灰烬,只要我还拥有'可口可乐'这个商标,我就可以肯定地向大家宣布:半年后,市场上将拥有一个与现在规模完全一样的新的可口可乐公司。"

那么可口可乐的品牌成功秘诀何在呢?

(1)广告。广告无疑是使一个产品成功并扩大认知度的法宝,可口可乐的前老板伍德拉夫有一句名言:"可口可乐中99.61%是碳酸、糖浆和水。如果不进行广告宣传,那么还有谁会喝它呢?"1886年,可口可乐的营业额仅为50美元,广告费却为46美元;1901年,可口可乐的营业额为12万美元,广告费为10万美元;如今,可口可乐每年的广告费竟超过6亿美元。除了不惜血本地投入外,可口可乐在广告内容上也是煞费苦心,随着时代与环境的变化而变化。

(2)体育。对企业来说,总是希望能通过某些特殊活动来丰富自己的品牌内涵,提高品牌形象。可口可乐一向把"欢乐、活力"作为两大宣传重点,其最佳创意表现当然是与音乐、运动相联系。对企业来说,赞助体育赛事更是一件增值度极高的活动,它可以提升企业形象、扩大品牌知名度;有利于产品促销;增强与消费者的亲和力与沟通;促进企业文化(职工凝聚力与自豪感)发展;为企业公关活动提供机会。总之,可口可乐由于赞助体育赛事而得到了明显的好处,也使赞助企业得到了丰厚的回报。

(3)本土化。如今的可口可乐已经成了一种全球性的文化标志,但是在风靡全球的同时,可口可乐仍然保持着清醒的头脑,没有固执己见地一味传播、销售美国观念,而是针对不同的地区、文化背景、宗教团体和种族采取分而治之的策略,增强品牌联想。比如可口可乐公司的广告口号是"无法抓住这种感觉"(Can't beat that feeling),在日本改为"我感受可乐"(I feel cola),在意大利改为"独一无二的感受"(Unique sensation),

在智利又改成了"生活的感觉"(The feeling of life),广告信息始终反映当地的文化,在不同时期有不同的依托对象和显示途径、生成方式,无一不是随着具体的时空情境而及时调整自身在文化形态中的位置。换言之,本土化随处可见。

(4)多元化。《远东经济评论》曾有一篇评论说,可口可乐是一家有悠久历史的公司,也是世界上最成功的公司之一,但它正在重塑自身。尽管怀抱着最有价值的品牌,但这家苏打水生产商正在向所有可饮用产品领域进军,试图将自己改造成一家"全面的饮料公司",从而提升品牌忠诚度。在亚洲,可口可乐的这种多元化战略体现得更加明显。亚洲碳酸饮料的受欢迎程度从来就无法同美国和欧洲相比,即使是在最发达的市场,如中国香港和韩国,也是如此。亚洲消费者每人每年消费的碳酸饮料不到 100 罐,而美国人要豪饮 395 罐。所以,亚洲国家的可口可乐总经理们一直对采用"本土化思维,本土化行动"战略热情有加。

2016 年 10 月,全球最大的综合性品牌咨询公司 Interbrand 发布了《2016 年全球最佳品牌》报告,其中可口可乐继续保持强势,以 731 亿美元的品牌价值连续第四年排名全球第三,是排名第一的快速消费品品牌。

(资料来源:全球品牌网.可口可乐:全球最有价值的品牌 [EB/OL]. http://www.globrand.com/2004/4555.shtml.)

案例分析

产品和包装的创新会为消费者带来更多新鲜的体验,可口可乐通过推出本土化新的包装和口味,来强化对消费者的吸引力。可口可乐公司通过紧随时代变化的多方位的营销策略提升企业形象,扩大品牌知名度和忠诚度。

一、品牌资产的提出

品牌资产是 20 世纪 80 年代在营销研究和实践领域新出现的一个重要概念。20 世纪 90 年代以后,大卫·艾克、卡普费雷尔(Kapferer)、凯勒(Keller)等人相继提出并逐步完善了基于消费者的品牌资产概念,特别是大卫·艾克的著作 *Managing Brand Equity: Capitalizing on the Value of a Brand Name* 于 1991 年出版之后,品牌资产更成为营销研究的热点问题。

基于消费者的品牌资产的含义是:品牌对企业和经销商有价值是因为其对消费者有价值,强调是消费者最终决定了品牌资产价值。而美国市场营销协会(AMA)对品牌资产的定义是:一部分消费者、渠道成员对母公司的一组联想行为,品牌借此获得比无品牌产品更高的收入和更大的边际利润,并借此获得比竞争者强势、持续的差异化优势。基于市场的品牌力模型认为,品牌资产价值的大小应体现在品牌自身成长与扩张能力上。这种视角的品牌资产价值概念的出发点从公司短期利益转向了公司的长期目标。基于会计视角的观点则认为,品牌资产价值用公司总的市场价值减去有形资产部分,得到品牌等无形资产的价值,进而得到品牌资产价值。不同的品牌在市场中具有不同的经济价值。

现代品牌理论认为,品牌是一个以消费者为中心的概念,没有消费者,就没有品牌。营销界对品牌资产的界定倾向于从消费者角度加以阐述,即认为品牌资产是品牌所具有的影响消费者的力量,是对品牌的综合评价,是对品牌进行人为量化研究的结果。大卫·艾克认为品牌资产分为五个部分,即品牌知名度、品牌认知度、品牌联想、品牌忠诚度和品牌其他资产,并建立了五星模型(图7-1)。

图7-1 品牌资产的五星模型

大卫·艾克认为,在品牌资产的五项内涵中,品牌知名度、品牌认知度、品牌联想、品牌其他资产有助于品牌忠诚度的建立。其中,品牌知名度、品牌认知度、品牌联想代表的是顾客对品牌的知觉和反应,而品牌忠诚度是以顾客为基础的忠诚度。大卫·艾克指出品牌资产的核心是品牌忠诚度。

案例

中华老字号品牌资产

中华老字号是指历史悠久,拥有世代传承的产品、技艺或服务,具有鲜明的中华民族传统文化背景和深厚的文化底蕴,取得社会广泛认同,形成良好信誉的品牌。中华老字号往往具有数十年乃至上百年的历史,在民间享有较高的声誉,在一定区域内得到大众的认可和信赖。

根据中国品牌研究院的调查,20世纪50年代初期全国中华老字号企业大约有16 000家,涉及餐饮、医药、食品、零售、烟酒、服装等行业。但是,中华老字号企业因经营不善而频频破产。自1990年以来,经国家商业主管部门评定的中华老字号只有1 600多家,仅相当于20世纪50年代初期中华老字号总数的10%。现在,在这1 600多家中华老字号企业中,大多数企业都出现了经营危机,其中70%经营十分困难,20%勉强维持经营,只有10%蓬勃发展。同为中华老字号,品牌价值差距相当大。在"第二届中华老字号品牌价值百强榜"中,茅台高居榜首,品牌价值为145.26亿元,排在第二、三名的分别是五粮液和利群,榜单最后一位的品牌价值与榜首茅台的品牌价值相差1 450多倍。

中华老字号在历史上曾经是区域的强势品牌,如今的经营困境实质上是品牌资产的流失带来的,因此全面审视中华老字号品牌资产,是发展中华老字号品牌的基础和前提。为振兴中华老字号,商务部决定从2006年起,在三年内重新认定1 000家中华老字号,并给予政策扶持。一些蓬勃发展的中华老字号,对经营困难的中华老字号有标杆意义,中国品牌研究院推出中华老字号品牌价值百强榜,正是为了强化这种标杆意义,以呼应商务部振兴中华老字号的行动。

中国品牌研究院主要从资本市场的角度来评价品牌的价值，强调品牌的价值只有被资本市场认可才是合理、真实的价值，这样的品牌价值评价对中华老字号企业的改制更有参考价值。

（资料来源：新浪财经．案例分析：探析老字号品牌资产［EB/OL］．http://finance.sina.com.cn/emba/news/20110627/105610052198.shtml.）

中华老字号

二、品牌资产的内涵

（一）品牌知名度

品牌知名度是指潜在购买者认识到或记起某一品牌是某类产品的能力，它涉及产品类别与品牌的联系，它反映的是品牌的影响范围或影响广度。也可以说，品牌知名度是品牌品名或符号在消费者头脑中的排位顺序。消费者往往总是喜欢购买自己熟悉的、知名度高的品牌产品。

1. 品牌知名度的层次

认知的不同导致品牌在消费者心目中的位置也不相同，品牌知名度被分为3个不同的层次，如图7-2所示。

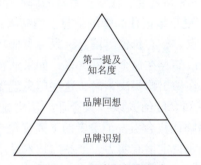

图7-2 品牌知名度层次

（1）品牌识别。品牌识别是品牌知名度的最低层次，它是品牌战略制定者们希望通过创造和保持能引起人们对品牌美好印象的联想物。大卫·艾克认为品牌识别的十二项具体内容包括：作为产品的品牌（产品范围、产品特性、质量/价值、使用体验、用户和原产地）、作为组织的品牌（组织特性、区域性或者全球性）、作为人的品牌（品牌个性、品牌/消费者关系）、作为符号的品牌（视觉形象/标识和品牌历史）。由此可看出，品牌识别是作为品牌的一种本质属性而存在，而不是一种具体的动作行为。

换言之，品牌识别就是让消费者找到熟悉的感觉。人们喜欢熟悉的东西，尤其是饮料、口香糖、纸巾、牙膏等低价值的日用品，有时不必评估产品的特点，熟悉这一产品就足以让人们做出购买决策。研究表明，无论消费者接触的是抽象的图画、名称、音乐，还是其他东西，接触的次数与喜欢程度之间是呈正相关关系的。

（2）品牌回想。品牌回想是品牌知名度的第二个层次，它可以用来检测品牌的整体知名度以及广告效果。品牌回想是指这样一种状况：给定一个产品种类，在不给进一步提示的情况下，让消费者指出或回想一个品牌。如果消费者成功回想起某企业的品牌，则表明该企业已经建立了一个不错的品牌。品牌回想往往与较强的品牌定位相关联。

品牌回想往往能够左右潜在购买者的采购决策。采购程序常常是选择一组可考虑的品牌作为备选组，通常会准备三四个备选方案。在购买者没有接触到更多品牌时，能够进入备选组的品牌回想就非常关键。哪个厂商的品牌能够在一定提示下第一个被回想起来，哪个厂商就占有优势，而不具有品牌回想的厂商没有任何机会。

（3）第一提及知名度。第一提及知名度是品牌知名度的最高层次，它是指在没有任何提示情况下，消费者主动记忆且在想到某一类别产品时就立刻想到并且说出品牌名的品牌。每个产品领域中，都存在一个第一提及知名度的品牌。例如，提及手机，我们可能首先想到的是苹果手机；说到可乐，首先想到的是可口可乐；想到汽车，首先浮现在脑海中的是奔驰汽车。通常情况下，一个品牌的第一提及知名度比例越高，表明该品牌深入度越高，市场占有率也越高。

2. 品牌知名度的价值

（1）品牌知名度有利于消除陌生感。品牌知名度高意味着消费者很熟悉这一品牌。人们对熟悉的事物自然会有一种安全感、好感与特殊的亲近感，至少会觉得熟悉的品牌不会有假冒伪劣产品，有一种基本的可靠感与安全感，如娃哈哈、格力、伊利等。这就是许多品牌的广告虽然没有十分鲜明地表达出独特的卖点与核心价值，但许多人仍然购买这些品牌的原因。一个除了品牌名以外，没有其他任何信息或信息很单薄的广告（如中央台的标版广告），有时也仅仅因为创造了品牌知名度、让消费者对品牌产生了信心，而有助于销售。

（2）消费者更易、更快、更牢地记住品牌的信息。消费者还未知晓与熟悉一个品牌时，企业就去传播品牌的个性、卖点、核心价值等信息，只会事倍功半。品牌名就像电脑里的文件夹，相关的信息与文件都可以储存在这个文件夹里。如果消费者大脑里未记住品牌名，那么所有宣传都缺乏承载主体。在做出购买决策时，这些信息就无法被消费者提取。

（3）代表着一种承诺。高知名度给人以"大企业、实力雄厚、品质有保证，对消费者负责任"的感觉。高知名度品牌往往会引发消费者的下列想象与判断：

——投放这么多广告，企业肯定很有实力，产品的技术品质有保障；

——该品牌有那么多人选购，应该可以放心；

——该品牌一定是个老牌子；

——该品牌铺货那么广，肯定是畅销的好东西，否则零售商不会进货让其白白占领货架。

尽管消费者不知道品牌的优点、内涵，但由于高知名度能促使消费者有上述的判断与想象，因此消费者也会认同这一品牌。

（4）有利于引发积极且丰富的品牌联想。品牌知名度是品牌最初级的资产，是建立品牌联想的基础，有一定的品牌知名度才会引起品牌认知度。较高的品牌知名度有助于增进目标消费群对品牌的理解，易使消费者产生如品牌质量可靠、企业实力雄厚等正面认知，这些都有利于促进消费者形成积极且丰富的品牌联想。

3. 建立品牌知名度的策略

品牌知名度的高低，表明了品牌在市场上的地位和在消费者心目中的位置。建立较高的品牌知名度是品牌吸引消费者、获取成功的必然选择。建立品牌知名度更多的是基于传播工作来进行的，通常也是把广告、公关等传播手段和方式作为建立、提高品牌知名度的最有效手段。建立品牌知名度包括两方面：一是使消费者能够辨识并记得品牌；二是品牌能够与产品类别联系起来。

（1）标新立异。品牌传播的差别化、个性化是创造知名度的有效途径。在众多的品牌中如何脱颖而出、与众不同，是提高品牌知名度的首要任务。在近期的市场营销中，许多企业广泛采用"概念营销"策略，以迅速提升品牌知名度。所谓概念营销，就是营销者把一种新技术、新功能、新观念传达给消费者，用"新概念"倡导新消费。譬如，彩电业中的网络电视、3D电视、曲面电视等；洗衣机中的纳米洗衣机、超静洗衣机、搓揉洗衣机等。概念营销把很多不被消费者认知的技术、知识和前沿科学运用在产品上，在科学与技术的光环下，赋予产品与众不同的个性。当然，在"概念营销"过程中，要注意形与实的统一，不能为了新奇而过分新奇，误导消费者。

标新立异是一种差别化的营销策略，正如独特的销售主张策略一样，营销传播的关键是要找出产品的"唯一性"，这种唯一性是产品独有的，不能被其他品牌替代，具有专用权，它可以是技术上的唯一性、使用上的唯一性、认知上的唯一性、传播上的第一等。传播第一是品牌差异的关键，无论哪个品牌在传播概念上树立了第一的概念，往往跟进者都是无法与其媲美的。农夫山泉告诉大家"味道有点甜"，其他品牌在"甜"字上就无话可说了。

(2) 采用好的广告语。提高品牌知名度的方法有很多，可以长篇累牍，也可以言简意赅，但必须寻找一种最有效的方式。好的广告语浓缩了整个品牌个性和品牌形象，让人在方寸之间感受它的内涵。好的广告语短小、精练、一语中的，让消费者无法逃避，并给消费者留下深刻的印象。

(3) 符号展示。设计一种能与品牌紧密联系的符号，可以在创造和维护品牌知名度过程中发挥重要的作用。一种符号是一个生动的形象，比起一个字或一句话更容易被人了解和记忆。现代广告学中，视觉的传播和识别是一项十分重要的内容，它能快捷高效地传递品牌信息，并易于受众记忆。企业广告传播是从品牌符号的设计开始的。

(4) 强势公关。广告在创造品牌知名度上效果极好，但由于投入费用高和传播的单向性（由企业向消费者灌输），因而其始终有脱离受众的状况。在进行广告宣传的同时，能精心设计、组织相应的公关活动，对品牌知名度的提升是十分有益的。企业可通过赞助、竞赛、访谈、展览、公益活动、新闻等方式，来强化品牌的社会形象，在消费者心目中塑造企业作为社会一分子的良好公众形象，消除企业或品牌以利益为主导的负面影响。例如，可口可乐长期赞助奥运会；李宁牌运动服赞助奥运中国体育代表团；中国农业行业赞助中国诗词大会第二季等。

(5) 品牌延伸。品牌延伸是把产品作为传播的载体，随着产品的广泛流通扩大品牌知名度。品牌延伸在日本企业中被广泛采用，像三菱、丰田、本田、马自达、索尼等，都将它们的品牌名用在它们所有的产品上。日本三菱的产品多达25 000种，全部冠以三菱的名字和使用同一个"三菱"符号，达到统一而广泛的传播效果。品牌延伸是品牌管理和品牌战略必须考虑的一个环节。品牌延伸不仅有助于提升品牌知名度，更是品牌自身发展的需要。

案例

李宁品牌故事

1982年第6届世界杯体操比赛中，李宁一人夺得男子全部7枚金牌中的6枚，创造了世界体操史上的神话，成为中国的民族英雄并获得"体操王子"的美誉。

1990年，李宁创立了同名体育用品公司。成立初期，李宁率先在全国建立特许专卖营销体系，并持续多年赞助中国体育代表团参加国内外各种赛事。

2004年6月,李宁公司在香港成功上市。

2008年,创始人李宁在鸟巢奥运会上"高空漫步"点燃火炬,令李宁品牌家喻户晓。

2009年,李宁在国内运动市场的销量超过德国运动品牌Adidas,仅次于美国运动巨头Nike。

2010年,李宁宣布品牌新口号为"让改变发生",取代"一切皆有可能",并更换品牌Logo,同年,品牌销售额达到历史巅峰的逾90亿元。

近年来,李宁持续挖掘李宁这一品牌的价值,以及如何向消费者讲述能够引起共鸣的品牌故事。2019春夏系列以品牌创始年代为时间轴节点,把品牌的"创始夹克"作为设计起点,同时注入创始人李宁个人经历这一文化背景,将90年代运动服饰的搭配方式和款式带入新系列,意在重新强调品牌的中国渊源和国货情怀。产品、品牌故事以及适当的情绪煽动,李宁聚集了打造影响力的三要素。事实证明,这一策略对李宁已经奏效。

截至2020年6月30日,在中国,李宁销售点数量(不包括李宁YOUNG)共计5973个,并持续在东南亚、印度、中亚、日韩、北美和欧洲等国家和地区开拓业务。除核心品牌李宁牌外,李宁公司亦生产、开发、推广、分销、销售多个自有、特许或与本集团第三方设立的合资/联营企业经营的其他品牌体育产品,包括红双喜乒乓球产品、AIGLE(艾高)户外运动用品、Danskin舞蹈和瑜伽时尚健身产品及Kason(凯胜)羽毛球产品。

创新是李宁品牌发展的根本,也是持续提升"李宁式体验价值"的关键。李宁公司自成立之初就非常重视原创设计。公司于1998年率先在广东佛山成立国内首家服装与鞋产品设计开发中心,并先后在中国香港、美国波特兰、韩国成立设计研发中心。同时,李宁还与国内外各大知名高校和研究机构保持密切合作。

李宁公司长期致力于体育事业的发展。在国内方面,从1992年巴塞罗那奥运会开始,李宁公司便伴随中国体育军团一路走来,长期支持中国跳水、射击、乒乓球、羽毛球等"金牌梦之队",为运动队提供装备,鼓励他们激发出智慧、身体与思维的最佳状态,在赛场发挥优良竞技水平。在国际方面,李宁公司与国际顶级赛事、顶尖运动团队和组织结为战略伙伴,并签约国际顶级运动员,全方位地弘扬李宁品牌精神和体育精神。

李宁公司作为国内体育用品行业的领跑者,在自身发展壮大的同时,更积极承担企业公民的社会责任,资助希望小学、援建灾区、关爱艾滋孤儿,并且长期支持旨在提高贫困地区体育教育事业的"一起运动"公益培训项目,利用自身体育资源优势为共建和谐社会出力。公司创始人李宁先生热心公益,并把这种社会责任感贯彻到企业的管理中,引领企业整体公益价值观,诠释本公司积极投身全球公益事业的视野。同时,李宁公司以实际行动在供应链中积极推广企业社会责任理念,协助供应商推进企业社会责任进程,促进更负责任感的商业社会环境。

作为一家体育用品公司,李宁公司以"用运动燃烧激情"为使命,致力于专业体育用品的创造,努力让运动改变生活,追求更高境界的突破。我们秉承"赢得梦想""消费者导向""我们文化""突破"的品牌核心价值观,致力于成为源自中国并被世界认可的国际一流具有时尚属性的专业运动品牌企业。

(资料来源:李宁官方网站[EB/OL].https://www.lining.com/brand/history.html.)

(二)品牌认知度

品牌认知度是品牌资产的重要组成部分,它是衡量消费者对品牌内涵及价值的认识和理解度的标准。品牌认知是公司竞争力的一种体现,有时会成为一种核心竞争力,特别是在大众消费品市场,各家竞争对手提供的产品和服务的品质差别不大,这时消费者会倾向于根据品牌的熟悉程度来决定购买行为。认知度高的品牌,消费者对品牌的了解更彻底、更全面;认知度低的品牌,可能不会对消费者产生任何影响。

1. 品牌认知的基础元素

品牌认知是一种总结性的、综合性的认知评判,形成了消费者对品牌的整体印象。品牌认知的基础元素包括4个方面:

(1)差异度。差异度代表了品牌的不同之处,这个指标的强弱直接关系到经营利润率。差异度越大,品牌在市场上同质化的程度就越低,品牌就更有议价能力。差异度不仅表现在产品特色上,也体现在品牌的形象方面。

案 例

宝洁是如何做差异化的

宝洁公司旗下的小品牌有数百个、独立大品牌有80多个,其产品覆盖洗发护发、美容护肤、个人清洁、妇女保健、婴儿护理、家居护理等诸多领域。宝洁旗下洗发水品牌有潘婷、海飞丝、飘柔、沙宣等。

飘柔——二合一,丝质柔滑型,功能强调柔顺;

海飞丝——去屑洗发水;

潘婷——特效修护型洗发水;

沙宣——专业定型洗发水。

研究宝洁公司产品差异化后不难发现,宝洁公司在寻找产品差异化时的立足点是头发本身。基于自身是洗护头发的产品的事实,其功能的延伸也是在头发功能的改善上。这一点与国内洗发水企业有本质的差别,国内企业更多地强调产品的原材料、神秘化材料与技术本身,因为材料与技术消费者是看不见、摸不着的,所以消费者很容易对功能产生怀疑。而强调对头发的功效是站在消费者的角度思考问题,使消费者通过感知接受产品与品牌。飘柔的二合一很显然是给生活节奏忙碌的都市人提供的产品定位,而柔顺体现的心灵关怀在头发上得到了展示;海飞丝是因宝洁公司发现有一些消费者有头皮屑而开发的产品;潘婷强调修复功能;沙宣的发廊级造型有示范作用。在这些产品差异化中,巧妙互补展现了宝洁公司聪明的产品与品牌差异化技巧。

(资料来源:新浪博客. 从宝洁多品牌战略来看品牌的差异化生存[EB/OL]. http://blog.sina.com.cn/s/blog_ 935958ba01017 svk.html.)

(2)相关度。相关度代表品牌对消费者的适合程度,关系到市场渗透率。品牌的相关性强,意味着目标人群接受品牌形象和品牌所做出的承诺,主观上愿意尝试,也意味着在相应的渠道建设上有更大的便利。

(3)尊重度。尊重度代表消费者如何看待品牌,关系到对品牌的感受。当消费者接触品牌进行尝试性消费后,会印证他们的想象从而形成评价,并进一步影响重复消费和口碑传播。

(4) **认知度**。认知度代表消费者对品牌的了解程度，关系到消费者体验的深度，是消费者在长期接受品牌传播并使用该品牌的产品和服务后，逐渐形成的对品牌的认识。

在品牌认知的四个元素之中，相互间的关系非常关键。

当差异度高于相关度时：表明品牌具有正确的发展方向和空间，差异性明显，议价能力良好，同时相关性存在，目标人群逐步认同品牌。而未来在保持差异性的同时，相关性可以得到增强。当相关度高于差异度时：表明品牌的独特性逐渐消失，可能被其他类似品牌替代，而相关性越大，意味着该品牌越适合大众的需求，价格将成为影响销量的主要因素，降价促销成为保持市场占有率的唯一重要行为，品牌竞争力逐步下降。这正是许多品牌常犯的错误：缺乏对目标消费群更加深入、细致的工作，盲目地让品牌迎合大众的口味，最终因为追求短期销量而丧失了品牌差异，被市场巨大的惯性同化。

当尊重度高于认知度时：表明消费者的评价很高、很喜欢该品牌，并期待进一步了解该品牌，因此认知度会逐步上升。整体而言，品牌的这种状态是良性的。当认知度高于尊重度时：表明消费者十分了解该品牌，但觉得品牌没什么特别之处，严重时可能出现类似"因了解而分手离婚"的状态。这也是品牌常犯的错误：在过多地告知消费者各类品牌信息甚至杜撰品牌故事的同时，放松了品牌基础工作，如质量、服务等的维护。

2. 建立品牌认知的策略

对品牌的完全认知，通常来自消费者在使用品牌产品之后的感受。没有亲身使用，对品牌的品质认知始终是一个空泛的概念，缺乏说服力。在强调品质时要注意，它所指的不只是技术品质和生产品质，更重要的是，它是营销上的品质。因此，企业要努力提高品质认知度，增强消费者对品牌的了解。

(1) **保证品牌的高品质**。首先要提高产品品质和服务能力，这是提高品质认知的第一步。如果产品品质本身存在缺陷，就无法使顾客信服。通常获得高品质的做法是：

① **对品质的承诺**。对品质的追求应是企业长期坚持的理念。企业应把对品质的追求放在首要位置，动员全体员工付诸实际行动。质量是产品的生命，卓越的品质是企业对消费者的承诺，是企业赢得消费者认同的基本要素。

② **追求品质文化**。任何商品的生产制造都有文化的痕迹，都反映着特定的文化氛围。同时，文化的追求是产品由单一物理用途向满足更高层次需求的转变。品质文化包括产品质量、组织文化、行为准则、象征符号和价值等内容。

③ **重视消费者参与**。在传统市场营销中，消费者由于信息接收的不对称性而始终处于被动的弱者地位，企业决定消费者的消费方式和消费内容。市场的发展决定了企业必须关注消费者的方方面面，消费者在市场活动中的地位有所提高。重视消费者参与，就在于充分发挥消费者的积极性，充分体现以消费者为中心的市场营销战略。

④ **确定具体标准**。品质不是一句空洞的口号，它是企业的生命线。为保证管理和生产的高品质，企业需要确定品质的具体标准，详尽规划，以对企业发展提供真正的帮助。企业可通过 ISO 9000 质量管理体系等方式，提高企业的整体质量水准。

(2) **设计认知信号**。消费者在认知产品时并不具备丰富的专业知识，大多是一知半解，认知的绝大部分是产品的表象。而在消费者真实购买产品时，这种表象的内容还常常充当重要的影响因素，左右着消费者的购买决策。譬如，消费者通常认为洗衣粉泡沫越多洗涤效果越好、音箱越大音质越好等。这些错误的认识引导出错误的消费方式，甚至对企业的销售产生不利影响。为改变这些潜在的危机，设计简洁的品牌认知信号来帮助消费者判断和识别产品就显得十分必要。

(3) 利用价格暗示。价格是产品价值的货币表现，价格反映产品的品质。阿沙尔的研究表明，在四种情形下高价格意味着高品质：

①消费者除了以价格为衡量标准判断商品品质、性能外，无其他标准可循。

②消费者无使用该商品的经验。

③消费者对其购买感到有风险时，或买后感到后悔时，容易以高价格为选择标准。

④消费者认为各种品牌之间有品质差异时。

品牌的价格暗示给消费者提供了在缺乏产品常识和专业知识情况下的另外一种评判商品的标准和简易方法。利用消费者的价格心理暗示，企业可通过合理定价来加强消费者对产品的全面认识。

(4) 使用广告工具。广告作为一种有效的商品信息传播工具，在现代市场营销中发挥着十分重要的作用。同时，各种信息的充斥加大了广告传播的难度，广告投放的数量越来越多，广告播放的频率越来越高，这也加大了消费者接收的难度。面对众多广告，消费者变得无所适从、不知所措。广告的变化促使企业提供更高品质的广告，充分发挥广告传播的优点，把产品信息和营销信息准确地传达给消费者，提高营销效率。在广告传播中，广告创意要准确表达产品的信息，让消费者记住产品。"雀巢咖啡，味道好极了"能让人久久回味。

案 例

品牌价值缩水最严重的十大公司

(三) 品牌联想

品牌联想是指通过品牌或产品而产生的所有联想，是对产品特征、消费者利益、使用场合、产地、人物、个性等的人格化描述。这些联想往往能组合出一些意义，形成品牌形象，是经过独特销售点传播和品牌定位沟通的结果，它提供了购买的理由和品牌延伸的依据。

品牌联想通常是象征性和抽象性的。由于产品销售与品牌联想之间具有强烈的关联性，因此，品牌经理人在塑造品牌形象时，应通过各种不同的营销渠道，竭尽所能地为品牌建立并累积正面的品牌联想，进而在消费者心中形成持久的印象，巩固品牌的市场优势。

1. 品牌联想的内容

通过不同的品牌联想构面来衡量品牌形象，将品牌联想的内涵分为三种形态：

(1) 属性联想。属性联想是关于产品或服务的描述性特征。属性联想又分为"与产品有关"以及"与产品无关"两类。与产品有关的属性是执行该产品或服务功能的必备要素。而与产品无关的属性是有关于产品或服务的购买或消费的外在方面。与产品有关的属性主要分为四项：①价格信息；②包装或产品外观；③使用者形态（例如：何种形态的人会使用此产品或是服务）；④使用情境（例如：在何处以及何种情境形态下，此产品或服务会被使用）。其中，价格信息是十分重要的属性联想，这是因为消费者常常对价格与品牌的价值有着强烈的信念，并会根据不同品牌的价格层级，来组建他们心中的产品类别知识体系。

案 例

19世纪,宝洁公司员工误把空气冲进了肥皂,顾客购买产品后无意间发现自己购买的肥皂可以漂浮在水面上,与以前无法漂浮的肥皂一比,瞬间获得了新鲜感,觉得与众不同。宝洁公司抓住了这次机会,顺势推出了象牙肥皂(图7-3),危机摇身一变成为机遇。宝洁公司于1881年正式刊登广告,把象牙肥皂描述为"漂浮在水面""纯度高达99.44%"(有科学依据)的肥皂,广告中充满"宝宝、白色、漂浮"的场景。自此,白色、象牙、纯正、漂浮、宝宝这些形象逐渐构成了象牙肥皂的品牌联想,从品牌名称到产品颜色,再到广告宣传,象牙肥皂都传递一种纯正温和、可漂浮的理念,适合宝宝,这也正是其定位基准。不得不说,宝洁公司真正的伟大之处在于之后的很多年里,一直通过"生活片段式的广告"重复强化这个联想。对品牌宣传广告来说,持续性很重要,制作一个新广告并不难,难就难在始终如一地坚持下去,最先厌倦品牌广告的也许并不是消费者,而是品牌自己。

图7-3 宝洁象牙肥皂

(资料来源:站长之家.强化对品牌联想的记忆,才能打动消费者的心[EB/OL].http://www.chinaz.com/manage/2015/1201/477752.shtml.)

(2) 利益联想。利益联想是消费者给予产品或服务属性的个人价值,也就是消费者心目中认为此产品或服务能够为他们做些什么。利益联想可进一步分为三类:①功能利益;②经验利益;③象征利益。功能利益是指产品或服务的内在优势,与生理及安全需求有关。经验利益是使用产品或享受服务的感觉,其通常与产品属性有关。例如:感官乐趣、多样化以及认知刺激。象征利益是指产品或服务的外在优势,其通常与产品属性无关,而是与社会认同的需求或是个人表现以及自尊有关。

(3) 态度联想。品牌态度是消费者对品牌的整体评价,是形成消费者行为的基础。品牌态度与产品的功能利益、经验利益以及与象征利益存在相关性。

案 例

英国老牌百货公司John Lewis(约翰·路易斯)的圣诞广告——月球上的孤独老人(图7-4),正如《每日电讯报》的评价:"John Lewis圣诞广告已成为圣诞倒数的重要环节,广告的发布意味着圣诞快到了。"John Lewis和圣诞节之间本没有任何关联,John Lewis只是坚持自己一贯的品牌理念,用"爱"打动人心。由于在圣诞节之前长期投放高品质广告的习惯给人留下了深刻印象，消费者把 John Lewis 和圣诞节自然捆绑在一起，因此 John Lewis 的温馨感人广告就成了一个强大的视觉锤，成了圣诞节期间不可错过的一场好戏。也许在下一个圣诞节到来之前，人们就会无意识地联想到 John Lewis 的广告。就好比无数美国观众在等待超级碗的创意广告，它已经成了超级碗的一部分，感人、幽默的广告风格也构成了人们对这个国家整体印象认知的一部分。品牌联想一旦建立，企业唯一要做的就是：重复，重复，再重复。

图 7-4　月球上的孤独老人

（资料来源：站长之家．强化对品牌联想的记忆，才能打动消费者的心［EB/OL］．http://www.chinaz.com/manage/2015/1201/477752.shtml．）

2. 建立品牌联想的策略

（1）讲述品牌故事。品牌故事是指品牌在发展过程中将那些优秀的东西总结、提炼出来，形成一种清晰、容易记忆又令人浮想联翩的传导思想。其实，品牌故事是一种比广告还要高明的传播形式，它是品牌与消费者之间的情感传递纽带。消费者购买的不是冷冰冰的产品，他们更希望得到产品以外的情感体验和相关联想，而且，这种联想还有助于诱发消费者对品牌的好奇心和认同感。

世界未来学者之一、哥本哈根未来研究学院的主任罗尔夫·詹森，早在 1999 年就做出预测：在 21 世纪，一个企业应该具有的最重要的技能就是创造和叙述故事的能力。正如詹森提出的："这是所有企业都面临的挑战——不管是生产消费品、生活必需品、奢侈品的公司，还是提供服务的公司，都必须在自己的产品背后创造故事。"

纪梵希
品牌故事

其实，很多品牌背后都有一个精彩的故事。甚至可以说，一个成功的品牌就是由无数个感人至深的故事构成的，没有故事就没有品牌。但遗憾的是，本土企业尚未真正领悟编故事、讲故事和传播故事的真谛，因而也未能成功地在每个品牌接触点或品牌时刻，始终如一地将品牌故事传递给消费者。

（2）借助于品牌代言人。品牌代言人是指品牌在一定时期内，以契约的形式指定一个或几个能够代表品牌形象并展示、宣传品牌形象的人或物。

对企业而言，聘请名人代言品牌的现象不仅司空见惯，而且大有泛滥成灾之势，所以这里不再赘述。相反，他们在借助于有影响力的用户代表来建立品牌联想方面却有些相形见绌。事实上，很多传播机会就来自那些有影响力的用户，以用户为资源进行传播，同样可以建立有价值的品牌联想。英国威尔士亲王成为索尼的顾客便是一个成功的案例。在威尔士亲王出席东京1970年国际展览会之际，索尼公司在英国大使馆威尔士亲王的下榻处安装了索尼电视。这样，索尼便与威尔士亲王建立了某种关系。后来，亲王在一次招待酒会的致词中还特意向索尼表示了感谢，并邀请索尼公司去英联邦投资建厂。从那以后，在威尔士商务发展委员会的许多文件里可以看到，威尔士与索尼的合作一直很愉快。

（3）**建立品牌感动**。未来学家约翰·奈比斯特说："未来社会正朝着高技术与高情感平衡的方向发展。"但凡优秀的品牌传播，无不充满了人类美好的情感，并给消费者带来了丰富的情感回报。比如，钻石彰显永恒之爱，一句"钻石恒久远，一颗永留传"，便将一段刻骨铭心的爱情与一颗光彩夺目的钻石联系了起来，并在消费者心目中建立了一种发自内心的品牌感动。

举例来讲，希望在客户和最终使用者心中塑造"环保、亲近自然"形象的著名石油公司雪佛龙，曾拍摄了一则旨在让消费者感动的形象广告。广告片的诉求十分真实："当太阳在西怀俄明州升起的时候，奇异好斗的松鸡跳起了独特的求偶之舞。这是一个生命的开始，但一旦有异类侵入它们的孵育领地，这一过程就会遭到破坏。这就是铺设输油管道的人们突然停止建设的原因，他们要一直等到小松鸡被孵化出来之后，才回到管道旁，继续工作……企业为了几只小松鸡，真的能够搁置其商业计划吗？雪佛龙这样做了。"这就是雪佛龙广告为顾客创造的一种品牌感动，这种感动不仅加深了顾客对该品牌意欲树立的环保形象的认知，而且使社会大众将他们对环保的需求融入该类联想，从而愈加认同乃至忠诚于雪佛龙品牌。

案 例

每个品牌的背后都有一个感人至深的故事

（四）品牌忠诚度

品牌忠诚度是指消费者对品牌偏爱的心理反应，反映了对该品牌的信任和依赖程度，是消费者在购买决策中，多次表现出来的对某个品牌有偏向性的（而非随意的）行为反应。它是一种行为过程，也是一种心理（决策和评估）过程。品牌忠诚度的形成不完全依赖产品的品质、知名度、品牌联想及传播，它与消费者本身的特性密切相关，与消费者的产品使用经历有关。提高品牌忠诚度，对一个企业的生存与发展极其重要。

1. 品牌忠诚度层次

所有品牌在市场上都拥有不同的消费评判和消费层级，哪怕是可口可乐这样的品牌，也无法保证它的消费者对品牌有恒久的感情。消费者在品牌情感上的差异，表现出其在品牌的购买、消费、选择方式上的差异。因而，通常将消费者的品牌忠诚度分为以下五个层次，如图7-5所示。

（1）**无品牌忠诚者**。无品牌忠诚者对品牌的认知完全没有差异，他们对品牌漠不关心，

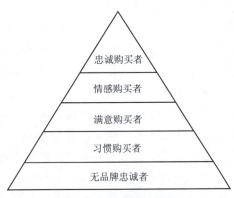

图7-5 品牌忠诚度层次

对价格十分敏感,价格的变动(价格降低或价格相对降低)往往成为其选择商品的决定性因素。这一层消费者会根据价格的变动不断更换品牌,哪个品牌价格低,就选哪个。许多低值易耗品、同质化行业和习惯性消费品都没有品牌忠诚者。

(2) **习惯购买者。习惯购买者是指那些对某品牌产品满意或至少不反感的消费者。**这一层消费者如果对某一品牌或某几种品牌不反感,购买时就会有固定的消费习惯和偏好,目标明确。如果竞争者有明显的诱因,如通过价格优惠、广告宣传、独特包装、销售促进等方式鼓励消费者试用、购买或续购某一产品,消费者就会进行品牌转换,购买其他品牌。

(3) **满意购买者。满意购买者对原来购买的品牌相当满意,而且产生了品牌转换风险忧虑**,也就是说购买另一个新的品牌,会有效益的风险、适应的风险等。消费者在购买新的品牌时,会产生品牌转换成本(Switching Cost),即购买另一个新品牌时,消费者会因效益、时间、金钱、适应、使用等方面的风险而放弃新的选择。这是因为在某一特定使用环境中,新品牌可能不会发挥效用。为了吸引这类消费者,竞争者需提供充足的转变诱因,或足够多的利益,以补偿消费者因转变而产生的风险。

(4) **情感购买者。这一层的消费者对品牌已经有了一种爱和情感,某些品牌是他们情感与心灵的依托,能历久不衰,已经成为他们的朋友**,是消费者生活中不可或缺的用品,且不易被取代,如一些消费者天天使用的中华牙膏、雕牌肥皂,一些小朋友天天喝的娃哈哈奶,可口可乐改配方招致消费者抗议等。消费者对品牌的选择建立在诸如标志物、使用经历或品牌体现的高质量这些品牌联想的基础上。

(5) **忠诚购买者。忠诚购买者是品牌忠诚的最高境界,消费者不仅对品牌产生情感,甚至引以为骄傲**。此品牌无论是从功能的角度来看,还是作为他们身份的表达,都非常重要。**消费者会向其他人推荐该品牌**。这类商品以中高档产品居多,尤其是高档奢侈品更多,如欧米茄表、劳斯莱斯车、梦特娇服装的购买者都持有这种心态。

以上五种消费者的品牌忠诚度并非总是以单一的形式出现,以其他形式出现的忠诚度可能被概念化,有的消费者可能是几种忠诚度的组合,既喜欢某一品牌,又具有转换代价。

2. 品牌忠诚度的价值

品牌忠诚度是品牌资产的核心,它由许多因素作用而成,其中最重要的是品牌使用经验。品牌忠诚与品牌使用紧密相联,没有对品牌的选择、购买和使用经验,就不会存在品牌忠诚。品牌忠诚度高的产品能吸引更多的消费者,能为品牌创造更多的利润。品牌忠诚度的价值主要体现在以下几方面:

（1）**降低行销成本，增加利润**。忠诚、价值、利润之间存在着直接对应的因果关系。营销学理论中有一个著名的"二八原则"，即80%的业绩来自20%的经常惠顾的顾客。对企业来说，寻找新客户的重要性不言而喻，但维持一个老客户的成本仅仅为开发一个新客户成本的七分之一。在微利时代，忠诚营销愈见其价值。我国很多企业把绝大部分的精力放在寻找新客户上，而对提高已有客户的满意度与忠诚度漠不关心。一个企业的目的是创造价值，而不仅仅是赚取利润。为顾客创造价值是每个成功企业的立业基础。企业创造独特的价值有利于培养顾客的忠诚观念，反过来顾客忠诚又会促使企业增长利润和创造更多的价值，企业创造价值和消费者忠诚一起构成了企业立于不败之地的真正内涵。

（2）**易于吸引新顾客**。品牌忠诚度高代表每个使用者都可以成为一个活的广告，自然会吸引新客户。根据口碑营销效应：一个满意的顾客会引发8笔潜在的生意；一个不满意的顾客会影响25个人的购买意愿，因此一个满意的、愿意与企业建立长期稳定关系的顾客会为企业带来相当可观的利润。品牌忠诚度高就代表消费者对这一品牌很满意。

（3）**提高销售渠道拓展力**。拥有高忠诚度品牌的企业在与销售渠道成员谈判时处于相对有利的地位。经销商当然要销售畅销产品来赢利，品牌忠诚度高的产品自然受经销商欢迎。此外，经销商的自身形象也有赖于其出售的产品来提升。因此，高品牌忠诚度的产品在拓展销路时更顺畅，容易获得更为实惠的贸易条款，比如先打款、后发货，以及拥有最佳的陈列位置等。

（4）**面对竞争有较大弹性**。营销时代的市场竞争越来越体现为品牌的竞争。当面对同样的竞争时，因为具有高忠诚度的品牌其消费者改变的速度慢，所以可以有更多的时间研发新产品，完善传播策略，以应对竞争者的进攻。

3. 品牌忠诚度的测量

为了更好地留住忠诚消费者、培养品牌忠诚，企业需要对品牌忠诚度进行测量，并将此作为制订相应品牌提升规划和战略的基础。测量的标准如下：

（1）**消费者重复购买次数**。在一定时期内，消费者对某一品牌产品重复购买的次数越多，说明对这一品牌的忠诚度就越高，反之就越低。应注意，在确定这一指标的合理界限时，必须区别对待不同的产品。

（2）**顾客购物时间的长短**。根据消费心理规律，消费者购买商品，都要经过比较、挑选这一过程。但由于信赖程度有差别，针对不同产品，消费者购买挑选时间的长短也是不同的。一般来说，消费者挑选时间越短，说明他对某一品牌商品形成了偏爱，对这一品牌的忠诚度越高，反之则说明他对这一品牌的忠诚度越低。在运用这一标准衡量品牌忠诚度时，必须剔除因产品结构、用途方面的差异而产生的影响。

（3）**消费者对价格的敏感程度**。虽然消费者对价格都是非常重视的，但并不意味着消费者对各种产品价格的敏感程度相同。事实证明，对于喜爱和信赖的产品，消费者对其价格变动的承受能力强，即敏感程度低；而对于不喜爱的产品，消费者对其价格变动的承受能力弱，即敏感度高。据此亦可衡量消费者对某一品牌的忠诚度。运用这一标准时，要注意消费者对产品的需求程度、产品供求状况及市场竞争程度三个因素的影响。在实际运用中，衡量价格敏感度与品牌忠诚度的关系，要排除这三个因素的干扰。

（4）**顾客对竞争产品的态度**。消费者对某一品牌态度的变化，多是通过与竞争产品相比较而产生的。根据消费者对竞争产品的态度，可以判断消费者对其他品牌产品忠诚度的高低。如果消费者对某一品牌的竞争产品兴趣大、好感强，就说明对某一品牌的忠诚度低；如果对其他的品牌产品没有好感、兴趣不大，就说明对某一品牌产品忠诚度高。

(5) 消费者对产品质量问题的态度。所有企业都可能因种种情况而出现产品质量问题，即使名牌产品也在所难免。如果消费者对某一品牌的印象好、忠诚度高，则会以宽容和同情的态度对待企业出现的问题，相信企业很快会加以处理；如果消费者对某一品牌忠诚度低，则一旦产品出现质量问题，消费者就会非常敏感，极有可能从此不再购买这一产品。

4. 建立品牌忠诚度的策略

忠诚联系着价值的创造，企业为消费者创造更多的价值，有利于培养消费者的品牌忠诚度，而品牌忠诚又会给企业带来利润的增长。

(1) 人性化地满足消费者需求。要提高品牌忠诚度、赢得消费者的好感和信赖，企业一切活动就要围绕消费者展开，为满足消费者需求服务，让消费者在购买使用产品与享受服务的过程中，有难以忘怀、愉悦、舒心的感受。因此，品牌在营销过程中必须理清短期利益与长远利益的关系，必须忠实地履行自己的义务和应尽的社会责任，以实际行动和诚信形象赢得消费者的信任和支持。"品牌有了信誉，何愁市场不兴、品牌不旺。"这是品牌运营的市场规则，也是一个普遍的经营规律，更是提高品牌忠诚度最好的途径。品牌应不遗余力地将产品做实、做细，尽心尽力为消费者服务，切忌为追求短期利益犯急躁冒进的错误，否则必将导致品牌无路可走，最终走向自我毁灭。

人性化地满足消费者需求就是要真正了解消费者。国内绝大多数品牌只提供了产品的主要使用价值与功能，对细腻需求的满足远远不能与国外品牌相比。我国的火腿肠味道营养俱佳，外出携带方便，但食用时没有拉开的口子，必须要用剪刀剪开。美国的吉列剃须刀的手柄不仅用一圈圈凸纹来增加摩擦力，以防止剃须刀滑出手而刮破脸，并且还想到了在凸纹上套上一层橡皮，让消费者使用时握在手中更贴合皮肤、更舒服，每一细微之处都为消费者考虑周全。麦当劳、肯德基等一些西餐厅的洗手间有高低两个洗手台，小朋友们在用餐过程中不用家长帮助，也可以自己洗手。而国内的中餐厅很少能满足消费者的这种细腻需求。因此，产品经理和营销人员只有多去市场第一线和零售终端，与消费者保持紧密接触，才有可能深入地了解消费者的内心世界和潜在需求，为产品和服务的改进提供第一手信息。产品经理和营销人员既要到热闹繁华地区坐坐公交车、吃吃大排档，到集贸市场找人聊聊天，了解消费者的购买心理，也要运用规范的调查手段了解大众的需求，如入户问卷调查、小组座谈会、连续追踪调查消费者满意度等。

(2) 保证产品品质，不断创新产品。产品的质量是消费者对品牌忠诚的基础。世界上众多名牌产品的历史告诉我们，消费者对品牌的忠诚，在一定意义上也可以说是对其产品质量的忠诚。只有高质量的产品，才能真正在消费者的心目中树立起"金字招牌"，受消费者喜爱。产品的创新让消费者感觉到产品品质在不断提升。海尔的空调、洗衣机每年都会有新功能、新技术产品推出；苹果、三星、华为每年都会推出新款手机；宝洁公司的飘柔、舒肤佳、玉兰油、汰渍等产品也时不时推出新改良配方，让其产品有新的兴奋点，让人感觉到企业一直在努力为消费者提高产品品质。

(3) 提供物超所值的附加产品。产品的好坏要根据消费者的满意程度来评判，真正做到以消费者为中心。企业不仅要注意核心产品和有形产品，还要提供更多的附加利益。海尔的维修人员不仅能准时修好冰箱、空调，还能使消费者获得更多附加利益，如维修人员温暖人心的礼貌问候，自带饮料不喝用户一口水，进门套塑料鞋套，等等。正是因为海尔的售后服务给消费者提供了意想不到的好处，所以大大提高了消费者对品牌的评价与认同度。在产品同质化的时代，谁能为消费者提供物超所值的额外利益，谁就能最终赢得顾客。

（4）有效沟通。企业通过与消费者的有效沟通来维持和提高品牌忠诚度，如建立顾客资料库、定期访问、维护公共关系、进行广告宣传等。建立顾客资料库，将顾客进行分类，选择有保留价值的顾客，制订忠诚客户计划；定期访问，即了解顾客的需求并全力满足顾客所需；维护公共关系，即与顾客建立长期且稳定的互需、互助关系；进行广告宣传，即以广告为主进行传播，广告能提升消费者对品牌的熟悉、信赖感，使消费者喜爱并忠诚于品牌。

亚马逊

星巴克

使用层级来增加参与度

（五）品牌其他资产

品牌其他资产是指与品牌有直接关系的、附着在品牌上的资产，如专利、特许权、专有技术以及特有的销售网络或特有的顾客服务系统等。其他品牌资产可以使品牌差别化变为可能（差别化是竞争优势的源泉），也可以使竞争对手的模仿变得困难。对其他品牌资产的投资包括对品牌的保护，对任何假冒自己品牌的行为都决不能姑息，否则将会减少自己的品牌资产。

学习任务二　品牌资产价值评估

案例导入

吉利收购沃尔沃

1999 年，沃尔沃（Volvo）公司宣布出售沃尔沃轿车。最终，沃尔沃选择了当时拥有全球丰富资源的福特。根据沃尔沃与福特达成的协议，福特以 60 亿美元的价格买下沃尔沃公司，沃尔沃商标今后由两家公司共同拥有。随后，福特全力支持沃尔沃的业务。到了 2001 年，沃尔沃公司利润增长近 15%，达到 72 亿瑞典克朗。

但是，福特在经历了 20 世纪末、21 世纪初的全面扩张之后，市场变化及公司竞争力的下降导致其开始出现连续亏损。比如仅仅轮胎"召回门"事件，就让福特损失了 55 亿美元。

2006 年，福特公司决定重组公司资产，卖掉那些烧钱的豪华品牌，比如阿斯顿马丁、捷豹、路虎。此时，沃尔沃并不在出售名单上。吉利的掌门人李书福判断福特肯定会把沃尔沃也卖掉。

2007 年，李书福专程跑到美国，与福特当时的掌门人取得了联系。不过当时福特掌门人并没有把李书福放在眼里。毕竟吉利 2007 年的收入大约为 100 亿人民币，而沃尔沃同年的收入是 106 亿美元！

2008 年的金融危机让福特的亏损达到了 258 亿美元！这下子，福特重组进程必须加快。福特终于决定出售沃尔沃，出售价格比当年收来的时候还便宜了 4 亿美元。此时，沃尔沃拥有 15 亿美元的净资产，品牌价值接近百亿美元。

2009 年,李书福收到福特的通知,于 3 月 30 日美国政府公布《汽车制造商未来发展计划》前,递交标书。经过资产评估机构评估和企业判断,这次李书福给的报价更低,只有 20 亿美元!因为柴尔德罗斯银行调查出沃尔沃截至 2009 年 6 月,才有 30 多亿美元收入,所以评估价不超过 30 亿美元。最后,吉利以 18 亿美元外加后期 9 亿美元的价格,拿下了沃尔沃的全部股权和很多专利。

(资料来源:智库百科. 吉利收购沃尔沃汽车 [EB/OL]. http://wiki.mbalib.com/wiki/%E5%90%89%E5%88%A9%E6%94%B6%E8%B4%AD%E6%B2%83%E5%B0%94%E6%B2%83.)

案例分析

吉利收购沃尔沃看中的不仅是沃尔沃品牌极高的品牌资产价值,更为重要的是,成功运营好沃尔沃是其摆脱低端品牌形象、实施战略转型的一颗重要棋子——利用沃尔沃多年沉淀的技术体系与"最安全车"的品牌形象,来打吉利汽车的"安全牌",从而实现吉利旗下品牌的重新定位。通过有效的品牌资产价值评估,实现品牌兼并与收购,有利于合资事业的发展和品牌增值。

在现代市场经济中,品牌是识别企业产品的标志,品牌资产是企业核心竞争力的重要构成,是开拓市场、阻碍竞争者的重要工具。企业之间的合作与并购现象发生得越来越频繁,品牌资产价值需要通过评估来衡量。对品牌类无形资产的保护、转让和许可,和对品牌价值进行评估及恰当的会计处理都需要品牌资产价值评估。由于不同企业评估品牌价值的原因和目的不尽相同,因此在进行品牌资产价值评估时,应当根据不同的目的选取符合实际需求的品牌价值评估方法。

一、品牌资产评估的重要性

自 20 世纪 80 年代以来,品牌资产的评估就成了企业界关注的一大焦点。品牌是企业的无形资产,是企业经过多年的发展积累沉淀下来的宝贵资源,也是企业实现可持续发展的重要保证。随着经济全球化的发展,企业生存的环境和市场发生了变化,企业产品不能再像以往一样以每个产品类别和地理市场为一个独立的系统运作,企业受到了其他市场或其他品牌和企业的冲击。加之近期兴起的品牌兼并、收购热潮,许多企业意识到对现有品牌资产的价值进行更好的掌握是十分重要的,对兼并、收购的企业品牌价值的掌握也同样重要。品牌资产价值评估的重要性表现在以下几个方面:

(1) 增强投资者信心。评估品牌可以让金融市场对公司的价值有较正确的看法,能够使市场投资者对公司资产状况有更全面、更准确的了解,这可以提高投资者的交易效率,有利于增强投资者信心。

(2) 有利于合资事业的发展和品牌延伸。越来越多的企业将品牌从公司其他的资产中分离出来,作为交易的财务个体。很明显,这为合资与品牌繁衍奠定了稳定的基础。当品牌进行兼并、收购和合资的时候,除了需要对该品牌的市场份额、产品和赢利能力等有形价值进行分析评估外,还要对品牌资产这种无形的价值进行评估,以确定该品牌未来的收益情况,将其作为己方报价的一个依据。

(3) **提高管理决策效率。**尽管品牌形象资产对公司是有利的,但是由于形象资产难以具体评估,因此公司往往无法很好地掌握各个品牌的经营绩效。在这种情况下,对公司各个品牌价值做出评估,有利于公司的营销和管理人员做出明智的品牌投资决策,合理分配资源,减少资源的浪费。

(4) **激励公司员工。**品牌价值不但向公司外的人传达公司品牌的健康状态和发展情况,肯定经营品牌是公司长期发展的目标,更重要的是向公司内所有阶层的员工传达公司的信念,激励员工。

(5) **提高公司的声誉。**通过评估,市场投资者更加清楚品牌的市场价值,凸显品牌的市场地位。品牌的市场地位就是对公司市场前景的一个很好诠释。

总之,研究品牌资产评估对建立和管理品牌资产是非常有价值的。品牌资产是个战略性问题,它是竞争优势和长期利润的基础。品牌领导模式的目标不仅是管理品牌形象,更是建立品牌资产。可口可乐公司总裁伍德拉夫曾自豪地向世界宣布:"即使公司在一夜之间化为灰烬,凭着可口可乐的品牌资产,可口可乐仍会在很短的时间内重建帝国。"

思政之窗

2020 年《财富》世界 500 强榜单发布:中企上榜 133 家 蝉联榜首

2020 年 8 月 10 日,2020 年《财富》世界 500 强排行榜发布。榜单显示,今年上榜的中国企业数量达 133 家,上榜企业数量继去年之后再次超过美国(121 家),蝉联榜首。与去年相比,上榜的中国企业数量保持增长,这也是中企上榜数量连续第 17 年增长。相关人士指出,最新榜单反映出中国经济整体实力和在全球地位的持续提升,展现了中国经济的强劲韧性。

《财富》世界 500 强榜单被视为衡量全球大企业发展的权威榜单,以公司年度收入和利润为主要评定依据。榜单显示,今年 500 家上榜的全球企业总营业收入达到 33 万亿元美元,创下历史新高,接近中美两国 GDP 总和;上榜的门槛(最低销售收入)由 248 亿美元提高到 254 亿美元。

最新榜单显示,今年有 8 家中国企业新上榜,分别为上海建工集团、深圳投资控股公司、盛虹控股集团、山东钢铁集团、上海医药集团、广西投资集团、中核集团和中煤能源集团。

《财富》杂志指出,中国上榜企业的数量不断增加,是中国整体经济规模发展壮大的结果。

植信投资首席经济学家兼研究院院长连平对本报记者分析,经济发展的一个重要体现是企业的发展。中企上榜数量的持续增长并非偶然,这与中国经济整体发展水平的提升、营商环境的不断完善是密切相关的。

不仅仅是数量的增加,上榜中企的收入规模和发展质量也实现了跃升。据统计,不少去年已位居世界 500 强的中企在最新榜单中实现了排名的上升,其中华为、阿里巴巴、腾讯、京东、小米等一批民营企业实现了排名的显著上升。经营状况方面,今年上榜中企平均销售收入达 669 亿美元,平均利润为 35.6 亿美元,均比上年有所上升;从全球对比来看,中国上榜企业的平均销售收入、净资产都超过了世界 500 强平均水平。

> 聚焦主业，通过技术创新不断增强核心竞争力，成为不少上榜中企实现进一步发展的"法宝"。在榜单中，中国平安保险（集团）股份有限公司位列全球榜单第21位，较去年上升8位，全球金融企业排名第2位。中国平安相关负责人告诉本报记者，2019年，凭借全球领先的创新科技，中国平安将科技深度运用于金融主业中，持续提升数据化经营能力，整体业绩及核心金融业务持续稳健增长，综合金融用户数、客户数、客均合同、客均利润均有明显增长。去年，公司实现营业收入同比增长19.7%至11 688.67亿元；公司归属于母公司股东的营运利润同比增长18.1%至1 329.55亿元。同时，通过旗下的保险、银行、信托、金融科技等业务，公司把逾4万亿元金融资源配置到经济社会发展的重点领域和薄弱环节，全面助力实体经济发展。
>
> 不仅要"大"更要"强"，世界500强榜单也显示目前中国企业发展仍面临一些挑战。根据榜单，世界500强平均利润为41亿美元，而中国上榜企业平均利润为35.6亿美元。
>
> 连平认为，对于上榜中企，不仅要关注数量和规模，整体行业结构、盈利能力、核心竞争力等方面都是需要重点关注的。目前来看，与上榜世界500强的美欧等发达经济体企业相比，中国企业在这些方面还存在一定的差距，对此要有一个清晰的认识。"当前，中国正在推动经济高质量发展，企业应该抓住机会练好内功，不断提升自身竞争力，打造未来发展新优势。"
>
> （文章来源：海外网，https：//baijiahao.baidu.com/s? id =1674775048257675452&wfr =spider&for = pc.）

二、品牌资产评估的方法

品牌资产评估应当基于品牌当前给企业带来的收益分析，并结合未来品牌产生的具备可延续性的收益评估而最终得出。根据不同的出发点，我们将品牌资产评估的方法分为两类：传统品牌资产评估法和现代品牌资产评估法。

（一）传统品牌资产评估法

传统品牌资产评估的方法主要有四种：成本法、市场价格法、股票价格法、收益法。这四种方法是基于财务要素进行评估分析的。

1. 成本法

对一个企业品牌而言，其品牌资产的原始成本有着不可替代的重要地位。因此，对一个企业品牌的评估应该考虑品牌资产购置或开发的全部原始价值，以及考虑品牌再开发的成本与各项损耗价值之差两个方面。成本法主要分为两种：一种是历史成本法；另一种是重置成本法。

（1）历史成本法。历史成本法是完全基于财务数据进行评估分析的一种方法。虽然该方法的计算过程简单、明了，但缺点是：品牌投入与产出的弱相关性，加上企业对品牌的投资通常与整个投资活动联系在一起，导致很难将品牌产品的投资单独剥离出来；另外，品牌成长是一个长期的过程，企业往往不会保存关于品牌投资的完整财务数据，所以，使用该方法对品牌资产进行评估，得出的数据往往会低于品牌的现实价值，企业的资产被低估，不利于企业的长远发展。

（2）重置成本法。重置成本法是通过将被评估品牌资产的重置成本减去各项贬值来评定品牌资产价值的一种评估方法，即按品牌的现实重新开发成本，减去其各项损耗价值来确定品牌资产价值的方法。

使用重置成本法评估品牌资产价值，首先要计算出品牌的重置成本。品牌的重置成本是在当前经济水平、物价水平、生产力水平条件下，重新购买或重新开发该项品牌所发生的费用支出。运用重置成本法评估品牌资产的价值时，一般应按照评估基准日（由于品牌价值随时都可能发生变化，物价水平也随时会变动，所以进行评估时首先要选择一个日期来确定评估对象的公允价值，该日期就是评估基准日）的计价标准来测算重新取得该项资产的耗费，即重置成本。其计算公式为：

$$品牌评估价值 = 品牌重置成本 \times 成新率$$

按来源，品牌可能是自创或外购的，两者重置成本的构成是不同的。企业自创品牌由于财务会计制度的制约，一般没有品牌账面价值，所以只能按照现时费用的标准估算其重置的价格总额；外购品牌的重置成本一般以可靠品牌的账面价值为依据，用物价指数计算，公式为：

$$品牌重置成本 = 品牌账面原值 \times （评估时物价指数 + 品牌购置时物价指数）$$

成新率是反映品牌现行价值与全新状态重置价值的比率，一般采用专家鉴定法和剩余经济寿命预测法计算。剩余经济寿命预测法的公式为：

$$品牌成新率 = \frac{剩余使用年限}{已使用年限 + 剩余使用年限} \times 100\%$$

这里需要注意的是，虽然品牌原则上不受使用年限的限制，但品牌估计实践或品牌交易中常常受年限折旧因素的制约，不过它不同于技术类无形资产的年限折旧因素。应该根据评估对象的使用情况考虑失效性贬值、功能性贬值和经济性贬值对其价值的影响。

①失效性贬值。品牌是一种无形资产，由于其本身没有物质实体，因此不存在实体陈旧贬值情况。但品牌与有形资产一样，如果不进行维护，就不可能具有持续性。也就是说，品牌虽不存在实体问题，但在缺乏维护性投资的条件下是可能被测算出其失效率的。失效率是指有效或已使用年限占应该使用年限的百分比。由于品牌的寿命期很难确定，因此失效率一般只能根据调查和凭借经验判断加以确定。

②功能性贬值。由于科学技术的不断发展与进步，同样性能的产品可能出现新的品牌，新品牌很可能比被评估的品牌更优越，因而被评估品牌也可能存在功能性贬值。

③经济性贬值。经济性贬值是指品牌以外的客观条件的变化，使品牌实际使用的经济效益下降，从而导致品牌贬值。这里所指的外部客观条件的变化，包括产品的品种结构、产业结构、市场条件等的变化以及经济紧缩、通货膨胀等经济环境的变化。

重置成本法作为品牌资产价值的评估方法有一定的局限性，主要表现在：

第一，重置成本法不能反映品牌资产的获利能力。品牌作为一种无形资产，其价值在于给企业所有者带来的未来超额收益，即品牌的获利能力。重置成本法依据建设品牌的成本评估其价值，而品牌的成本与品牌的获利能力并不存在直接的联系，两者往往相距甚远。所以，以品牌建设成本为品牌资产的价值有一定的局限性。在市场中，经常能看到品牌建设投入很大，但是品牌的收益很少，甚至出现负资产的例子。

第二，重置成本法的可操作性不强。运用重置成本法进行评估时，统计建设品牌资产的投入有难度，无法确定哪些费用支出应当计入品牌资产的成本。在财务中，很多建设品牌的费用都直接费用化了，没有形成无形资产。另外，很多对品牌资产建设有重大影响的投入很难准确计入品牌资产的成本，导致品牌资产建设的成本统计不完整。

2. 市场价格法

市场价格法是以现行市场价格为依据评估品牌价值的一种方法，即在市场上找出一个或几个与被评估品牌资产相类似的资产的近期交易价格作为参照品牌，与被评估品牌资产进行比较，在此基础上再按照一定要求对这些参照品牌进行修正，最后根据修正后的价值来确定被评估品牌资产的价格。市场价格法的理论依据是资产评估的"替代原则"。由于市场价格法以替代原理为理论基础，以市场上实际的资产交易价格为评估基准，因此，只要有类似资产的交易实例，即可使用市场价格法。

由于被评估品牌与参照品牌因各自的特点不同而存在差异，如交易的时间差异、交易的地域差异、结算方式的差异、作用效果的差异和经济寿命的差异等，因而在确定品牌价值时，必须以参照品牌的市场价格为基数，再根据它们之间差异的具体情况予以调整。

运用市场价格法评估品牌价值，需要具备一定条件：

（1）市场竞争充分。在这个市场上，有许多同类品牌交易，各品牌间充分竞争，不存在垄断现象，既没有买方垄断市场的现象，也没有卖方垄断市场的现象。

（2）要有可比较的参照品牌，且参照品牌与待评估品牌必须是相同或相近的品牌，参照品牌与待评估品牌之间必须存在可比性，选择参照品牌时必须注意交易背后的附加条件等。

（3）有一个公开的市场。市场的公开性是指市场信息的非保密性，即市场必须是公开的，通常指资产的交易费用、交易所的股票交易价格必须详细公布。此外，参照品牌及其与被评估品牌可比较的资料（如指标、技术参数、品牌所在地点、权利状况、市场潜力、技术含量、经济寿命等）的差别也是可以收集到的。

对于能够在现行市场上找到交易参照物的品牌，可以按照如下计算公式进行评估：

$$品牌价值 = 参照品牌价值 \pm 调整值$$

（说明：公式中的调整值为正值，指待评估品牌价值在参照品牌价值的基础上所做的调整。当被评估品牌价值大于参照品牌价值时，上式取"＋"；当被评估品牌价值小于参照品牌价值时，上式取"－"。）

经过充分对比分析，确定参照品牌与待评估品牌之间的差异率或差异金额，以参照品牌的转让价格为基数加以调增或调减，从而确定待评估品牌的现行市价。

虽然市场价格法参照市场上类似品牌的价值来评估待评估品牌的价值，具有一定的可比性和市场性，评估出的品牌价值容易被交易双方所接受，但市场价格法仍存在一定局限性：

第一，市场价格法要求的活跃市场在我国现阶段还不够成熟。只有存在活跃的市场，有足够多的品牌在市场上进行交易，才可能用市场价格法评估品牌资产价值。我国现阶段虽然已经建立了品牌交易的数据，并且每年对国内品牌价值进行评估、排名，但是我国的品牌交易数据建设还处于初级阶段，品牌的交易市场还未成熟，相关数据的建立还不够完善。因此运用市场价格法对品牌资产进行评估、找到相类似的品牌交易价值存在一定的难度。

第二，很难在市场上找到完全相同或类似的参照品牌。品牌作为企业差异化竞争的手段，存在一定程度的独特性、垄断性。独特性是品牌最重要的特征之一，它使得用市场价格法评估品牌价值存在先天的局限性。

第三，用于价值调整的信息资料难以辨别。用于价值调整的一些信息，如投资回报率、市场占有率、企业规模差异等，很难收集到准确可靠的资料。而且在诸多影响因素中，难以判断哪些因素对品牌价值的调整有重要影响，影响价值的大小也难以具体计算。

3. 股票价格法

股票价格法由美国芝加哥大学的西蒙（Simon）和苏里旺（Sullivan）提出。该方法的基本思路是：以上市公司的股票市值为基础，将有形资产从整体资产中分离出来，然后将品牌资产从无形资产中分离出来。该方法较适合只有一个品牌的企业。

该方法的具体操作步骤如下：

（1）计算出公司的总市值。用股价乘以股数即可得到公司的总市值。

（2）用重置成本法对厂房、商品、设备等有形资产作价，然后用总市值减去有形资产价值，得到公司的无形资产价值。

（3）将无形资产分解为品牌资产和非品牌资产，并确定影响各品牌资产的因素，建立它们之间的函数关系。

（4）建立影响无形资产的各因素同公司整个股市价值之间的数量模型，从中得出各因素对股市价值的贡献率，进而得出各因素对无形资产的贡献率。

（5）在上述基础上得出品牌资产在整个无形资产中所占的比例，最后用无形资产乘以该比例即得出品牌资产价值。

虽然股票市价法的理论有很强的内在逻辑性，但是该方法难以准确确定公司市值与影响无形资产各个因素间的模型，该过程不但需要大量的统计资料，而且要进行极为复杂的数学处理，这在很大程度上制约了它的实用性。另外，由于该方法计算的出发点是股价，因此只有股市比较健全，股票价格才能较好地反映股市的实际经营业绩，这些对我国现阶段而言不太容易实现。

4. 收益法

收益法又称收益现值法，是以未来预期收益为品牌资产存在状态的价值反映，并采用适宜的贴现率对预期收益进行折现，得出品牌资产价值的一种评估方法。收益法主要关注的是品牌资产未来的获利能力。

收益法评估品牌价值的经济理论基础是预期原则及效用原则。品牌的评估价值与品牌的效用或有用程度密切相关，品牌的效用越大，获利能力越强，它的价值也就越大。

采用收益法评估品牌资产时，被评估品牌必须具备以下条件：①被评估品牌资产必须具有独立的、能够连续获得预期收益的能力；②被评估品牌资产的未来收益可以被预测，并能够用货币计量；③与品牌相关的未来收益的风险及风险报酬也可以被合理地估算出来。

通过收益法计算的品牌价值由两部分组成：一是品牌过去的终值（过去某一时间段上产生收益价值的总和）；二是品牌未来的现值（将来某一时间段上产生收益价值的总和）。其计算公式为相应的两部分相加：

$$品牌价值 = \sum_{t=1}^{n} A_t (1+i)^{n-t} + \sum_{t=1}^{n} A_t (1+i)^{-t}$$

式中，A_t——品牌的销售利润；i——贴现率；t——时间。

收益法根据品牌预期的未来收益来评估品牌资产价值，反映品牌的获利能力，符合品牌资本化的本质特征，收益法被认为是目前国际上较合理、客观且使用较多的一种评估方法。目前，国际上影响力最大的英特品牌评估法也是在收益法的基础上发展起来的，是收益法的一种变形。所以，使用收益法评估品牌价值存在较大的合理性。但是，收益法还存在一些不足之处：

第一，对未来品牌收益的合理估计会给评估结果带来较大的不确定性。收益法依据的是品牌的未来收益，而预测企业未来的收益具有很大的不确定性，特别是对五年后收益的预测难度更大。

第二，没有考虑消费者因素对品牌资产价值的影响。根据品牌资产的内涵建设，我们知道品牌资产的价值最终建立在消费者上。采用收益法评估品牌价值时，没有考虑消费者对品牌的接受度和认可度，具有不完善性。

(二) 现代品牌资产评估法

随着品牌理论的日益发展，品牌资产的评估方法也得到了发展。在传统品牌评估方法的基础上，现代品牌资产评估法更注重企业在市场上的表现和消费者对品牌的认可度。

现代品牌价值评估法主要有五种：英特品牌（Interbrand）评估法、北京名牌资产评估有限公司品牌资产评估法（MSD）、世界品牌实验室评估法（本文不做论述）、品牌资产十要素模型和品牌资产评估者模型。

1. 英特品牌评估法

英特品牌咨询公司成立于1974年，是全球最早的综合性品牌咨询公司，致力于为全球大型品牌客户提供全方位、一站式的品牌咨询服务。英特品牌评估法通过建立严谨的评估模型，评估品牌价值，在国际上具有权威性。

英特品牌评估法（Interbrand模型）由英特品牌咨询公司提出，它同时考虑主、客观两方面的事实依据。客观的数据包括市场占有率、产品销售量以及利润状况；主观判断的内容是确定品牌强度。两者的结合成为英特品牌评估法的计算公式：

$$V = P \times S$$

式中，V——品牌价值；P——品牌收益；S——品牌强度。

英特品牌评估法的基本流程如下：

(1) 确定品牌收益 P。英特品牌评估法中的品牌收益是指品牌的预期税后净利润。在具体计算品牌收益时，先进行财务分析，可以通过分析公司利润表获取品牌资产的营业利润，再减去该品牌资产所用的有形资产应获的利润，得到品牌资产所用的无形资产的收益，也就是资产为企业带来的超额收益。品牌利润可以用如下公式表示：

$$无形资产收益 = 品牌产品的营业利润 - 有形资产的利润$$

$$品牌产品的营业利润 = 品牌产品的营业收入 - （营业成本 + 销售费用 + 管理费用 + 财务费用等相关费用）$$

(2) 确定品牌强度 S。品牌强度是英特品牌评估法的核心。英特品牌评估法认为，品牌强度决定了品牌乘数，强势品牌具备较强实力，强度系数较大；而弱势品牌的实力较弱，强度系数较小。

英特品牌咨询公司通过广泛研究，选择了七种参数作为品牌强度指标，即品牌强度七因素，分别为领导力（Leadership）、稳定力（Stability）、市场力（Market）、国际力（Internationality）、趋势力（Trend）、支持力（Support）、保护力（Protection）。由于每个因素的重要程度不同，所以赋予每个因素的权重有所不同。具体情况如表7-1所示。

表7-1 英特品牌咨询公司的品牌强度七因素

评价因素	含义	权重/%
领导力	品牌的市场地位	25
稳定力	品牌维护消费者特权的能力	15

续表

评价因素	含 义	权重/%
市场力	品牌所处市场的成长和稳定情况	10
国际力	品牌穿越地理文化边界的能力	25
趋势力	品牌对行业发展方向的影响	10
支持力	品牌获得的持续投资和重点支持程度	10
保护力	品牌的合法性和受保护的程度	5

英特品牌评估法确立了稳定的评分原则，在应用中只需将各个指标的得分加权就可得到品牌强度系数。计算品牌强度七因素系数的意义不仅在于可以横向比较各品牌之间的力量差异、优势或劣势，而且就单个品牌而言，可以充分了解该品牌的实力状况，辨别自身品牌优势和弱势，进而采取适当战略或策略改进品牌运营方式，提升品牌价值。

英特品牌评估法是国际上最有影响力的品牌资产评估方法，该方法的特点和优点主要表现在以下两个方面：

①以未来收益估算为基础，通过最终结果而非"过程"来评估品牌资产的价值。

②结合使用定量分析和定性分析手段，即未来收益的预测以定量分析手段为主，将未来收益在品牌资产与非品牌资产之间进行分割；品牌强度系数的估计确定，则以定性分析手段为主。

但是，英特品牌评估法也存在一些不足，主要表现在：

第一，该方法是以产品未来的收益为基础进行评估的，但未来收益带有很强的不确定性。英特品牌评估法一般是将最近三年的加权平均收益作为预期收益的预测值，该做法是建立在产品过去和现在的销售态势在未来能够持续下去这一假设基础之上的。事实上，在竞争异常激烈的市场中，产品收益不一定能够延续。

第二，品牌强度主观性较强。品牌强度在英特品牌评估法中起到了非常重要的作用。但是，英特品牌评估法没有形成一套系统的确定品牌强度的方法。目前，品牌强度是根据相关专家团的意见直接得到的。专家对品牌的认识和了解程度差异性等都会影响品牌强度系数的客观性。

第三，消费者对品牌价值的影响考虑较少。英特品牌评估法用七个因素来衡量品牌强度，这七个因素都是从企业或市场方面来考虑的，没有涉及品牌与消费者的关系，对衡量品牌的强度而言是不完整的。

案 例

"茅台"品牌价值评估

第一步：经过调查，"茅台"品牌产品全年在全球的销售收入为71亿元。

第二步：计算"茅台"品牌产品税前的营业利润。

$$销售收入 \times 营业利润率 = 品牌产品税前营业利润$$

为了保证评估的客观性，根据咨询人员、竞争对手和酒类行业专家的估计，对营业利润率进行确定，认为"茅台"的营业利润率应为22%。

第三步：从营业利润中扣除企业的正常投资回报，以计算除有形资产外的无形资产所带来的收益，其经济意义在于计算品牌能够带来的超额利润。

（1）估算与该销售收入规模相对应的企业正常投入资本。根据专家分析，1元的销售收入需要投入0.5元的资本。即每产生1元收益，需要使用0.5元的厂房、设备和营运资金等。

$$正常投入资本 = 71 \times 0.5 = 35.5（亿元）$$

（2）估算投入资本的正常回报。在不考虑使用该品牌的前提下，资本投入的正常回报率为20%。

$$资本正常回报 = 35.5 \times 20\% = 7.11（亿元）$$

（3）扣除资本正常回报，计算品牌带来的超额收益。

$$品牌的超额收益 = 28.4 - 7.11 = 21.29（亿元）$$

第四步：计算税后品牌净收益，即品牌的利润贡献。公司所得税税率为25%。

$$品牌净收益 = 21.29 \times (1 - 25\%) = 15.97（亿元）$$

至此，已求出"茅台"的品牌收益（P）为15.97亿元。

第五步：专家根据品牌营销因素确定品牌强度。

"茅台"是中国酒类行业领军品牌，因此品牌强度（S）为19。

第六步：计算品牌价值（V）。

$$V = P \times S = 15.97 \times 19 = 303.43（亿元）$$

（注：上例只用于举例说明计算过程，由于资料存在误差，因此计算结果与"茅台"品牌实际价值存在偏差。在北京名牌资产评估有限公司发布的2011年中国最具价值品牌中，"茅台"的品牌价值为348.08亿元。）

（资料来源：费明胜，刘雁妮. 品牌管理［M］. 北京：清华大学出版社，2014.）

英特品牌咨询公司

INTERBRAND 发布
2019 中国最佳品牌排行榜

2020 年 INTERBRAND 全球
最佳品牌榜单发布

INTERBRAND 发布 2019 全球
最佳品牌排行榜

2. 北京名牌资产评估有限公司品牌资产评估法

北京名牌资产评估有限公司品牌资产评估法，又被称为 MSD 评估法，它是北京名牌资产评估有限公司参照《金融世界》的评价体系，结合中国的实际情况，建立起的中国品牌评估法。

MSD 评估法考虑的主要因素有3个：品牌开拓占领市场的能力（M）；品牌的超值创利能力（S）；品牌的发展潜力（D）。一个品牌的综合价值（P）可用如下公式简单表述：

$$P = M \times S \times D$$

MSD 评估法的发展对中国有着重大意义，该评估法在与国际接轨、缩小中国品牌价值与国际品牌价值差距方面起到了很好的作用,该评估法是目前国内相关研究领域最具规模的方法。自 1992 年以来,使用该品牌资产评估法得出的评估结果在国际上被广泛引用,因而选择这一评估法比较适合中国实际情况。

小资料

北京名牌资产评估有限公司

3. 品牌资产评估十要素模型

大卫·艾克将品牌价值看作品牌力量,即衡量有关消费者对该品牌产品需求的状况。大卫·艾克在综合研究各大公司品牌资产评估方法之后,提出了"品牌资产评估十要素"的指标系统。该评估系统兼顾了两个评估标准:基于长期发展的品牌强度指标,以及短期的财务指标。10 个指标被分为 5 组,前 4 组代表消费者对品牌的认知,该认知系统由品牌资产的 4 个方面,即忠诚度评估、品质认知/领导型评估、联想性/区隔性评估、知名度评估组成;第 5 组则是两种市场状况评估,代表来自市场而非消费者的信息。品牌资产评估十要素如表 7-2 所示。

表 7-2 品牌资产评估十要素

忠诚度评估	1. 价差效应 2. 满意度/忠诚度
品质认知/领导型评估	3. 品质认知 4. 领导性/受欢迎度
联想性/区隔性评估	5. 价值认知 6. 品牌个性 7. 企业联想
知名度评估	8. 品牌知名度
市场状况评估	9. 市场占有率 10. 市场价格、通路覆盖率

品牌资产评估十要素模型为品牌资产评估提供了一个更全面、更详细的思路。其评估因素以消费者为主,同时也加入了市场业绩这一要素。它既可以用于连续性研究,也可以用于专项研究。而且品牌资产评估十要素模型所有指标都比较敏感,可以此来预测品牌资产的变化。其不足之处在于,对具体某个行业进行品牌资产研究时,品牌资产评估十要素模型指标要做相应的调整,以便符合该行业的特点。例如,食品行业的品牌资产研究与高科技行业品牌资产研究所选用的指标就可能有所不同。

4. 品牌资产评估者模型

品牌资产评估者模型由扬罗必凯(Young & Rubicam)广告公司提出。根据品牌资产评估者模型可知,每个成功品牌的建立,都经历了一个明确的消费者感知过程。在调查中,消费者用以下四方面指标对所有品牌进行评估:第一,差异性(Differentiation),即品牌在市场上的独特性及差异程度;第二,相关性(Relevance),即品牌与消费者的关联程度,品牌个性与消费者的符合程度;第三,品牌地位(Esteem),即品牌在消费者心中受尊敬的程度、档次、认知质量以及受欢迎程度;第四,品牌认知度(Knowledge),即消费者对品牌内涵及价值认识和理解的深度。

品牌资产评估者模型强调从品牌力的角度进行评估,有利于品牌资产的诊断和品牌战略管理。该模型的优点是:比较简单,可以覆盖较广的品牌范围及产品种类,由于该模型摆脱了传统的认知——回忆模型,因而比较新颖。该模型的缺点是:首先,必须以数据库为基础;其次,这一模型不能解释品牌选择及品牌忠诚的机制。

品牌资产价值评估

项目小结

品牌是企业的重要资产之一,是一种无形资产。不同的品牌在市场中具有不同的经济价值。对品牌所有者来说,品牌的经济价值体现在提高产品售价、促进品牌延伸、创造竞争优势方面。

品牌资产价值是指部分消费者、渠道成员对母公司产生的联想行为,品牌借此获得比无品牌产品更高的收入和边际利润。

品牌资产价值由品牌知名度、品牌认知度、品牌联想、品牌忠诚度和品牌其他资产五个部分构成,这五者构成了品牌资产的五星模型。

品牌资产价值评估能使企业资产负债表更健全,有利于企业提高经营效率,激励企业员工,提高企业声誉,是品牌兼并与收购的需要,有利于合资事业的发展和品牌增值。

品牌资产价值评估的方法有传统品牌资产评估法和现代品牌资产评估法。传统品牌资产评估法主要有四种:成本法、市场价格法、股票价格法、收益法。现代品牌资产评估法主要有五种:英特品牌评估法、北京名牌资产评估有限公司品牌资产评估法、世界品牌实验室评估法、品牌资产十要素模型和品牌资产评估者模型。品牌资产价值的评估方法没有好坏优劣之分,只有适合与不适合之分。

【项目资源】

一、动画

品牌资产

二、视频

1. 品牌资产模型
2. 品牌知名度
3. 品牌认知度
4. 品牌联想
5. 品牌忠诚度
6. 基于财务的评估
7. 基于市场的评估
8. 基于消费者的评估

(见"品牌管理"在线开放课程)

品牌资产

【同步测试】

一、单项选择题

1. 20世纪90年代以后，大卫·艾克（David A. Aaker）、卡普费雷尔（Kapferer）、凯勒（Keller）等人相继提出并逐步完善了基于消费者的（　　）概念。
   A. 品牌资产　　　B. 品牌形象理论　　C. 定位理论　　　D. 品牌个性理论
2. 大卫·艾克认为品牌资产的核心是（　　）。
   A. 品牌认知度　　B. 品牌联想　　　　C. 品牌忠诚度　　D. 品牌其他资产
3. 消费者往往总是喜欢购买自己熟悉的知名度（　　）的品牌产品。
   A. 高　　　　　　B. 低　　　　　　　C. 都一样　　　　D. 无关
4. （　　）是品牌知名度的最高层次，它是指在没有任何提示情况下，消费者主动记忆且在想到某一类别产品时就立刻想到并且说出品牌名的品牌。
   A. 品牌识别　　　B. 品牌回想　　　　C. 第一提及知名度　D. 品牌定位
5. （　　）是指品牌在一定时期内，以契约的形式指定一个或几个能够代表品牌形象并展示、宣传品牌形象的人或物。
   A. 纪念品　　　　B. 吉祥物　　　　　C. 品牌代言人　　D. 衍生品

二、多项选择题

1. 大卫·艾克的五星模型认为品牌资产分为五个部分，即（　　）、（　　）、（　　）、（　　）和品牌其他资产。
   A. 品牌认知度　　B. 品牌知名度　　　C. 品牌忠诚度　　D. 品牌联想
2. 以下属于品牌知名度的层次的是（　　）。
   A. 品牌识别　　　B. 品牌回想　　　　C. 第一提及知名度　D. 品牌定位
3. 以下属于品牌忠诚的层次的是（　　）。
   A. 习惯购买者　　B. 满意购买者　　　C. 情感购买者　　D. 忠诚购买者

三、思考题

1. 阐述品牌资产的含义。
2. 品牌资产的内涵有哪些？如何理解？
3. 简述英特品牌评估法的优缺点。

同步测试答案

四、案例分析

可口可乐品牌价值评估

1886年5月，可口可乐首次出现于美国佐治亚州亚特兰大市的雅各布药店，至今已131岁了。可口可乐公司在《巴伦周刊》公布的2006年度全球100家大公司受尊重度排行榜中名列第40位。在《财富》公布的2007年度全球最大500家公司排名中名列第285位。目前，可口可乐公司是全世界最大的饮料公司，也是软饮料销售市场的领袖和先锋，产品通过全球最大的分销系统，畅销200多个国家及地区，可口可乐每日饮用量达10亿杯，占全世界软饮料市场的48%，是世界第一品牌，品牌价值已达700多亿美元。

从1886年第一瓶可口可乐问世，到美国本土建立第一家可口可乐工厂，可口可乐处于初级发展阶段，迫切需要打开市场，因此"请喝可口可乐"成为可口可乐公司活动的主题。在其后的十几年里，虽然不时会有新的广告语出现，但主要是从产品的功能层面去宣传：解渴、好味道、清凉……如"新鲜和美味，满意就是可口可乐""口渴时的享受"等。

20世纪二三十年代，随着可口可乐产品被更多的人认知和接受，广告语也越发趋于感性，在功能性的诉求基础之上，增添了更多的内容和含义，如充满友谊的生活、幸福的象征等。但这个时期仍处于产品推广阶段，品牌的地位还未完全确立起来。第二次世界大战是可口可乐发展的一个重要时期，此时可口可乐成为美国人的首选饮料，并随着美国军队的海外作战流向世界各地。为保障驻外部队供应，可口可乐在一些国家建立了装瓶厂。至今，可口可乐商标上仍保留着 Enjoy 这一单词，在某种意义上代表了可口可乐百年的历史，代表了一种古典的风范。

第二次世界大战结束后是美国经济高速发展的时期，也是可口可乐的快速成长期，美国在世界各地推行其民主思想和生活方式的同时，可口可乐和麦当劳等则成为美国文化的重要组成部分。可口可乐公司在世界各地建立工厂，参与重大体育赛事，进行多种形式的广告宣传和促销活动，可口可乐的知名度和在各地市场的占有率得到巨大提升，品牌价值不断提高。这个时期的广告语有"我拥有的可乐世界""可乐加生活"等。1978 年，第一批可口可乐产品进入中国市场，20 世纪 80 年代第一家合资可口可乐工厂建立，当时的中国处于改革开放的初期，许多中国人还不习惯这种有中药味道的饮料，并且价格偏高。因此，可口可乐把市场的重点放在了几个主要城市，利用中国本土饮料渠道的优势，以全新的营销理念进行推广；可口可乐因其外来文化的特点和"贵族"身份受到部分人的青睐。

"挡不住的感觉"是当时最为流行的广告语，也表达了可口可乐要带给人们的一种精神层面的东西，实际上也代表着人们对西方文化的好奇和向往。"喝可口可乐不仅是喝它的味道，更重要的是一种感觉。"这是当时一些忠诚消费者的切身体会。可口可乐在主要城市通路通过电视媒介、户外广告等宣传手段，利用售点的生动化管理方式，推动可口可乐在中国市场的高速发展。20 世纪 90 年代中期，可口可乐已初步完成主要城市的布点工作，国内传统饮料受到沉重打击。

1996 年亚特兰大（可口可乐总部所在地）奥运会是可口可乐在中国市场最辉煌的时刻。这时，全国已有 23 家装瓶厂，可口可乐品牌成为最有价值的品牌，产品经常供不应求，在中国市场每年保持 20% 以上的高增长率。可口可乐的渠道重点由批发向直营转移，要求更大面积地渗入市场，对业务执行要求更高，产品陈列面要大，品种要多，广告材料要丰富，客情关系要好。"无所不在、物有所值、情有独钟"成为可口可乐公司市场营销的主要策略，销售工作也从过去的引导消费变为促进消费。"尽情尽畅"既表达了可口可乐给人带来的酣畅淋漓的感觉，又体现了可口可乐的自信和大气。实际上，这个时候可口可乐才真正找到品牌的核心内容，既有传统和古典因素，又不乏激情与活力。

进入 21 世纪，可口可乐中国公司开始感觉到前所未有的竞争压力。首先，总部对中国市场寄予厚望，督促加快发展的步伐。但随着国内饮料行业的逐步成熟，以非常可乐、旭日升、健力宝等为代表的国产饮料发起攻势，提前占领了许多二、三级市场；其次，百事可乐从"新一代的选择"到"畅想无极限"的定位转变，吸引了许多青少年消费者；最后，消费者消费习惯的多样性使得可口可乐不得不改变市场策略。以不变应万变，还是以变应变？"每刻尽可乐"是基于当时的市场环境提出的口号。"刻"体现在时间上，表达了可口可乐紧跟时代步伐的理念，邀请谢霆锋、张柏芝等当红歌星为代言人，将目标锁定为青少年，以此达到抗衡百事可乐的目的，说明无论是过去、现在，还是未来，永远是可口可乐。"尽"体现在空间上，一方面公司从碳酸饮料公司向全饮料公司转型，全方位地开发茶、果汁等产品；另一方面，开发二、三级城市，并开始拓展农村市场，价位越发趋于大众化、平民化。最近几年，可口可乐更是与时俱进，不失时机地寻找市场机会，通过网络营销、体育营销等方式吸引消费者的注意。同时，以一些事件为内容的广告语也是值得称赞的，例如：抓住这感觉，可口可乐节日"倍"添欢乐；看足球，齐加油，喝可口可乐。

2011—2014年可口可乐公司利润表摘要如表7-3所示。

表7-3　2011—2014年可口可乐公司利润表摘要

科目/时间	2011年12月	2012年12月	2013年12月	2014年12月
总营业收入/亿美元	465.42	480.17	468.54	459.98
同比/%	32.53	3.17	-2.42	-1.83
营业利润/亿美元	108.86	112.26	111.23	108.91
同比/%	17.92	2.94	-0.92	-2.09
税前利润/亿美元	114.39	118.09	114.77	93.25
同比/%	-19.69	3.23	-2.81	18.75
净利润/亿美元	85.72	90.19	85.84	70.98
同比/%	-27.41	5.21	-4.82	-17.31

（资料来源：根据可口可乐官网资料整理。）

思考题

1. 以小组为单位，收集可口可乐公司相关数据（如市场性质、稳定性、行业地位、市场占有率、创新能力等），运用英特品牌评估法对可口可乐公司2014年的品牌价值进行评估。（注：可口可乐公司2014年资本投入比为0.6，资本正常回报率为5%，公司所得税税率为43%。）

案例分析答案

2. 分组讨论评估结果。（注：英特品牌咨询公司发布的2014年可口可乐品牌价值为815.63亿美元。）

【实践训练】品牌资产评估

任务1　品牌资产评估报告

任务描述：学生以小组（4~6人）为单位，收集一个知名品牌的资料及相关数据（财务数据、营业收入、净利润等、市场占有率、行业地位、创新能力等）。根据收集的资料和相关数据，运用收益法和英特品牌评估法等方法，对该品牌的资产价值进行评估，完成品牌资产评估报告。请将研究成果制作成PPT讲解展示，并将要点填写在表7-4中。

表7-4　品牌资产评估报告

研究目标	研究结果
被评估单位\品牌背景及概况	
评估目的	

续表

研究目标	研究结果
评估范围、对象	
评估原则、依据	
评估起止时间	
评估方法	
评估程序实施过程和情况	
评估结论	
小组分工	

【实践训练评价】

《技能评价表》使用说明：

按评价指标评价项目技能点成绩，满分为 100 分。其中，作品文案为 80 分，陈述展示为 20 分。教师评价占比为 80%，学生互评占比为 20%。

技能评价指标		分值	得分
作品文案	品牌资产评估评估目的可见性	10	
	品牌资产评估范围、对象的准确性	10	
	品牌资产评估报告的完整性	10	
	品牌资产评估报告的逻辑性	10	
	品牌资产评估报告的创新性	10	
	品牌资产评估方法的合理性	10	
	品牌资产评估结论的准确性	10	
	内容的原创性	10	
陈述展示	运用辅助工具的专业程度(如挂图、PPT、视频、音频等)	5	
	陈述展示的语言技巧和非语言技巧	5	
	团队分工与合作的配合程度	5	
	时间分配的合理性	5	
总分		100	

《素质评价表》使用说明：

按评价指标评价项目素质点成绩，按优秀为 5 分、良好为 4 分、一般为 3 分、合格为 2 分、不合格为 1 分，五个等级。分为学生自评与小组成员互评。

	素质评价指标	得分
自评 (　　)	品牌资产意识与素养、爱国意识、工匠精神	
	自主学习和信息素养：善于搜集并借鉴有用资讯和好的思路想法	
	独立思考和创新思维：能提出新的想法、建议和策略	
	团队合作精神、人际沟通素养	
组员1 (　　)	品牌资产意识与素养、爱国意识、工匠精神	
	自主学习和信息素养：善于搜集并借鉴有用资讯和好的思路想法	
	独立思考和创新思维：能提出新的想法、建议和策略	
	团队合作精神、人际沟通素养	
组员2 (　　)	品牌资产意识与素养、爱国意识、工匠精神	
	自主学习和信息素养：善于搜集并借鉴有用资讯和好的思路想法	
	独立思考和创新思维：能提出新的想法、建议和策略	
	团队合作精神、人际沟通素养	
组员3 (　　)	品牌资产意识与素养、爱国意识、工匠精神	
	自主学习和信息素养：善于搜集并借鉴有用资讯和好的思路想法	
	独立思考和创新思维：能提出新的想法、建议和策略	
	团队合作精神、人际沟通素养	

续表

	素质评价指标	得分
组员4 （　　）	品牌资产意识与素养、爱国意识、工匠精神	
	自主学习和信息素养：善于搜集并借鉴有用资讯和好的思路想法	
	独立思考和创新思维：能提出新的想法、建议和策略	
	团队合作精神、人际沟通素养	

参 考 文 献

[1] 朱立．品牌管理（第二版）[M]．北京：高等教育出版社，2015．
[2] 褚峻．企业品牌管理案例[M]．北京：中国人民大学出版社，2015．
[3] 费明胜，刘雁妮．品牌管理[M]．北京：清华大学出版社，2014．
[4] 唐玉生．品牌管理[M]．北京：机械工业出版社，2013．
[5] 余明阳，韩红星．品牌学概论[M]．广州：华南理工大学出版社，2008．
[6] 长江商法微课堂．品牌营销经典策划案例[J]．科学与科学技术管理，2016．
[7] 苗月新．品牌管理理论与实务[M]．北京：清华大学出版社，2016．
[8] 莱恩·凯勒．战略品牌管理（第4版）[M]．北京：中国人民大学出版社，2014．
[9] 郭伟．品牌管理——战略、方法、工具与执行[M]．北京：清华大学出版社，2016．
[10] 欧阳友权．文化品牌蓝皮书：中国文化品牌发展报告（2016）[M]．北京：社会科学文献出版社，2016．
[11] 谌飞龙．品牌运作与管理[M]．北京：经济管理出版社，2012．
[12] 大卫·艾克．品牌领导[M]．曾晶，译．北京：新华出版社，2001．
[13] 黄劲松．整合营销传播[M]．北京：清华大学出版社，2016．
[14] 孙英春．跨文化传播学[M]．北京：清华大学出版社，2015．
[15] 单波，肖珺．文化冲突与跨文化传播[M]．北京：社会科学文化出版社，2015．
[16] 席佳蓓．品牌管理[M]．南京：东南大学出版社，2017．
[17] 苏勇，史健勇，何智美．品牌管理[M]．北京：机械工业出版社，2019．
[18] 张晓红，金宏星．品牌策划与推广实战[M]．北京：中国工信出版集团，人民邮电出版社，2020．
[19] 王新刚．品牌管理[M]．北京：机械工业出版社，2020．[20] 刘胜．品牌的力量见证企业的成长[J]．中国中小企业，2017（3）．
[21] 桂旭江．弱小品牌成长的两种途径[J]．华夏酒报，2017（1）．
[22] 韩志辉．《冲向第一》——二线品牌高附加值成长模式[J]．品牌研究，2016（12）．
[23] 陈泽奎．应时而做，顺势而为——解读《读者》为什么能成长为品牌杂志[C]//第三届中国期刊品牌建设与创新年会论文集，2016（12）．
[24] 赵雪莹．品牌延伸的问题及对策[J]．商业经济，2017（5）．
[25] 崔鑫生．论品牌危机的成因及对策[J]．内蒙古统计，2005（5）．
[26] 王兴元，李建伟．论名牌危机及其管理控制[J]．科学与科学技术管理，2002（5）．
[27] 王逸凡，曾朝晖．重视企业危机管理战略——品牌危机管理[J]．北京工商，2003（5）．

[28] 邹成荣,邹珊刚. 论品牌价值的来源与构成 [J]. 商业研究, 2005 (9).

[29] 刘红霞,杨杰. 从英特公司的品牌评估模型看我国企业品牌价值评估 [J]. 会计之家, 2005 (8).

[30] 卢泰宏. 品牌资产评估模型与方法 [J]. 中山大学学报（社科版）, 2002 (3): 88-96.

[31] 熊菊花. 雀巢（中国）公司多品牌策略改进研究 [D]. 北京: 北京交通大学, 2016.

[32] 郭智卓. 微信营销中微信品牌形象对消费者购买意向的影响研究 [D]. 重庆: 西南大学, 2016.

[33] 李云贺. 创业型连锁酒店品牌形象与顾客价值的关系研究 [D]. 济南: 山东大学, 2016.

[34] 张二战. 品牌个性对年轻消费者品牌至爱的影响研究——基于品牌体验的中介作用 [D]. 合肥: 安徽大学, 2016.

[35] 郭益盈. 品牌危机分析及其管理 [D]. 成都: 西南交通大学, 2006.

[36] 赵世刚. 品牌危机的成因及其对策研究 [D]. 成都: 四川大学, 2007.

[37] 卢冰. 企业品牌危机管理研究 [D]. 厦门: 厦门大学, 2002.

[38] 邹成荣. 品牌价值的评价与管理研究 [D]. 武汉: 华中科技大学, 2005.